PÉDAGOGIE PRATIQUE À L'ÉCOLE

SITUATIONS-PROBLÈMES POUR ENSEIGNER L'HISTOIRE AU CYCLE 3

Alain Dalongeville

HACHETTE
Éducation

L'auteur :
Alain Dalongeville, docteur en sciences de l'éducation, est PEGC Lettres, Histoire et Géographie au lycée Claudel d'Ottawa au Canada.
Il est formateur d'enseignants du cycle 3 en didactique de l'histoire, en France et en Italie, depuis une dizaine d'années.
C'est cette double expérience, d'enseignant et de formateur, forgée au sein du Groupe français d'éducation nouvelle, qu'il nous livre dans cet ouvrage.

Du même auteur :
Enseigner l'histoire à l'école, cycle 3, Hachette, 1995.
En collaboration avec Michel Huber, *Situations-problèmes pour explorer l'histoire de France*, Casteilla, 1989.

Remerciements :
À Mariane Petit, pour son aide et sa patience de tous les instants.
À Michel Huber, mon vieux complice, qui me pardonnera tous mes pillages.

Si vous souhaitez être tenus au courant de nos publications, demandez notre catalogue *Pédagogie* à : Hachette LPC, 86508 Montmorillon Cedex.

Couverture : Studio Favre-Lhaïk

Réalisation : C*MB* Graphic

ISBN 2-01-170626-2

SOMMAIRE

TROISIÈME PARTIE
LE MOYEN ÂGE

QUATRIÈME PARTIE
DES TEMPS MODERNES À LA RÉVOLUTION FRANÇAISE

INTRODUCTION

Pourquoi des situations-problèmes pour enseigner l'histoire ? La réponse est simple : parce que je n'ai jamais été satisfait par les pratiques qui confinent l'enseignement de l'histoire au rang d'une narration orale d'une histoire, c'est-à-dire qui assimile l'histoire à la seule histoire-récit. Non pas que l'histoire-récit soit un genre à mépriser plus qu'un autre, mais il a un défaut majeur : il ne peut remplir les objectifs que nous nous assignons en tant qu'enseignants quand nous « faisons » de l'histoire avec les élèves.

Cette insatisfaction nous avait conduits, Michel Huber et moi-même, à un premier essai en 1989 : *68 situations-problèmes pour explorer l'histoire de France.* Le présent livre reprend ainsi la tentative plus explicite menée dans *Enseigner l'histoire à l'école, cycle 3,* publiée en 1995, et prend le temps de détailler trente-deux situations-problèmes de telle sorte que l'enseignant puisse très vite les mettre en place. Ces trois livres ont chacun leur spécificité mais sont traversés par le même fil rouge. Contrairement à ce que l'on croit, l'histoire scolaire n'a pas de raison d'être un simple récit. Car raconter l'histoire aux enfants n'a jamais permis de remplir un des buts majeurs de l'enseignement de l'histoire : la formation du citoyen.

À notre avis, l'évolution actuelle des programmes est dans la suite logique des précédents avec des principes louables mais qui se trouvent invalidés par les pratiques pédagogiques encouragées. L'histoire peut contribuer à prévenir la désagrégation du lien social, à condition que l'on comprenne que c'est un rapport citoyen à l'histoire qu'il faut inculquer et non pas un rapport passif à un patrimoine flou. Oui, l'histoire peut aider le futur citoyen à se former. Non, ce n'est pas une histoire racontée et enregistrée par les élèves ; ce n'est pas une histoire vidée de presque tout savoir, où les concepts sont absents, qui aidera à réaliser cette ambition.

Pour ce qui me concerne, depuis plusieurs années, j'ai choisi de rompre avec les pratiques de l'histoire-récit. C'est-à-dire de ne pas confondre l'activité de recherche de l'historien avec l'histoire-récit qu'il nous livre à travers toutes sortes de traces écrites. Nous fréquentons ces traces en tant que lecteurs d'ouvrages savants ou d'ouvrages de vulgarisation ou quand nous lisons certaines pages de nos manuels, plus ceux du secondaire que du primaire, il est vrai. Mais parce que nous consommons de l'histoire sous la forme de récits, nous oublions que la recherche est un processus de questionnement alors que l'histoire-récit est le produit fini de cette recherche. Elle masque les interrogations, les erreurs, les cheminements, les points de vue contradictoires du chercheur pour ne livrer qu'un récit vrai (ce qui n'est pas le même concept que celui de vérité).

Dès lors, une bifurcation se présente pour le didacticien. Soit c'est le produit fini de la recherche que l'histoire scolaire se charge d'enseigner, ce qu'elle fait en somme depuis toujours, au travers d'une histoire qui vante tour à tour les héros de l'histoire de France, réels ou imaginaires, qui célèbre Pétain ou les vertus du colonialisme, quand les exigences idéologiques de l'État l'exigent. Soit c'est une familiarisation très modeste – nous en convenons tout à fait – avec la démarche de l'historien que l'histoire scolaire tente de réaliser. Dès lors, les élèves sont confrontés à plusieurs points de vue, aux différentes interprétations des témoins, aux diverses versions de l'événement livrées par les historiens.

Avant de faire notre choix, gardons bien à l'esprit que derrière cette bifurcation se trouve posée la question du type de citoyen que nous voulons former. S'il s'agit d'un citoyen capable de répéter à l'unisson le récit que lui aura raconté ou expliqué un enseignant fort de son statut de dispensateur de vérité, alors l'histoire-récit, à notre sens, fait tout à fait l'affaire. S'il s'agit, au contraire, d'un citoyen à l'esprit critique, on voit mal comment un esprit critique pourrait se construire sans jamais s'exercer. On voit mal comment le récit d'une histoire réputée vraie, authentique et incontestable, pourrait aider à ce projet.

Certains didacticiens nous ont déjà objecté que les situations de recherche n'avaient que peu de rapport avec la complexité de l'activité d'un chercheur patenté. Bien sûr ! Il s'agit non pas de former des universitaires en cycle 3 de l'école primaire mais de former à certaines attitudes mentales qui soient compatibles avec les objectifs que l'enseignement de l'histoire se fixe. Et ces attitudes ne peuvent se construire si le sujet n'a pas d'objets de travail réels.

Du coup, cette perspective détermine à la fois la nature des objets et la situation d'apprentissage : il faut qu'il y ait problème à résoudre, contradictions à dépasser, bref matière à s'interroger. Les documents ne sauraient être des réponses mais des points de vue différents des autres, des aspects de la problématique choisie par l'enseignant, des facettes des différents concepts en jeu. L'esprit critique des élèves s'exercera dans le maniement de ces objets et dans la confrontation aux documents portés par les autres élèves.

Il est clair que la situation-problème n'est pas une garantie contre la manipulation des élèves. Mais l'histoire-récit n'est pas meilleure protection puisque des enseignants négationnistes sévissent aussi bien à l'école qu'à l'université, parfois avec la cécité de leurs pairs ! Non, la situation-problème a l'avantage de mettre en situation de recherche les élèves et d'essayer de traquer le vrai, c'est-à-dire les contradictions inhérentes à une situation historique, et non pas la vérité au sens trivial du terme.

La conséquence ultime de ces considérations, c'est que l'enseignant est inventeur de la situation de recherche, l'animateur des conflits sociocognitifs et n'est plus – tout du moins à l'amorce du travail – le dispensateur d'un savoir constitué en réponses à des questions qui n'existent pas encore ou n'existeront jamais dans les esprits des élèves.

S'il fallait encore hésiter à rompre avec la transmission d'un récit écrit par d'autres, prenons conscience que les évaluations traditionnelles en histoire valorisent bien plus les capacités des élèves à réénoncer le résumé que leur esprit critique. Ces évaluations ne sont pas critiquables en elles-mêmes car elles sont cohérentes avec les attitudes mentales que la pratique de communication a développées. Et il y aurait une espèce d'escroquerie à transmettre traditionnellement les savoirs historiques et à vouloir évaluer la capacité d'esprit critique des élèves, à moins de vouloir évaluer des compétences qu'ils se seraient construites ailleurs !

Car la narration, qu'on le veuille ou non, c'est la chair de l'histoire-récit. Les concepts historiques, en tant qu'outils à réinvestir pour comprendre le monde, sont sous-jacents certes, mais jamais des objets de travail présents en tant que tels. Même les notions historiques passent au second plan puisque, avant toute chose, c'est la cohérence narrative du récit qui prend et retient l'attention des élèves.

J'ai tout entendu pour pérenniser une telle pratique de l'enseignement de l'histoire, même l'argument selon lequel nous nous souvenons surtout des enseignants ayant raconté des histoires qui avaient frappé notre esprit. La verve et l'éloquence seraient-elles devenues les compétences indispensables de l'enseignant ? Ne favorisent-elles pas davantage la subjugation que l'action de penser ? Car comment penser quand seules la fascination et la séduction sont les moteurs de la leçon ?

Enfin, il nous semble que la pratique de l'histoire-récit constitue une trahison : trahison de la vérité car elle se présente comme telle ou est perçue de la sorte par les élèves ; trahison de la vérité car l'histoire-récit en tant que narration est bien celle d'un point de vue aux dépens des autres ; trahison de la vérité car plus que la vérité, c'est le vrai qu'il faut traquer. Et le vrai est fait de plusieurs aspects qui s'opposent ou se contredisent pour partie. Un événement est aussi une confrontation, il serait vain de chercher un point de vue détenteur de la raison. Que deviendrait un récit qui présenterait tous les aspects d'une situation et les opposerait ?

Il reste qu'il n'est pas évident de rompre avec les pratiques de communication dans le domaine de l'enseignement de l'histoire comme dans tous les autres. Il n'est pas simple non plus de transformer toute situation historique en une situation-problème. Peut-on même extrapoler une situation-problème de toute situation historique qui est au programme du cycle 3 ?

En y réfléchissant, si nous nous attachons aux événements historiques – en considérant la notion de l'événement au sens où l'après ne ressemble plus à l'avant –, chacun d'entre eux a été vécu, relaté, apprécié de multiples façons par les différents contemporains. Sans être contradictoires, il y a toujours des dissonances. Autant d'éléments qui rendent compte de la richesse d'un événement, de la complexité d'une situation. Autant d'éléments pour nous aider à tenter d'élaborer une situation-problème qui va se jouer sur deux plans.

Le premier est celui des acteurs du passé, ou des relayeurs de celui-ci, le second celui des élèves. L'entreprise de connaissance historique est fondamentalement une rencontre avec l'autre qui appartient à un passé révolu. Peut-être même toute construction du savoir consiste en cette rencontre, en un *métissage* selon la formule de M. Serres, car elle est aussi une construction de la personne. Le passé est à la fois objet de connaissance, lieu de rencontre avec l'autre passé et avec soi-même. S'il est devenu banal de dire que les élèves ne sont pas des pages vierges, je ne suis pas certain qu'on en a tiré des stratégies pédagogiques conséquentes. Il me semble que la situation-problème est une situation d'apprentissage où l'élève va à la rencontre de l'autre-passé (l'acteur historique) fort de ses conceptions, de ses représentations qu'il mobilise afin de dépasser la situation proposée par l'enseignant. Rencontre qui n'est, et ne peut être, ni une identification à l'autre au sens où l'élève pourrait penser le monde avec les concepts, savoirs et représentations de l'autre-passé, ni une négation de l'autre au sens, cette fois, où l'élève substituerait simplement et totalement ses concepts, savoirs et représentations à ceux de l'autre-passé.

La situation-problème n'est ni une situation de recherche tellement riche et touffue qu'elle partirait dans tous les sens, ni une situation conçue comme un ensemble de stimuli qui provoqueraient une réponse unique, forcément adéquate. Autrement dit, entre le laisser-faire d'une recherche prétendue libre et le directivisme d'une recherche sous tutelle (ou s'imaginant l'être car l'élève sait aussi parfois se construire des savoirs en contrebande), il existe une conception autre de la recherche, qui n'est pas pour autant un compromis entre les deux. Car dans une situation-problème, la situation, les documents, les consignes, l'économie de la démarche sont pensés avec une extrême précision. C'est le cadre qui est défini avec minutie. Il est le résultat d'une préparation qui est la condition *sine qua non* de la liberté de recherche des élèves. Sans ce cadre, pas de recherche libre ; et sans cette liberté, pas de construction du savoir et de la personne. C'est dans cette articulation de la personne et du savoir que se forge l'esprit critique et non pas dans la réception passive d'un savoir historique ou méthodologique.

Les autres-présents sont les camarades, les pairs avec qui on peut apprendre et avec qui on peut se confronter. Bien évidemment, je veux parler ici du conflit sociocognitif en faisant une remarque : si le conflit sociocognitif apparaît comme un élément essentiel dans le processus complexe de l'apprentissage, on ne doit pas oublier qu'à cette occasion, les élèves apprennent que se confronter à autrui est aussi source de savoirs. Cette expérience répétée et peu à peu conscientisée me paraît valoir bien plus que les leçons de morale civique que l'on pourrait asséner aux élèves et qui ont pour objet le respect d'autrui, la tolérance... De plus, il me semble que cette expérience pourrait contribuer à apprendre aux élèves qu'il existe d'autres façons de s'affronter que les seuls actes violents. Somme toute, bien des enfants ne redoutent-ils pas autant l'affrontement physique ou verbal que la confrontation des idées ? Quelle expérience pourraient-ils avoir que la confrontation violente ne tranche pas nécessairement les divergences de points de vue ? Quelle expérience pourraient-ils avoir que la confrontation avec autrui peut être source d'enrichissement mutuel ? Dans quels lieux pourraient-ils faire cet apprentissage ?

Si l'enseignement de l'histoire peut participer de la formation du citoyen, c'est en le formant à la rencontre avec l'autre (que ce dernier appartienne au passé ou au présent), rencontre sans laquelle les identités que nous contribuerions à faire se construire seraient closes sur elles-mêmes et la société une simple juxtaposition de ces dernières.

MODE D'EMPLOI

TITRE DE LA LEÇON

PROBLÉMATIQUE INVITANT À UNE LECTURE DIFFÉRENTE.

Concepts centraux

Ce sont les concepts à la fois transdisciplinaires et récurrents à l'intérieur même de la discipline. L'élève pourra les rencontrer dans d'autres disciplines mais devrait (devra ?) les explorer à nouveau en histoire.

Objectifs notionnels

Il s'agit des contenus historiques que l'enseignant vise à faire se construire au cours de la séquence elle-même. Ces notions sont directement historiennes.

Tableau récapitulatif du déroulement de la situation-problème. Il peut servir de guide à l'enseignant au cours de son animation.

DURÉE*	ORGANISATION**	MISSION***
Séquence****		
min		
min		
min		

* **Durée des séquences**
La durée est indicative. Signalons tout de suite qu'à la première animation, l'enseignant aura probablement dépassé la durée conseillée. Deux raisons à cela qui se conjuguent : le manque d'expérience de ce type d'animation, et la difficulté à se centrer sur les objectifs et les concepts que l'on a prévus de travailler. Les enseignants sont toujours tentés par l'illusion d'être complets, ce fameux besoin de faire le tour de la question à la place des élèves, alors que le principe même de notre façon de travailler est de mettre en place des questionnements plutôt que des réponses à des questions qui n'existent pas encore chez les élèves. Nous avons souvent connu

cette situation avec des enseignants qui « testaient » en classe les situations-problèmes.

** **Organisation des situations-problèmes**
L'organisation découpe l'animation de la situation-problème en autant de moments qui constituent une unité. Il y a une grande récurrence dans ces moments, d'une situation-problème à l'autre. Émergence des représentations des élèves, travail de groupe, présentation et socialisation du travail de ces groupes. La confrontation des travaux de groupe, qu'ils soient synchrones ou successifs, crée une surprise ou génère des contradictions qui sont censées avoir plusieurs effets :
– relativiser les représentations des élèves ;
– permettre un début de questionnement, moteur d'une lecture active d'autres documents ;
– lancer les élèves dans une recherche documentaire individuelle ou collective après qu'ils ont formulé les points sur lesquels il leur fallait avoir des précisions complémentaires.

*** **Consignes de travail**
Nous avons essayé de transcrire ici les consignes telles que nous les donnons. Bien évidemment, leur répétition sous une autre formulation est tout à fait utile. Chacun le fera selon des formulations qui lui sont propres et en fonction des besoins d'éclaircissement manifestés par les élèves.

**** **Nombre de séquences**
Avec chaque séquence, que l'animation de la situation-problème se fasse en une ou deux séquences, nous avons rappelé quels étaient les objectifs poursuivis par la mise en situation choisie.

▲ Les représentations des élèves

Quelles sont les représentations les plus usuelles des élèves ? Quelle rupture conceptuelle faut-il aider les élèves à opérer (centration sur les concepts centraux) ? Nous n'avons pas voulu dans ce livre être pointilleux sur la définition de la notion de représentation. S'il est évident que l'émergence de la représentation ne saurait être confondue avec la représentation elle-même, nous avons essayé d'en proposer une analyse sommaire en nous servant de notre propre expérience en la matière. Mais les représentations que nous avons rencontrées dans nos classes ou dans nos animations ne seront pas nécessairement celles que rencontreront les enseignants qui voudront nous suivre dans l'animation de situations-problèmes. Mais, à moins d'être face à un public très particulier, elles devraient être sinon identiques, du moins analogues. La notion de représentation est plus fouillée dans le livre de Gérard de Vecchi et Nicole Carmona, *Faire construire des savoirs*, Hachette Éducation, coll. « Nouvelles approches », 1996, p. 46 et suivantes.

▲ Le point sur la question

Le point sur la question consiste en un développement informatif destiné aux enseignants. Ce point permet aux enseignants soit de se rafraîchir la mémoire sur les contenus historiques visés à travers la situation, soit de préparer une synthèse magistrale éventuelle.

Bien évidemment, il ne s'agit pas, en une page, d'être exhaustif, mais de permettre à l'enseignant d'aller vers des informations complémentaires avec les idées plus claires sur ce dont il a besoin et de ne pas être submergé par la masse d'informations qu'il pourra rencontrer dans une encyclopédie. Pour ce faire, cette rubrique est centrée sur les objectifs notionnels.

▲ Indications sur l'animation

Lorsque l'animation d'une situation-problème présente une difficulté particulière, difficulté que nous avons pu repérer au cours de nos propres animations, nous l'avons signalée.

Quels sont les grands moments dans l'animation d'une situation-problème ?

Mettre les élèves en situation de recherche

Dans une situation-problème, la recherche des élèves ne va pas de soi ! Nous voulons dire par là que les hypothèses que vont émettre les élèves, les pistes qu'ils vont emprunter, seront souvent inattendues. Dans la préparation à l'animation d'une situation-problème, nous devons prévoir un certain nombre de possibles afin de ne pas être pris au dépourvu. Mais soyons clairs, le champ du possible ne sera jamais totalement couvert par l'enseignant. Il le sera peu à peu avec le nombre d'animations de la même situation. Il pourra arriver que l'enseignant cherche avec les élèves, en même temps qu'eux ou entre deux séquences, notamment quand de l'imprévu se présentera. Pourquoi notre prestige devrait-il souffrir de cela ? Bien au contraire, ce sera l'occasion pour commencer à rompre avec l'idée d'un enseignant ayant réponse à tout. Quand il ne sait pas, l'enseignant fait comme les élèves : il cherche !

L'enseignant en recherche permanente

Cependant, dans une situation-problème, l'enseignant est en recherche permanente, moins sur les contenus et les concepts que sur la façon dont les élèves cherchent. Leur stratégie, leurs hypothèses, leurs interprétations, le cheminement qui se fait jour par comparaison aux représentations initiales, sont autant d'éléments que l'enseignant évalue en permanence. Si celui-ci est en recherche, c'est évidemment, le plus souvent, sur un plan différent de celui des élèves.

Que fait l'enseignant dans les groupes ?
Au bout d'un moment, l'enseignant passe dans les groupes afin de relancer la lecture ou la discussion si le besoin s'en fait sentir. Au nom de la liberté de recherche, il ne s'agit pas de laisser un groupe se fourvoyer dans une impasse parce qu'il aura mal compris tel ou tel élément du texte. Évidemment la frontière peut parfois être ténue entre le « pas compris » et le « pas compris comme moi ». Sinon, l'enseignant passe et écoute les groupes en centrant son attention sur les objets de discussion et profite de l'occasion pour affiner l'analyse des représentations que nous avons pu lui proposer en tête de chaque situation-problème. Il évalue aussi en permanence les décalages qui existent entre ce qu'il avait prévu et le cheminement effectif des groupes.

En fin de séance, quelle évaluation ?
Quant à l'évaluation, c'est bien au déplacement accompli par les élèves, entre le début et la fin de la situation-problème, qu'elle s'intéresse. Si bien qu'il est absolument nécessaire de permettre un moment collectif et individuel de réflexion qui s'intéresse précisément à cet objet. Nous avons l'habitude de ménager un moment oral collectif et un moment individuel écrit, car le face-à-face avec soi-même et la nécessité de formaliser par l'écriture sont des occasions supplémentaires dans la conceptualisation. Cette production est un matériau inestimable pour l'évaluation de ce qui a été accompli en classe à l'occasion de l'animation de la situation-problème. L'évaluation peut s'appuyer sur d'autres indices, par exemple quand les élèves sont mis en situation de réutiliser des concepts ou des contenus historiques abordés au cours de situations antérieures.

Quant à l'évaluation de type classique, qui se concrétise par la note de l'élève (chiffrée ou non), elle peut se dérouler de façon classique, à condition que l'on ne privilégie pas seulement les capacités de réénonciation d'un résumé qui n'aurait qu'un rapport approximatif avec l'activité de recherche proposée aux élèves. Il est même positif que les élèves rompus à des évaluations traditionnelles puissent se rassurer en s'apportant la preuve que même avec cette façon particulière de travailler de l'enseignant, ils peuvent avoir des évaluations satisfaisantes.

▲ Documents de travail

Les documents de travail sont presque tous des documents historiques qui ont été réécrits afin de permettre à des élèves du cycle 3 de travailler.

Quels documents ?

Soulignons de suite que la plupart des documents paraîtront, de prime abord, difficiles aux enseignants qui ne se seront pas débarrassés réellement de l'idée que la finalité du travail est l'étude du document en lui-même, pour lui-même. Ici, le document est un support pour faire, pour agir, pour émettre des hypothèses, les confronter à d'autres. Il n'est en aucune façon illustratif d'un quelconque résumé prévu à l'avance. L'étude des documents dans les manuels montre qu'ils sont dans leur très grande majorité redondants avec le contenu de la leçon du livre qu'ils viennent, selon le cas, soit illustrer, soit cautionner.

Quelles situations de lecture des documents ?

La situation de lecture que nous proposons aux élèves est une lecture avec mission : jeu de rôle, dessin, mime, ou encore rédaction d'un texte. Ils choisissent la forme de leur rapport et peuvent panacher les modalités de ce rapport.

Les documents permettent aux élèves de commencer à s'approprier un des points de vue, de le situer par rapport aux autres et de prendre conscience qu'il est une partie constitutive d'un tout plus complexe. Le bon document ne saurait donc être un document complet, un document bardé des réponses, qui serait à découvrir au terme d'une lecture attentive et juste. En réalité, l'enseignant travaille sur deux plans en même temps : le premier, celui des représentations et des conceptions de l'élève que celui-ci doit déplacer ou relativiser; le second, celui des contenus historiques qu'il s'agit de construire.

Nous prétendons que les représentations ne se modifient pas à vide, sans objet de travail concret, et que, parallèlement, les savoirs ne se construisent pas en faisant l'impasse sur le sujet-apprenant, ses conceptions, les rapports qu'il entretient avec les concepts en question.

▲ Bibliographie

Dans la bibliographie, nous avons privilégié les livres pour les élèves, à chaque fois que cela était possible. Ainsi l'enseignant pourra confier aux plus curieux d'entre eux le soin d'aller chercher des compléments informatifs si besoin était. Quelquefois, nous avons indiqué des ouvrages pour les enseignants, quand ceux-ci apportent un éclairage nouveau ou radicalement différent sur la question historique.

De plus, quand ils sont de qualité, nous avons indiqué, sous cette même rubrique, des sites Internet que les élèves peuvent consulter seuls. Beaucoup plus rares sont les films et les cédéroms sélectionnés, car ils s'adressent dans leur grande majorité à des élèves plus âgés, voire même à des adultes.

Enfin, indiquons que des questions peuvent surgir au cours des situations-problèmes. Si les réponses à ces questions sont des digressions par rapport à la situation-problème, l'enseignant peut se permettre d'en différer la réponse, ou même les collationner et constituer ainsi un programme de recherche pour les élèves, à la BCD. L'enseignant peut même être dans l'incapacité de répondre. Cela arrive très souvent et, plutôt que d'éluder la question, je propose que l'enseignant cherche avec les élèves à la BCD et dédramatise cette situation. Il serait très profitable aux élèves qu'ils nous voient de temps en temps chercher avec eux. Ils pourraient ainsi se rendre compte que nous-mêmes cherchons pour savoir.

PREMIÈRE PARTIE

LA PRÉHISTOIRE

Pistes de lecture

Les hommes s'arrachent à la nature. Les temps préhistoriques.

Plusieurs séquences sur la préhistoire, dont quatre sur les origines de l'homme.

Précisons d'emblée que ces séquences sont indépendantes les unes des autres. L'enseignant choisira donc une ou deux d'entre elles selon les contenus notionnels qu'il préférera travailler avec les élèves. Remarquons que si l'on souhaite que les élèves commencent à penser aux origines de l'homme en intégrant le concept d'évolution, il est nécessaire qu'ils y soient confrontés plusieurs fois.

Selon la liaison CM1-CM2 qui prévaut, et en fonction de l'organisation des enseignants, deux séquences peuvent être faites en CM1 et les suivantes en CM2. Insistons encore sur l'intérêt exceptionnel des enfants pour cette période, car si elle pose la question de nos origines collectives en tant qu'espèce, celle de notre origine en tant qu'individu la traverse également en permanence.

LES ORIGINES DE L'HOMME (1)

1

QUELLE PART DE VÉRITÉ DANS LES MYTHES ?

Concept central

Évolution (origines, durée et saut qualitatif).

Objectifs notionnels

Mythe comme explication du monde, conscientisation par les élèves des théories qu'ils véhiculent, enrichissement.

DURÉE	ORGANISATION	MISSION
Séquence 1 **Faire émerger les représentations des élèves pour :** **– qu'ils commencent à en prendre conscience ;** **– profiter de la diversité culturelle de la classe lors de la mise en commun.**		
15 min	Moment d'écriture individuelle, suffisamment long pour que chacun puisse écrire. Affichage des papiers. Lecture à voix haute par l'enseignant afin que le point de vue de chacun puisse être entendu.	*Chacun expose dans un court texte comment il s'explique l'origine de l'homme.*
5 min	Lecture individuelle silencieuse de quatre grandes visions de l'origine de l'homme à travers des mythes, des religions, et un ou deux écrits scientifiques destinés aux jeunes.	*Prenez connaissance de ces documents.* (La source des documents n'est pas indiquée afin de ne pas parasiter la lecture des élèves.)
30 min	Discussion en petits groupes. Chaque groupe doit désigner un rapporteur.	*Après discussion, choisissez le document qui vous paraît le mieux correspondre à ce que vous pensez maintenant. Une justification vous sera demandée lorsque vous présenterez votre choix à la classe.*

Séquence 2 **Montrer aux élèves que les différents peuples et ethnies ont eu différentes représentations de l'homme sur la terre.**		
30 min	Grand groupe-classe, intervention de chaque rapporteur. L'enseignant tente de faire expliciter la raison du choix.	*Présentez votre choix en expliquant pourquoi vous avez choisi ce document et non un autre.*
15 min	Travail individuel. L'enseignant ramasse les textes et repère les déplacements qui ont été opérés pour chaque élève.	*Écrivez à nouveau un texte définitif sur ce que vous pensez sur l'origine de l'homme. Ces deux textes doivent figurer dans le cahier d'histoire.*
	L'enseignant prépare un document de teneur scientifique, le distribue aux élèves. Pas de discussion sur la pertinence du texte, l'enseignant se contente de répondre aux questions.	*Voici un court texte qui présente le point de vue des savants d'aujourd'hui.*

▲ Les représentations des élèves

À propos des origines de l'homme, les représentations des élèves sont de trois types :

1. Soit les élèves répètent une explication qu'ils ont entendue hors de l'école et qui a cours dans leur milieu familial. Elle est dans ce cas souvent de nature religieuse. Elle revient à affirmer l'essence divine de l'homme et s'accommodera mal des explications données par l'enseignant et les manuels scolaires. Deux savoirs cohabiteront dans la tête de l'élève qui peut même apprendre à utiliser chacun d'eux dans le milieu idoine. Le concept d'évolution est incompatible, en apparence du moins, avec cette représentation puisqu'elle pose l'essence divine de l'homme comme naissance *ex abrupto.*

2. Mais cette représentation peut aussi être la répétition mécanique d'une explication pseudo-scientifique, version de la théorie de l'évolution de Darwin simplifiée à l'extrême. Cette explication a été popularisée depuis l'époque même de Darwin par la formule « *l'homme descend du singe* ». Elle met à bas, en apparence, l'essence divine de l'homme mais ne correspond le plus souvent qu'à une formule creuse évacuant le concept d'évolution.

3. Enfin, les élèves laissent libre cours à leur imagination et peuvent renouer avec ce que nous sommes convenus d'appeler la « pensée mythique ». Notons que l'idée d'évolution est absente de ces différents mythes comme des deux représentations antérieures. Ces mythes n'ont jamais cessé d'exister mais sont moins prégnants que les deux types précédents. Dans les représentations traditionnelles des enseignants et de notre société, la pensée mythique est considérée comme antagonique des précédentes. Tout le travail actuel de certains chercheurs montre que diverses structures de la pensée se superposent au sein d'un même individu. On remarquera que les religions monothéistes n'ont pas été les premières à penser l'homme comme créature d'essence divine. De plus, lorsqu'elles rentrent dans les aspects concrets de la création, elles réemploient des procédés déjà supposés par des mythes plus anciens.

Il nous paraît caricatural aujourd'hui de vouloir démarquer de façon imperméable le mythe et la science, surtout sur des questions comme celle de l'origine de l'homme. L'un et l'autre ne sont pas des objets donnés *a priori* par on ne sait qui, mais des constructions temporelles et historiques. D'une part, chacun de ces objets a un degré de validité dans son champ propre. D'autre part, les théories scientifiques sont construites à la fois avec et contre les pensées mythiques. Ces mythes traversent l'histoire et, d'une certaine manière, continuent d'exister à travers les représentations des élèves et les nôtres. Il serait illusoire de penser faire sans, comme de les anéantir.

Le but de ce travail n'est en aucune façon de substituer à la « vérité » des élèves la nôtre. Si ce que croient les élèves nous dérange, dans la mesure où précisément leur explication des origines de l'homme est de l'ordre de la croyance, il n'est d'aucun intérêt de la remplacer par une autre croyance.

Autrement dit, moins que la nature de l'explication elle-même, c'est-à-dire le savoir au sens classique du terme, c'est le rapport de soumission que l'élève entretient avec ce savoir qui est problématique pour la construction d'un savoir scientifique. Savoir et rapport au savoir (« rapport à savoir », utilisons-nous parfois) sont deux facettes d'un même concept. La différenciation de ces deux points est le produit d'une tradition qui ne se pose que depuis trop peu de temps la question du rapport à l'objet de connaissance.

Si bien que nous nous fixons dans ce travail deux objectifs. Le premier est de mettre en crise les trois représentations, précédemment esquissées, qui se caractérisent par une vision « fixiste » de la vie. C'est-à-dire que les formes actuelles de la vie n'ont pas toujours existé, elles se sont transformées, des millions de formes ont disparu... Et, du même coup, il nous faut admettre que les formes les plus « évoluées » procèdent de formes moins « évoluées ». Autrement dit, il ne nous faut pas confondre la possibilité d'une essence divine de l'homme, avec la création divine (génération spontanée) de l'homme tel qu'il est aujourd'hui. L'évolution procède par sélection et par complexification avec une donnée capitale : le temps et donc la multiplication des essais réussis ou avortés.

Le second objectif est de faire se rencontrer plusieurs explications du monde, rencontre qui est la condition nécessaire, mais non suffisante, pour que d'autres rapports à d'autres savoirs soient, dans le futur, construits par l'élève. Cette rencontre est partie intégrante d'une éducation civique rompant enfin avec un discours moralisateur qui pose la tolérance comme principe mais ne l'organise pas.

▲ Le point sur la question

La représentation de type **rationnel** ne peut prétendre à cette dénomination chez de jeunes élèves dans la mesure où elle n'est pas le produit d'un travail réflexif mais seulement la réénonciation d'une formule. La raison n'est pas un « donné », mais le résultat provisoire d'une élaboration. Accordons autant d'attention au type de rapport que le sujet entretient avec le savoir qu'il énonce qu'à l'énoncé lui-même. Souvent, nous sommes plus sensibles à la ressemblance qui peut exister entre l'énoncé de l'élève avec celui que nous voulons livrer aux élèves. Dit autrement, entre le concept que nous voulons étudier avec les élèves et la formule « *l'homme descend du singe* », la distance est aussi grande que dans les autres types de représentation.

La représentation de type **religieux** fait intervenir Dieu pour s'expliquer l'apparition de l'homme. Dieu a créé l'homme, le premier d'entre eux était Adam. Dans certains cas, cette pensée peut intégrer des informations de type scientifique comme l'évolution et faire reculer dans le temps et dans la chaîne causale l'intervention divine. Notons en passant que bien des savants qui travaillent sur l'origine de l'homme, de la vie ou de l'univers ne se sentent pas pour autant en contradiction avec leur croyance religieuse. Et on les comprend, sauf à prendre l'Ancien Testament (ou d'autres textes) uniquement comme parole de Dieu, en oubliant qu'il est aussi parole d'hommes.

La représentation de type **mythique** fait appel à de grands systèmes d'explication du monde, bien antérieurs à toutes les religions monothéistes. On peut relever à travers les temps et les continents des systèmes récurrents que l'on retrouve chez ceux des élèves qui ne font pas référence aux deux types précédemment cités. Soulignons qu'elle n'est en aucune façon révolue ou archaïque mais inhérente à l'homme, ne serait-ce que comme héritage culturel que nous véhiculons à notre insu.

Il ne faut ni sous-estimer le rôle de la pensée mythique comme réflexion sur le monde, ni l'ériger en science prédictive ou prophétique qui aurait su expliquer l'évolution bien avant que la science ne se pose cette question de l'origine des espèces ou de la vie.

Nous présentons ici quelques éléments de nature à permettre un début d'analyse des représentations des élèves, rassemblés sous la forme d'une typologie inspirée du travail de Xavier Yvanoff (voir bibliographie) qui distingue onze façons d'expliquer la naissance de l'univers et de l'homme dans tous les mythes qu'il a pu recueillir :

- Naissances à partir des œufs
- Naissances aquatiques
- Naissances célestes
- Démembrement du Géant cosmique (semences divines)
- Naissances terrestres (la Terre mère)
- Naissances à partir de pierres
- Hommes métalliques
- Naissances sylvestres
- Naissances à partir des plantes
- Naissances à partir des fruits
- Naissances florales.

Ces mythes ne sont pas de simples histoires mais se retrouvent dans bien des pratiques sociales d'aujourd'hui, comme les rituels permettant aux femmes de devenir fécondes, et sont l'occasion d'une rencontre entre les élèves et le sacré, sa richesse et sa diversité. Ces rituels sont souvent décriés comme étant la survivance de superstitions. Voyons-les plutôt comme la manifestation, aux côtés de la religion et de la science, des interrogations métaphysiques qui sont le propre de l'homme (voir « situation-problème », Les origines de l'homme, p. 30).

Certains pensent même qu'ils pourraient être les porteurs d'une pensée « intuitive », sorte de prescience qu'il s'agirait d'expliquer *a posteriori*. Quel rapprochement convient-il de faire, par exemple, entre les mythes qui considèrent que les dieux ont créé l'homme grâce à de l'eau et de l'argile avec l'hypothèse actuelle qui admet que les premières grosses molécules, dans l'eau des lagunes et en présence d'argile, auraient formé des petites chaînes d'acides nucléiques, c'est-à-dire des formes simplifiées d'ADN ?

▲ Indications sur l'animation

Séquence 1

Il est important que chacun dispose d'un temps suffisamment long pour formuler par écrit comment il se représente l'apparition de l'homme sur la terre. Remarquons que certains élèves ne noteront que peu de chose car ils peuvent avoir une difficulté à coucher sur le papier la réponse à une question qu'ils ne se sont jamais posée. Remarquons encore que certains peuvent ne rien écrire du tout car ils ont peur de socialiser leur représentation. Cela peut être le cas d'un élève dont la représentation participe d'une conception religieuse de la Création, et qui croit savoir qu'elle n'est pas de mise à l'école.

Insistons encore sur le fait que la séquence n'a pas pour but que les élèves renoncent à leur conception. Il s'agit avant tout qu'ils la conscientisent et qu'ensuite ils découvrent que d'autres pensent différemment. Car personne ne peut mettre en crise sa propre représentation s'il ne peut la conscientiser ou s'il n'est pas engagé dans ce processus. La rencontre avec d'autres façons de s'expliquer l'apparition de l'homme peut favoriser cette appropriation par l'élève de sa conception. Notons enfin que la confrontation à l'autre n'use pas nécessairement du conflit et que le respect de chacun oblige l'enseignant à user de deux attitudes contradictoires en apparence : créer des situations qui favorisent la crise et ne rien faire pour que l'élève renonce à sa propre représentation. Le champ de l'intervention de l'enseignant se situe en amont, dans la préparation de la situation et des matériaux et non pas au moment du conflit interne que la situation aurait pu susciter chez l'élève. Dans cette mise en situation, il est difficile d'avoir des objets concrets que l'on peut directement évaluer, sinon dans la lecture du chemin parcouru entre les deux textes que les élèves auront à écrire.

Séquence 2

De la même façon, quand l'élève doit choisir un texte, en discuter avec le groupe et justifier devant la classe le choix qui aura été fait, les consignes ne sont remplies par les élèves que dans la mesure où ils le peuvent et où ils le veulent. Il n'est pas question de mettre un élève en demeure de choisir et encore moins de se justifier devant ses camarades. Les consignes tentent de mettre en mouvement la pensée de l'élève et leur satisfaction ne saurait être une fin en soi.

Les élèves écrivent un autre texte afin que chacun (et l'élève-auteur et l'enseignant) puisse mesurer les déplacements qui se seraient produits au cours de ce travail. C'est en définitive le moment vrai d'évaluation du travail de l'enseignant. Il ne s'agit en aucune façon de faire un palmarès et de valoriser ceux qui se seraient rapprochés le plus de la représentation de l'enseignant.

Enfin, l'enseignant distribue un texte présentant une hypothèse de type scientifique comme celui que nous livrons plus loin (voir document 7). Cette hypothèse d'Yves Coppens est aujourd'hui très discutable. Elle a le mérite d'intégrer un événement (l'assèchement) qui relance le processus de sélection, de faire pressentir que la sélection ne s'établira plus seulement sur des données physiques mais aussi culturelles. Notons en passant qu'Yves Coppens pense que les premiers hominidés qui vont évoluer vers la bipédie seraient des individus mal adaptés à la quadrupédie. Un handicap dans un milieu peut donc devenir un atout dans un autre !

▲ Documents de travail : l'origine de l'homme dans les traditions religieuses et les mythologies

On peut supprimer l'origine culturelle des textes.

Document 1 : chez les Tatars de l'Altaï

La Terre n'existe pas encore. Dieu demande à son compagnon de plonger au fond de l'eau pour lui rapporter un peu de boue afin de créer la Terre. Dieu crée la Terre et un arbre se met à pousser. Cet arbre est nu, sans feuilles et sans branches. Dieu est triste et prononce une formule magique : « Qu'il y ait des branches ! » *et aussitôt neuf branches poussent sur cet arbre. Dieu est satisfait et prononce une seconde formule :* « Qu'il y ait neuf hommes au pied des neuf branches et que de ces hommes naissent les neuf races humaines ». *Il arriva comme Dieu avait commandé et les neuf races humaines naquirent de cet arbre.*

Document 2 : chez les Esquimaux

Un jour, au début des temps, les piliers qui soutenaient le Ciel s'écroulèrent. Les montagnes, les lacs, les rivières, les pierres et les arbres qui se trouvaient au ciel tombèrent alors sur la terre. C'est de cette façon que le monde fut créé. Les premiers humains sortirent de la terre. À cette époque, il n'y avait pas encore de femmes puis il y eut une femme. D'autres vinrent ensuite. Quand une femme voulait un enfant, elle allait le cueillir dans la terre. Il y avait beaucoup de filles dans le sol mais si une femme désirait un garçon elle devait partir très tôt, et aller très loin pour le trouver. Ensuite elle lui faisait des vêtements et le ramenait à la maison.

Document 3 : chez les Chinois

Nüwa (une déesse) voyageait de par le monde. Elle le trouvait riche et beau, mais il n'y avait pas d'êtres humains. Un jour, elle arriva au grand fleuve Jaune. Elle sortit de la rivière des poignées de boue et en fit des petites figurines ; elle modela la tête et les bras à l'image des siens, mais au lieu d'une queue de dragon, elle donna des jambes aux figurines, pour leur permettre de se tenir debout et de marcher. Elle leur donna la vie, et fut ravie de les voir sauter et danser autour d'elle, poussant des cris joyeux et l'appelant mère.

Document 4 : chez les Mayas

Au tout début de la Création une première race d'hommes fut créée avec de la terre humidifiée mais elle se désagrégeait au contact de l'eau. Ces hommes étaient immobiles, aplatis, mous et détrempés. Ils ne possédaient ni la parole ni l'intelligence. Les dieux fabriquèrent une seconde race humaine qu'ils sculptèrent dans le bois, mais ces hommes de bois se montrèrent peu respectueux de leur créateur et les dieux décidèrent de les exterminer au moyen d'un déluge d'eau. Les animaux créés par les dieux connaissaient le matériau idéal. Les animaux guidèrent les dieux jusqu'à une belle montagne sur laquelle poussaient toutes les plantes. Alors les épis jaunes et les épis blancs de maïs furent moulus et mélangés à l'eau pour obtenir une pâte avec laquelle on fabriqua notre premier père, notre première mère. Cela ne prit qu'un instant. Hommes et femmes étaient déjà debout et discutaient entre eux.

Document 5 : tradition chrétienne

Alors Dieu modela l'homme avec la glaise du sol, il lui insuffla une haleine de vie dans les narines et l'homme devint un être vivant.

Document 6 : tradition islamique

L'homme fut tiré d'une boue malléable par la main de Dieu. Afin que l'homme fût une créature noble, Dieu pétrit une argile semblable à celle du potier, mais choisie et fine. À force d'être malaxée, cette masse devint une ossature qui se recouvrit de chair. Dieu déposa alors les figurines pendant quarante jours au soleil. Elles se desséchèrent et tandis que l'eau qu'elles contenaient s'évaporait, elles contractèrent les rides que l'on voit encore sur les visages. Ensuite le créateur paracheva son œuvre en leur insufflant son souffle de vie.

Document 7 : texte présentant une hypothèse scientifique

L'Afrique, il y a environ dix millions d'années, a subi un changement climatique lent et les étendues d'herbes ont remplacé la forêt épaisse. Du coup, les grands singes, qui vivaient dans les arbres, se mirent à passer de plus en plus de temps à terre pour trouver les plantes dont ils se nourrissaient. Cette recherche favorisa la coopération et la communication entre les individus et développa leur intelligence. Quelques-uns apprirent à se redresser en marchant sur leurs membres postérieurs, ce qui leur permettait de voir au-dessus des herbes hautes et de libérer les mains. Peu à peu, au cours de plusieurs millions d'années, ces grands singes évoluèrent et devinrent des Hominidés. Ils avaient un cerveau plus gros, une marche bipède et des dents ressemblant un peu plus aux nôtres : ce sont les Australopithèques, qui ont vécu entre quatre et un million d'années avant nous.

▲ Bibliographie

Livres

Gougaud H., *L'Arbre à soleils. Légendes du monde entier,* Paris, éditions du Seuil, coll. « Points », 1979.

Gougaud H., *L'Arbre aux trésors. Légendes du monde entier,* Paris, éditions du Seuil, coll. « Points », 1987.

Otte J.-P., *Les Aubes enchantées : les mythes de la création du cercle polaire à l'Océanie,* Paris, Seghers, 1995.

Otte J.-P., *Les Aubes sauvages,* Paris, Robert Laffont, tome I, « Les matins du monde », 1995.

Yvanoff X., *Mythes sur l'origine de l'Homme,* Paris, éditions Errance, 1998.

Enfin, deux **sites Internet**, intéressants mais centrés presque exclusivement sur les mythologies grecque et romaine :
www.perso.wanadoo.fr/ed/cosmo1.htm
www.ac-versailles.fr/pedagogi/anti/mytho0.htm

LES ORIGINES DE L'HOMME (2)

2

QUELLE RUPTURE RÉELLE ENTRE L'HOMME ET L'ANIMAL? QU'EST-CE QUI NOUS CONSTITUE EN TANT QU'HUMAIN?

Concept central

Évolution (continuité et discontinuité).

Objectif notionnel

Différents critères de l'hominisation.

DURÉE	ORGANISATION	MISSION
Séquence 1 **Réfléchir à une définition possible de l'homme.**		
5 min	Présentation orale de la situation de Douglas.	*Cette mission longue est présentée plus loin.*
30 min	Réunion des commissions de spécialistes chargés d'éclairer le tribunal et de répondre à la question de la nature humaine ou non des Tropis.	*Vous devez décider de la nature humaine ou animale de ce Tropiot et de son peuple. Notez sur une affiche vos conclusions.*
30 min	Rapport des commissions de spécialistes par voie d'affiches commentées par le rapporteur du groupe. L'enseignant permet à chaque groupe d'exposer ses conclusions puis note les désaccords en les formulant.	*Vous écoutez les rapports des différentes commissions et vous notez sur un papier ce avec quoi vous n'êtes pas d'accord. Dites vos remarques.*

Séquence 2 **Pour nous les hommes, rien de plus difficile que de nous définir. L'homme, un être métaphysique !**		
5 min	Récit par l'enseignant de ce que Vercors a imaginé. Confrontation avec ce que les élèves ont inventé. Travail individuel.	*Écoutez ce que l'auteur du roman a inventé de son côté. Notez les différences et les ressemblances.*
30 min	Étude des écarts. Exploitation de ce qui a été minoré et/ou majoré.	*Pourquoi arrivons-nous à des conclusions différentes ?*
15 min	Rédaction d'une conclusion sur la différence entre l'homme et l'animal.	*Rédigez ce que vous avez retenu comme différence entre l'homme et l'animal.*

▲ Les représentations des élèves

Les élèves oscillent entre deux types de représentations :

1. La première consiste à considérer que la différence entre l'animal et l'homme est tellement évidente qu'elle ne mérite pas que l'on s'y attarde : l'homme est d'essence divine, il n'appartient donc pas (ou plus) à l'espèce animale. Cet anthropocentrisme est une dénégation du fait que certains de nos comportements ne sont pas seulement des constructions d'ordre culturel. La discontinuité entre l'espèce humaine et les espèces animales n'est pas perçue comme un saut qualitatif, mais comme le témoin de deux natures n'ayant pas de passé commun.

2. La seconde est radicalement différente puisque les élèves attribuent à tout comportement animal une nature humaine. Cet anthropomorphisme assimilateur, pour autant qu'il soit sympathique, nie toute spécificité à l'homme. La continuité mise en avant ignore tout particulièrement le rôle de la pensée abstraite comme facteur d'évolution et de différenciation, ainsi que la culture comme élément constitutif de l'espèce humaine.

La différence entre ces deux représentations est intéressante car en la faisant exister réellement dans la classe, on peut, plutôt que les rejeter dos à dos, les articuler toutes les deux dans une dialectique qui les rend moins simplistes. Le titre du roman de Vercors, *Les Animaux dénaturés,* dont nous avons tiré l'argument de cette situation-problème, est significatif à cet égard. Qu'est-ce qui fait de l'être humain encore un animal ? Qu'est-ce qui l'en sépare, en même temps, irrémédiablement ?

▲ Le point sur la question

Si les enfants (et les adultes bien souvent) s'intéressent tant à la préhistoire, c'est parce que, à notre avis, la préhistoire pose la question de nos origines à la fois en tant qu'espèce et en tant que membre de celle-ci, à titre individuel. Cette interrogation sur notre origine est d'ordre philosophique avant d'être strictement scientifique. Elle n'a probablement pas de réponse comme celles de l'origine exacte de la vie ou de l'univers. Chacun d'entre nous s'affronte de temps en temps à ce mystère.

Notons simplement que les paléontologues tentent de répondre à la question de l'origine de l'homme en cherchant des fossiles témoignant d'une activité conceptuelle qui n'a pas nécessairement de manifestation matérielle. Mais plus que la quête de l'origine, c'est celle de la filiation qu'ils se posent. Ils sont conduits à élaborer un modèle scientifique de l'homme et décident, en fonction d'une certaine quantité de ressemblances, d'intégrer ou non tout nouveau fossile dans notre ascendance. Des problèmes particuliers se posent avec *Homo sapiens neandertalensis* puisqu'il présente suffisamment de proximité pour qu'il ait sa place dans la famille des *Homo sapiens* et suffisamment de différences pour qu'il ne soit pas intégré dans celle des *Homo sapiens sapiens.*

Il serait paradoxal que l'on puisse partir à la quête de ce fameux chaînon manquant alors même qu'on ne sait pas exactement ce qui nous différencie des animaux et ce qui fait réellement notre spécificité. L'histoire des sciences en général montre combien les représentations sociales de ce qu'est censé être un homme influent sur les interprétations des savants eux-mêmes. Dans un précédent ouvrage(1), nous illustrions cette conviction en opposant deux reconstitutions d'*Homo sapiens neandertalensis* réalisées à vingt ans d'intervalle. Les mêmes squelettes conduisaient à des simulations aussi lointaines que possibles puisque la plus ancienne représentait une espèce de monstrueux bipède alors que l'autre mettait en scène un *Homo* que rien ne pouvait, en apparence, distinguer de l'un d'entre nous.

Cette séquence pose d'autres problèmes, outre celui du regard des savants, comme celui de l'amorce de la construction d'une théorie de l'évolution. Deux conceptions s'opposent en général alors qu'elles ne sont pas *a priori* contradictoires : le gradualisme et le catastrophisme. Imaginons un jeu dont le nombre de cartes serait suffisamment important pour aller insensiblement du blanc au noir en passant par quantité de nuances de gris. Qui serait à même de dire quand on est passé du blanc au noir ? Bien évidemment, cette objection s'inscrit dans une vision graduelle de l'évolution alors qu'on peut imaginer qu'elle s'est également faite avec des à-coups, des accidents. Car pourquoi la nature évoluerait-elle ? Disons que des mutations au sein de l'espèce consistent en l'émergence d'un caractère jusqu'alors minoritaire, émergence qui ne peut se faire sans une modification des conditions précédentes. Cette modification remet en marche le phénomène de sélection. Le scénario du rôle de la surrection du rift

1. Alain Dalongeville, *Enseigner l'histoire à l'école, cycle 3,* Hachette, 1995, p. 56.

d'Yves Coppens (théorie dont le succès semble compromis aujourd'hui) fait partie de ces accidents possibles qui entraînent l'isolation de populations précédemment similaires et qui divergent par la suite.

▲ Indications sur l'animation

Mission de la séquence 1

Une population, les Tropis, vient d'être découverte en Nouvelle-Guinée. Ces Tropis ressemblent à des singes mais sont bipèdes. Ils savent faire du feu, tailler la pierre et ils enterrent leurs morts. Ils communiquent entre eux par une espèce de langage. Mi-hommes mi-singes, ils sont suffisamment évolués pour pouvoir être utilisés comme main-d'œuvre à bon marché, docile et semi-servile. Un journaliste britannique, Douglas, révolté par ce qui risque de leur arriver, va créer une situation qui choque le grand public. Il ramène chez lui un Tropiot (bébé tropi), l'élève comme un enfant et, au bout de quelques semaines, il décide de le tuer en lui injectant du poison. Puis il se constitue prisonnier et avoue son crime. Il réclame justice. C'est le scandale. Il faut juger Douglas.

Un tribunal se réunit qui ne peut décider de la culpabilité de Douglas. Si le Tropiot est un singe, Douglas n'est pas un criminel. S'il est un être humain, Douglas doit être pendu ! Le président du tribunal déclare qu'il ne peut décider si Douglas est un assassin ou non tant que les membres du tribunal ne seront pas éclairés sur la nature humaine des Tropis. Pour ce faire, la séance du tribunal doit être ajournée pour permettre aux réunions de spécialistes, joués par les élèves eux-mêmes, de définir le Tropi et l'Homme.

Les élèves se réunissent en plusieurs commissions et essayent de se mettre d'accord sur un certain nombre d'arguments, « coincés » entre la sympathie qu'ils ont pour Douglas et leur conviction que le Tropiot est un être humain. Lors de la confrontation des groupes, l'enseignant joue le président du tribunal qui fait appel à des experts – les groupes peuvent s'aider de documents selon la tournure que prend leur discussion. L'enseignant utilise les documents à son gré pour pousser les élèves à ne pas se satisfaire de solutions simplistes.

L'enseignant laisse chaque groupe de spécialistes faire son rapport et écoute les critiques faites par les autres groupes. Toute son animation consiste alors à formuler de façon claire les points qui resteraient à éclaircir afin que tous les élèves les aient à l'esprit lors de la suite.

Mission de la séquence 2

Dans la seconde séquence, il est important de comprendre qu'il n'est pas essentiel que les élèves aient inventé ce que Vercors a lui-même imaginé.

Bien au contraire, tous les écarts permettront d'approfondir la réflexion des élèves et de mettre en avant des éléments qu'ils auront surestimés ou d'autres qu'ils auront pu, au contraire, sous-estimer.

L'enseignant raconte la suite imaginée par Vercors : sur cette île vivent des indigènes anthropophages qui se cachent lorsqu'ils mangent les Tropis qu'ils ont chassés. Ils n'ont pas ce comportement lorsqu'ils mangent des animaux. Ils savent donc que ce ne sont pas des animaux. Ce comportement met les savants sur une piste délaissée jusqu'alors, celle des gris-gris, de la superstition, de la métaphysique. Toute manifestation d'une telle activité spirituelle est propre à l'humanité et la différencie de l'animal.

Le Tropi tué par Douglas était un homme !

Mais quand Douglas l'a tué, il n'en était pas encore un puisque le reste de l'humanité n'avait pas encore admis les Tropis en son sein. Douglas est donc relaxé : son plan a réussi !

▲ Documents : quelques transformations indices de l'hominisation

Ces documents sont destinés à l'enseignant avant tout. Mais il peut facilement les adapter pour les élèves et les leur distribuer au fur et à mesure des besoins des réunions de spécialistes.

La bipédie

L'acquisition de la bipédie marque une étape fondamentale dans l'évolution de l'homme. Ce changement s'accompagne de transformations du squelette, tout particulièrement du crâne – augmentation de la boîte crânienne et développement du cerveau, de la colonne vertébrale –, acquisition d'une série de cambrures permettant la station droite, du bassin et du pied – un véritable remodelage osseux, empêchant l'effondrement des colonnes osseuses du pied au cours de la marche. La bipédie s'accompagne de la libération des membres antérieurs et de la main. La bipédie est attestée à Laetoli en Tanzanie (empreintes de pied d'Hominidés imprimées dans la cendre volcanique, il y a 3 700 000 ans).

L'outil

Certains animaux peuvent se servir d'un objet pour effectuer certains « travaux ». Le pinson de Darwin utilise une brindille pour déloger les insectes dont il se nourrit. Le vautour d'Égypte brise un œuf avec une pierre. La loutre marine casse un coquillage à l'aide d'un galet. Les grands singes peuvent utiliser un bâton pour décrocher un fruit. Les corneilles cassent des noix à l'aide d'une pierre qu'elles font tomber. Ces animaux ne fabriquent pas d'outils : ils utilisent un objet naturel alors que l'outil est un instrument fabriqué. Il correspond à un modèle pensé avant sa réalisation. La fabrication de l'outil est, avec la station verticale, la libération de la main, la possession d'un langage, l'un des critères de l'hominisation. Il témoigne de l'existence d'une pensée conceptuelle. Les plus anciens outils taillés datent d'il y a 2500000 ans.

Le langage humain

Le langage humain, qui est une des formes de la communication entre les hommes, n'est pas un simple répertoire de mots ou de signes, mais un système linguistique permettant d'émettre des milliards de messages à partir de quelques unités sonores seulement.

La domestication du feu

Le feu existe à l'état naturel et les hommes le connaissaient depuis longtemps : projection des volcans, feux de brousse ou de forêt. Il y a 400000 ans seulement, l'homme l'utilise pour se chauffer ou s'éclairer.

Les plus anciennes sépultures

Les Néandertaliens (il y a 100000 à 35000 ans environ) semblent avoir attaché une grande importance à l'inhumation de leurs morts. Plusieurs sépultures ont été découvertes en Europe et en Asie.

▲ Bibliographie

Livres

CNDP-CRDP Nice, Premier congrès international de paléontologie humaine de Nice, octobre 1982, « Origine et évolution de l'homme », éditions CRDP Nice.

Coppens Y., « L'homme, acte 3 », *in* Reeves H., de Rosnay J., Coppens Y. et Simonnet D., *La plus belle histoire du monde. Les secrets de nos origines,* Paris, éditions du Seuil, 1996, pp. 113-152.

Dalongeville A., « Les animaux dénaturés : l'interrogation philosophique comme pratique scientifique permanente », *in Reconstruire ses savoirs,* GFEN, sous la direction de Sabine Laschkar et Henri Bassis, Paris, Messidor éditions sociales, 1985, pp. 139-152.

Leakey M. et Walker A., « Les premiers hominidés en Afrique », *in Pour la science,* n° 238, août 1997, pp. 36-41.

Lewin R., *L'Évolution humaine,* Paris, éditions du Seuil, coll. « Points Sciences », 1991.

Rebeyrol Y., *Lucy et les siens. Chroniques préhistoriques,* Paris, éditions La Découverte-journal *Le Monde,* 1988.

Tattersall I., « Les premiers exodes », *in Pour la science,* n° 236, juin 1987, pp. 40-48.

Vercors, *Les Animaux dénaturés,* Paris, Albin Michel, 1952, paru et plusieurs fois réédité en Livre de Poche.

Un seul **site Internet** :

La Caune de l'Arago, L'homme de Tautavel :
www.culture.fr/culture/arcnat/tautavel/français/index.htm

LES ORIGINES DE L'HOMME (3)

3

CONSTRUIRE LES CRITÈRES DE L'HOMINISATION

Concepts centraux

Évolution, continuité et discontinuité.

Objectif notionnel

Différents critères de l'hominisation.

DURÉE	ORGANISATION	MISSION
Séquence 1 **Activité de classement. Construction de critères objectifs discriminant les représentants des différentes espèces. Matérialisation de l'évolution.**		
15 min	Production d'une affiche par groupe sur laquelle sont collés les fossiles dans l'ordre choisi par les groupes (travail en petits groupes).	*Vous avez devant vous les fossiles clefs de l'évolution humaine ; classez-les du moins humain au plus humain.*
30 min	Présentation du travail de groupe. Explicitation des critères de chaque groupe. L'enseignant collationne sur une affiche, à part, les critères retenus par chacun des groupes, en repérant à chaque fois ce qui est nouveau et les éventuelles contradictions. À cet effet, il est judicieux que l'enseignant installe un vocabulaire commun pour que les comparaisons soient plus efficaces.	*Montrez ce que vous avez trouvé en précisant à chaque fois les raisons de votre choix.* *Essayez à chaque fois que cela est possible d'utiliser le vocabulaire commun pour désigner les différentes parties du crâne.*

Séquence 2 **Confrontation des hypothèses de chaque groupe.** **Approfondissement individuel du concept d'évolution.**		
30 min	Retour dans les groupes. Élaboration définitive d'un arbre généalogique de l'espèce humaine avec une liste des critères.	*Compte tenu des remarques des autres groupes, modifiez, si vous le pensez nécessaire, votre arbre généalogique.*
30 min	Travail d'écriture individuel accompagné de quelques documents simples (évolution du cerveau, des mandibules...).	*Individuellement, notez l'arbre généalogique qui vous paraît le plus probable et les modifications les plus importantes qui existent d'un fossile à l'autre.*
10 min	Exposé par l'enseignant des recherches les plus récentes.	*Collez cet arbre face au vôtre. Comparez : quelles différences, quels points communs ?*

▲ Les représentations des élèves

Dès que l'on aborde les problèmes de l'évolution, plusieurs types de représentations émergent :

Le **finalisme** : étant donné que l'homme est considéré comme le dernier produit de l'évolution chez les hominidés (ce qui n'est pas encore tout à fait certain), ou le plus intelligent, tout ce qui précède l'apparition de l'espèce humaine est pensé comme conduisant inéluctablement à ce point d'arrivée. Tout ce qui précède est censé expliquer l'apparition du produit le plus élaboré de l'évolution : l'homme. Cette lecture rétrospective est cohérente avec un second type de représentation : la linéarité.

La **linéarité** : l'évolution, telle que les élèves peuvent l'approcher, laisse penser qu'elle s'est déroulée de façon linéaire, en oubliant que des phylums sont restés sans lendemain. Un nombre immense d'espèces ou d'essais ont disparu. Si l'on accepte assez aisément que cela puisse être le cas depuis que la vie existe, les élèves savent que les dinosaures ont existé, puis ont disparu. On a du mal à considérer que cela a pu exister au sein même des hominidés. Méfions-nous, nous ne sommes pas la race élue ! L'évolution, c'est une « *multitude de tentatives, de bricolages* », dit François Jacob, où les effets du génome et du milieu multiplient leurs effets. À partir d'*Homo erectus*, des hypothèses radicalement opposées s'affrontent. L'une pense que des populations régionales ont évolué et séparément et en se métissant pour toutes donner *Homo sapiens*. L'autre considère qu'il existe une origine unique, une population d'*Homo erectus*, localisée probablement en Afrique.

Le « **progrès** » : en cohérence avec les deux représentations précédentes, les élèves ont tendance à considérer que plus un fossile possède de points communs avec *Homo sapiens*, plus il en est proche dans le temps. Si l'on accepte l'idée de bifurcation, deux espèces peuvent avoir évolué parallèlement dans le temps en développant des caractéristiques différentes. Si bien que la présence d'aspects ressemblants n'implique pas une proximité temporelle. La question s'est posée notamment pour *Australopithecus africanus* plus gracile mais plus ancien qu'*Australopithecus robustus*. Si maintenant *africanus* est replacé dans notre ascendance, il n'en reste pas moins que *robustus* est probablement plus récent qu'*africanus*, même si l'on n'est même plus certain qu'il en dérive.

▲ Le point sur la question

Il est pratiquement impossible de présenter ici un état de la question. D'une part, parce qu'aucune hypothèse ne fait l'unanimité chez les chercheurs (même la dénomination de *Homo habilis* est encore sujette à controverse) et, d'autre part, parce que chacune de ces hypothèses n'est que « provisoirement définitive ». Tout au plus peut-on se risquer à rappeler les points qui font l'unanimité ou presque.

1. La filiation *Australopithecus-Homo* (avec un doute s'agissant de savoir s'il s'agit bel et bien de *habilis*). Le tableau ci-dessous représente seulement l'hypothèse la plus prisée aujourd'hui. Rappelons encore une fois qu'elle n'est en rien définitive. Il n'est pas inutile, à notre avis, que les élèves se rendent compte que les scientifiques font des hypothèses, construisent des modèles qui sont autant d'outils qui permettent d'avancer. Ils ne sont en rien les démiurges que nous voudrions qu'ils deviennent. Cela ne signifie en aucune façon que la science est faite de n'importe quoi ! Ni une vérité immanente, ni un bricolage fantaisiste !

A. afarensis

A. aethiopicus ⇓ → *A. robustus* | *A. boisei*

A. africanus ⇓ *H. habilis* ⇓ *H. erectus* ⇓ *H. sapiens sapiens* | *Neandertalensis*

2. La persistance de l'évolution de certains critères avec le temps

a. Taille du cerveau : sa taille et sa complexité. Le volume cérébral est aux environs de 500 cm³ pour les Australopithèques et de 1 400 cm³ en moyenne pour *Homo sapiens sapiens*. Le trou occipital s'est déplacé vers la base du crâne. Bien évidemment, cette taille a dû atteindre un seuil quantitatif correspondant à un seuil qualitatif permettant l'utilisation d'outils. En retour, l'utilisation d'outils a elle-même dû favoriser le développement cérébral.

b. Face et dents : diminution progressive de la taille de la face et des dents. Chez *Homo sapiens sapiens*, toutes les dents ont sensiblement la même taille. Chez les grands singes, les canines sont très développées. La face n'est plus située en avant de la boîte crânienne, mais en dessous.

c. La bipédie : bien évidemment, elle est un des critères qui décident de l'appartenance ou non d'un fossile à la lignée *Homo*. Des modifications de la colonne vertébrale et du bassin, des jambes et des bras sont significatives de l'évolution vers la bipédie. Ce critère ne rentre pas en ligne de compte dans le travail proposé aux élèves, car pour des raisons de simplicité, nous nous sommes limités aux crânes. La bipédie a son corollaire : la libération de la main.

▲ Indications sur l'animation

C'est une illusion de penser que des critères objectifs existent quelque part, en dehors de l'homme. Quand le paléontologue se trouve face à un fossile, celui-ci n'a aucun sens tout seul : il ne peut rien révéler sans le regard questionnant du chercheur qui va l'« activer » en le bombardant avec ses *a priori*, ses conceptions de l'homme et de sa place dans l'univers. Car enfin, les mêmes fossiles, les mêmes bouts d'os ont été interprétés différemment dans le temps. Leur âge, leur appartenance à la lignée *Homo* a évolué au fur et à mesure que le regard du sujet chercheur se modifiait, que la conception de l'homme progressait.

Nous avons introduit quelques spécimens à propos desquels nous devons donner quelques explications. Les élèves doivent faire attention que l'âge des fossiles trouble le jeu du classement. Le jeune chimpanzé et le jeune *Homo sapiens* ont beaucoup plus de points communs que les adultes correspondants. C'est une des constatations qui ont conforté l'idée que *Homo sapiens* pourrait avoir un ancêtre commun avec le chimpanzé et non pas descendre de lui comme les élèves peuvent parfois le penser. L'enfant de Taung, par comparaison avec l'adulte, montre une proportion impressionnante de la boîte crânienne par rapport au reste du crâne. Les critères de différenciation doivent être prudemment utilisés dès que l'on ne compare pas des individus d'un âge équivalent. Et si l'on ne prête pas garde à ce fait, l'enfant de Taung se trouve être considéré comme beaucoup plus récent dans l'évolution que le représentant adulte de son espèce.

Séquence 1

Ces différences réelles entre ces fossiles doivent être construites, ou, si l'on préfère, reconstruites par les élèves. À cet effet, la consigne laconique donnée aux groupes les met en présence d'une planche de crânes et de mandibules, sans aucune autre information. Il s'agit pour chacun des groupes de construire et d'expliciter ses propres critères de classement qui seront confrontés à ceux des autres groupes.

Les élèves se retrouvent un peu dans la situation des chercheurs confrontés à « l'os de la réalité ». La majorité des enfants a en mémoire l'image du crâne de l'homme moderne. Aussi, tous tombent d'accord sur le point d'arrivée du classement : le crâne de l'*Homo sapiens sapiens.*

À la suite de désaccords, nous avons dû parfois utiliser des calques pour comparer les courbures de mâchoires ou nous livrer à des calculs très savants pour déterminer la part de la boîte crânienne dans la tête pour chacun de ces fossiles. Aller du moins humain au plus humain, c'est aller en ligne droite. Quand il s'agit de l'homme, n'avons-nous pas tendance à considérer son apparition comme inéluctable ?

La multiplicité des critères trouvés par les enfants est impressionnante : dessin de l'arc de la mâchoire, forme du crâne plus ou moins arrondie, position des orbites et présence d'une crête sagittale... Leur capacité d'observation est réelle, elle prend toute sa force car elle est active, ou plutôt rendue active grâce au bouillonnement exploratoire de la première séquence.

La filiation *Australopithecus-Homo* est facilement repérable par les élèves. Elle s'accompagne d'un accroissement du volume du cerveau ainsi que d'une réduction de la dentition. D'autres éléments se modifient comme les arcades zygomatiques, la hauteur du front, la crête sagittale, le profil de la face, la longueur du « museau ». Autant d'éléments que les élèves sont en mesure de repérer et qui sont tout à fait pertinents. Cette tendance se poursuit à l'intérieur même de la lignée *Homo*.

Les élèves seront d'autant plus perspicaces que l'enseignant saura, d'une part, utiliser les différences entre les hypothèses de chacun des groupes et, d'autre part, obliger chacun des groupes à justifier son classement.

Séquence 2

Après les recherches de la première séquence, l'enseignant organise une nouvelle confrontation en gardant en tête que l'essentiel n'est pas la production de l'arbre généalogique le plus probable eu égard aux découvertes scientifiques les plus récentes. On ne voit pas comment les élèves pourraient le faire ! Mais il importe que la situation ait généré l'élaboration d'un questionnement et l'émergence de critères de différenciation qui ont évolué depuis que les lignées des Australopithèques et des Hommes se sont séparées.

Au bout du compte, les élèves reconstituent un arbre généalogique. Mais cet arbre est surtout le détour par lequel les élèves construisent les critères qui caractérisent les hominidés et qui les différencient les uns par rapport aux autres. Après ces échanges, il est indispensable que chacun puisse par écrit noter l'arbre qui l'a le plus convaincu et surtout les modifications les plus significatives qui caractérisent *Homo sapiens sapiens.*

Enfin, l'enseignant veillera à ce que chaque élève compare l'arbre qu'il aura choisi avec l'arbre le plus probable (voir p. 39). Éventuellement, l'enseignant pourra proposer quelques fragments de textes concernant la bipédie, la modification de la taille du crâne ou de la forme et l'usure des dents. Cet arbre et ces fragments serviront de mémoire à chacun des élèves.

▲ Documents de travail

Quelques renseignements sur l'âge de ces fossiles :

Australopithecus africanus : 3 millions d'années.
Australopithecus boisei : 1,8 million d'années.
Homo erectus : 1,7 million d'années.
Homo sapiens neandertalensis : 200 000 ans.
Homo sapiens sapiens : 50 000 ans.

Un fossile de la lignée *Homo* est absent : *Homo habilis* (1,8 million d'années). Jusqu'ici, il était toujours présenté comme étant un de nos ancêtres le plus direct. Aujourd'hui, la polémique fait rage.

Deux fossiles d'Australopithèques auraient pu être ajoutés :

– *Australopithecus afarensis* (3 millions d'années), célèbre sous le nom de Lucy, mais le matériel disponible n'aurait pas permis des comparaisons avec les fossiles sélectionnés.

– *Australopithecus aethiopicus* (1,7 million d'années) posait la même difficulté. De plus, son identification exacte est source de controverses.

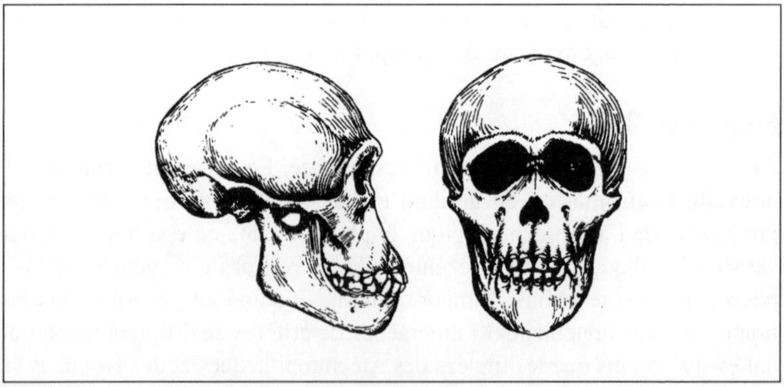

Jeune chimpanzé

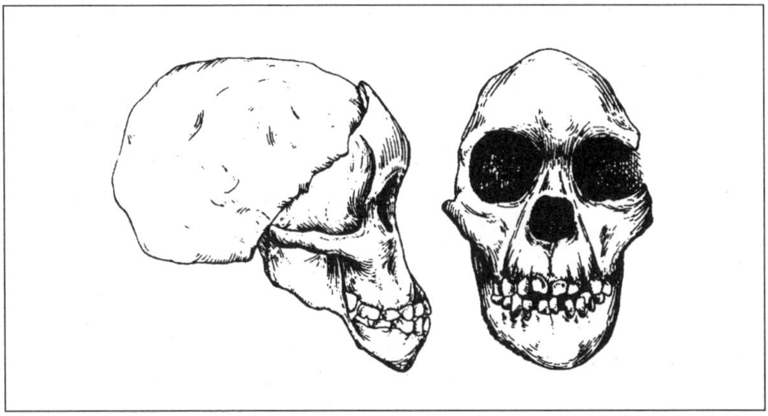

Enfant Taung *(Australopithecus africanus)*

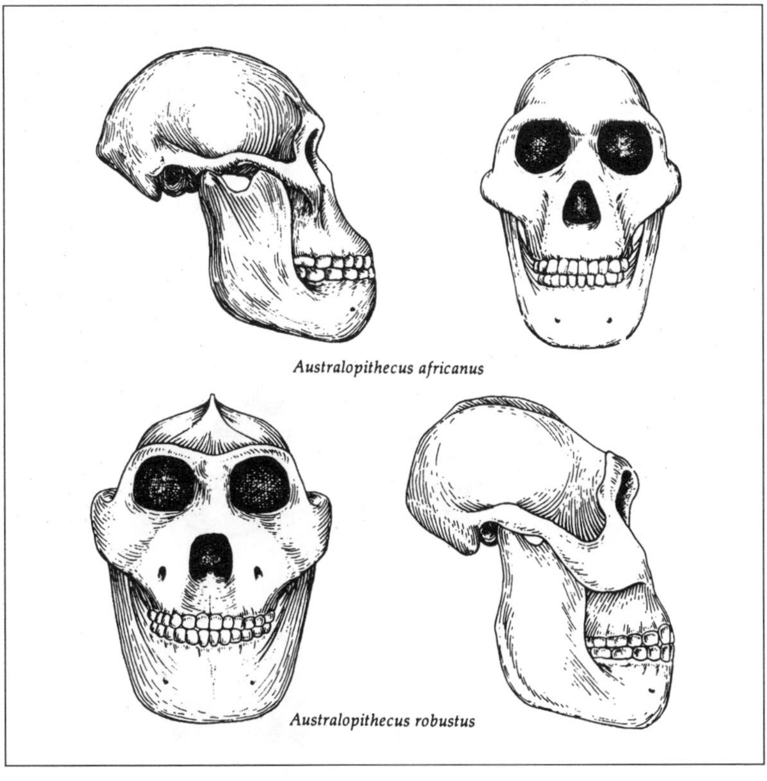

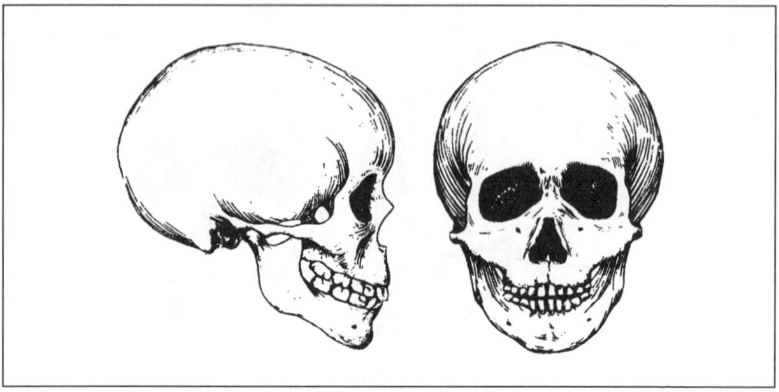

Enfant *Homo sapiens sapiens*

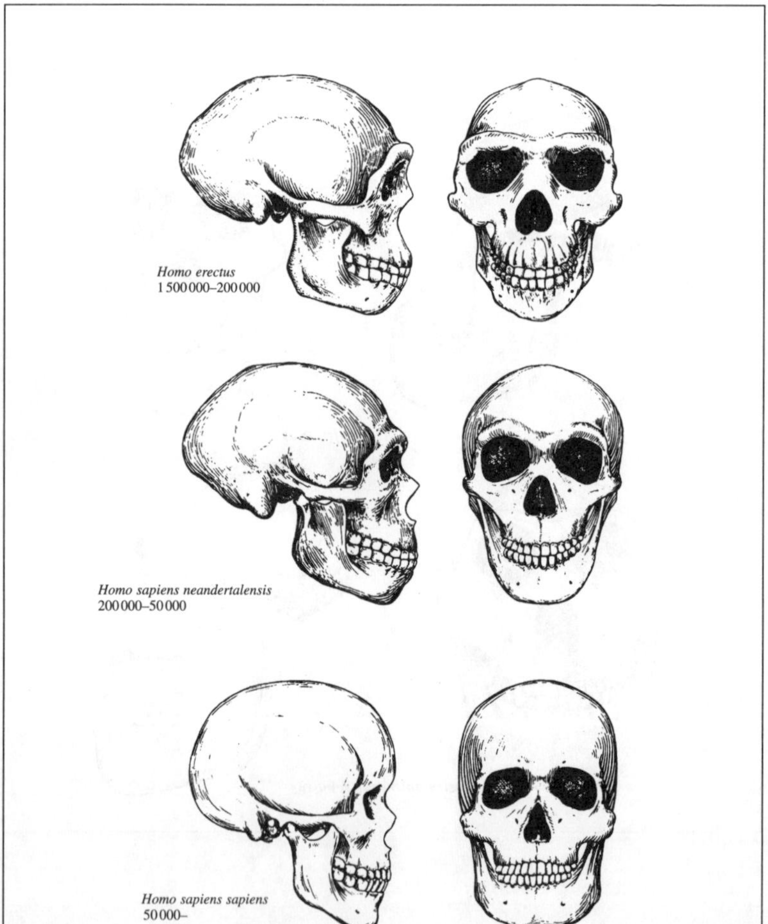

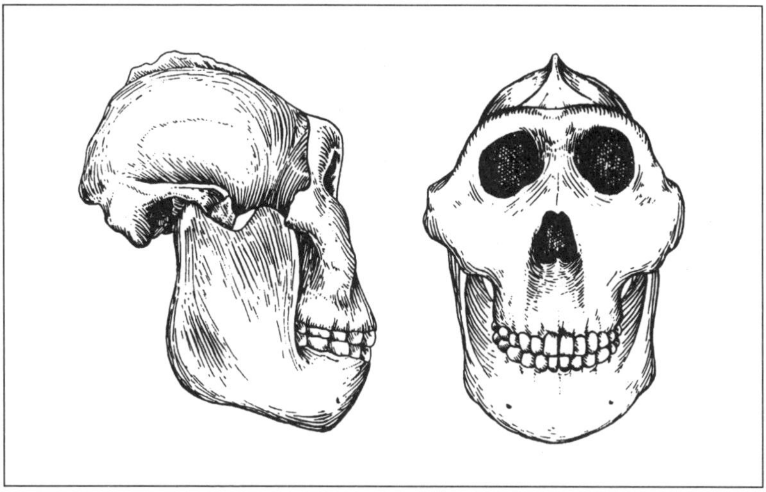

Australopithecus boisei (Homme du Zinj)

▲ Bibliographie

Livres

Les reconstitutions de crânes sont tirées de : Johanson D. C. et Edey M. A., *Lucy. The beginnings of Humankind,* New York, Simon and Scuster, 1981, pp. 33, 43, 59. Ce livre est également paru en français : *Lucy*, Robert Laffont, 1983, mais il est épuisé.

Plusieurs arbres généalogiques peuvent être consultés dans :

« Les origines de l'humanité », *in Dossier pour la Science,* janvier 1999.

Hublin J.-J., *Les Hommes préhistoriques,* Hachette Éducation, coll. « En savoir plus », 1995.

Lewin R., *L'Évolution humaine,* éditions du Seuil, coll. « Points Sciences », 1991.

Picq P., Verrechia N., *Lucy et son temps,* Mango, coll. « Regard d'aujourd'hui », 1996.

Filmographie

La Préhistoire et l'Homme de Tautavel (VHS), AR (MS 025), 1998.

Site Internet

Voir le site de la Grande Galerie de l'évolution du Muséum national d'histoire naturelle :
http://cimnts.mnhn.fr/Evolution/GGE.NSF

LES ORIGINES DE L'HOMME (4)

4

L'ART ? UNE INVENTION DE L'HOMME PRÉHISTORIQUE !

Concepts centraux

Altérité (au-delà des apparences...), invention de l'art : une borne de l'évolution.

Objectifs notionnels

Art pariétal, Magdaléniens.

DURÉE	ORGANISATION	MISSION
Séquence 1 **Émergence des matériaux pouvant servir à mettre en crise, plus tard, les représentations des élèves. Procédé : la comparaison.**		
20 min	Peintures et dessins des élèves. Lecture oralisée par l'enseignant.	*D'après vous, les hommes préhistoriques étaient-ils aussi intelligents que nous ?*
5 min	Dessin individuel d'un ou plusieurs animaux familiers.	*Chacun d'entre vous a cinq minutes pour dessiner son animal favori et/ou familier.*
10 min	Suite du travail précédent, chaque élève peut s'aider de photographies.	*À l'aide de ces photographies, reprenez ou améliorez votre dessin.*
10 min	Exposition collective. Commentaires.	*Que pensez-vous des dessins réalisés par la classe ?*
5 min	Projection ou affichage de peintures réalisées par Cro-Magnon.	*Voici des peintures réalisées par des hommes préhistoriques, depuis 30 000 ans avant aujourd'hui et jusqu'à 15 000 ans.*
20 min	Réaction des élèves qui s'expriment librement sans qu'on les renvoie nécessairement à leurs propres dessins. Exploitation de l'enseignant.	*Qu'en pensez-vous ?*

Séquence 2 **Cette phase permet d'évaluer si les élèves mettent en relation leurs productions avec celles auxquelles ils ont été confrontés et si leur vision des hommes préhistoriques s'est enrichie.**		
Indéfinie	Écriture individuelle suivie, éventuellement, des visites virtuelles des principales grottes (Lascaux et Chauvet sur sites Internet proposés plus loin).	*Individuellement, écrivez ce que vous pensez maintenant de cet homme préhistorique, Cro-Magnon.*

▲ Les représentations des élèves

Les élèves rassemblent sous le vocable d'hommes préhistoriques tout le genre *Homo* depuis que cette lignée s'est séparée de celle des Australopithèques. Popularisée par la presse, puis par les manuels d'histoire, Lucy est devenue notre « grand-mère ». Beaucoup d'élèves, dès le CM, la placent dans notre ascendance. Cet engouement pour Lucy tend à s'apaiser au fur et à mesure que nous nous éloignons de sa découverte, et depuis que des savants contestent sa présence dans l'arbre généalogique de l'homme. Il n'empêche que sa « figure » a fait recette, si bien que les élèves se représentent tous les hommes préhistoriques comme des êtres archaïques, très éloignés de l'homme moderne.

On voit que se conjuguent deux problèmes assez classiques dans les représentations en histoire. Le premier est celui de la « compaction » du temps, illustrée par cette frise devenue classique qui présente la succession des grands fossiles hominidés se redressant et marchant les uns derrière les autres. Cette frise rend encore plus difficile la perception d'un temps long. Le second problème est celui du rassemblement dans un seul paquet de tous les hominidés, hormis *sapiens sapiens*, considérés comme différents de nous.

Si bien que les élèves sous-estiment les capacités de certains hommes préhistoriques et ont du mal à imaginer que les Magdaléniens, par exemple, avaient pu avoir une activité conceptuelle très élaborée, aussi élaborée que celle de nos contemporains. Dans un précédent travail[1], nous avions essayé de frapper l'imagination des élèves en montrant qu'avec 1 kg de silex, *Homo sapiens sapiens* savait fabriquer jusqu'à huit mètres de tranchant utile ! Et si cela s'était avéré insuffisant, il aurait suffi d'inviter les élèves à tailler du silex et d'exposer ensuite quelle adresse et quelle capacité d'anticipation étaient mises en œuvre dans cette activité-là.

Cette fois-ci, c'est l'activité artistique des Magdaléniens que nous avons voulu utiliser. Leurs performances, ou du moins celle de certains d'entre

1. Alain Dalongeville et Michel Huber, *Situations-problèmes pour explorer l'histoire de France*, Paris, éditions Casteilla, 1989, p. 26.

eux, nous laissent imaginer que si leurs réalisations dans des domaines technologiques sont fort éloignées des nôtres, leur potentiel d'invention, de création était similaire à celui des hommes d'aujourd'hui. Prenons conscience que ce que nous savons faire est aussi le fruit d'un capital culturel. De plus, il y aurait une première grave erreur à confondre les réalisations d'une espèce avec son potentiel, et une seconde à confondre les potentialités d'un individu avec celles d'une espèce.

▲ Le point sur la question

Longtemps, la principale référence dont nous disposions dans le domaine de l'art préhistorique, en France en tout cas, était la grotte de Lascaux. Depuis peu, la grotte Cosquer et la grotte Chauvet ont acquis une certaine notoriété. Elles sont célèbres pour leur art pariétal, et plus particulièrement pour la quantité et la qualité des animaux qui y sont représentés alors qu'elles contiennent également un grand nombre de signes peints dont l'interprétation n'est pas encore totalement résolue.

Alors que dans la grotte de Lascaux, ce sont les animaux chassés qui sont majoritaires, dans la grotte Chauvet, ce sont des animaux dangereux qui sont les plus nombreux (62 %), animaux dont on sait qu'ils étaient peu consommés par les hommes de Cro-Magnon. On a longtemps pensé que l'hypothèse la plus probable était celle d'une chasse magique consistant à anticiper la chasse pour mettre du côté du chasseur des puissances dont on ignore tout. Aujourd'hui, on pense de plus en plus à une religion avec des chamans faisant des séjours au fond des grottes. Ces chamans auraient connu différentes phases de transe au cours desquelles ils auraient peint. La caverne aurait été la demeure des esprits avec lesquels ils souhaitaient entrer en relation. L'intérêt de cette hypothèse est de pouvoir expliquer la continuité de l'art rupestre sur autant de millénaires et de lieux à la fois puisqu'il serait l'expression de visions hallucinatoires qui pourraient être communes à des hommes différents à travers les temps.

On sait aussi que beaucoup de ces peintures, dans une grotte comme dans l'autre, ont été peintes par un petit nombre d'artistes. Si tel était bien le cas, on peut toutefois être admiratif devant cette maîtrise du trait, des estompes, et parfois même d'une ébauche de perspective. Comme dans nos sociétés, l'art n'était peut-être maîtrisé que par une minorité ; qu'ils soient des chamans n'était que la conséquence des liens étroits qui existaient entre sacré et profane.

Cro-Magnon est le « personnage » clef de cet art pariétal. Les plus anciens fossiles de Cro-Magnon datent de 35 000 ans environ pour l'Europe. Il vient probablement des régions tropicales de l'Afrique où certains restes semblent vieux de près de 100 000 ans. Il quitte ces régions en raison d'un assèchement du climat et s'installe au Moyen-Orient et en Europe, il y a 40 000 ans. *Homo neandertalensis* disparaît, il y a environ 33 000 ans, après une longue histoire antérieure puis parallèle à celle de Cro-Magnon. Cueilleur, collecteur et chasseur, il finira par se sédentariser après la grande glaciation qui se déroula de – 115 000 à – 10 000 ans environ.

Communément, trois périodes sont distinguées :
– l'Aurignacien (40 000 à 21 000 avant aujourd'hui), caractérisé par des sculptures et depuis peu par les peintures de la grotte Chauvet ;
– le Solutréen (20 000 à 16 000 avant aujourd'hui), caractérisé par des bas-reliefs et des peintures ;
– et enfin le Magdalénien, qui s'achève 10 000 ans avant aujourd'hui, dont Lascaux est un des plus beaux fleurons.

▲ Indications sur l'animation

Séquence 1

La première séquence demande que l'enseignant soit attentif à ce que ses propres commentaires des dessins des enfants ne soient pas dépréciatifs, pas plus que ceux, d'ailleurs, des autres élèves (au risque de reproduire avec les élèves l'attitude qu'ils ont avec autrui, dans le cas précis les hommes préhistoriques).

La séquence ne peut atteindre ses objectifs que si les peintures rupestres provoquent un choc chez les élèves. C'est pour cette raison qu'il est indispensable de faire le détour par un moment de production des enfants eux-mêmes. C'est également pour cela qu'on ne peut se contenter des reproductions présentes dans les manuels. La projection d'un film ou d'un diaporama de bonne qualité technique paraît incontournable.

Séquence 2

Dans la seconde partie, qui est facultative, les élèves voyagent dans les grottes virtuelles ou, à défaut, dans un livre comportant de bonnes reproductions. La séquence 1 est censée avoir suscité chez eux un autre regard qu'il s'agit de conforter en l'alimentant. Un court magistral sur l'art rupestre des Magdaléniens peut compléter utilement ce travail.

▲ Documents de travail

Les documents consistent en des reproductions de peintures réalisées par des hommes du Paléolithique. On peut choisir de consulter les sites Internet indiqués plus loin, notamment le site consacré à une visite virtuelle de la grotte de Lascaux.

On peut aussi se servir des reproductions qui illustrent les manuels scolaires du cycle 3, en consultant notamment : *À monde ouvert*, cycle 3/ niveau 1, Hachette Éducation, pp. 8-9 (Lascaux, Combes d'Arc, Pech-Merle et Les Eyzies) et cycle 3/niveau 2, p. 11 (Lascaux).

▲ Bibliographie

Sites Internet

Plusieurs sites Internet proposent de nombreux renseignements et surtout des visites virtuelles qui passionneront les élèves :

Guide de l'Internet culturel archéologie :
www.culture.fr/culture/int/index.html

Grotte de Lascaux :
www.culture.fr/culture/arcnat/lascaux/fr/index.html

Grotte Cosquer :
www.culture.fr/culture/archeosm/img0013.html

Grotte Chauvet :
www.culture.fr/arcnat/chauvet/fr/gvpda-d.html

Culture magdalénienne dans les Pyrénées :
www.culture.fr/culture/app/fr/parcours.htm

Université de Wisconsin, Milwaukee :
campus.tam.itesm.mx/~jdorante/art/preh/fpre4.htm

Filmographie

Plusieurs documentaires (format vidéo ou cédérom) sont disponibles :

La Préhistoire et le Néolithique (double VHS), AR (réf. MS 034), 1999.

La Préhistoire et le Périgord (VHS), AR (réf. MS 023), 1998.

Livres

Quelques livres éclairent le sujet. Nous indiquons ci-dessous des ouvrages destinés soit à l'enseignant, soit aux élèves :

Angeletti, *Alice et la grotte de Lascaux,* Paris, Réunion des musées nationaux, 1999.

Clottes J., *Voyage en préhistoire,* Paris, La Maison Des Roches, 1998.

Girardet S. et Salas N., *Les Pinceaux de Lascaux,* Paris, Réunion des musées nationaux, coll. « Salut l'artiste », 1998.

Langaney A., Clottes J., Guilaine J., Simonnet D., *La plus belle histoire de l'homme. Comment la Terre devint humaine,* Paris, éditions du Seuil, 1998.

Lumley (de) H., « Artistes de la préhistoire », *in Textes et documents pour la classe,* n° 364, CNDP.

Saint Blanquat (de) H. et Ageorges V., *Lascaux et son temps,* Paris, Casterman, coll. « Repères / Histoire », 1999.

Vandewiele A., *Les Animaux préhistoriques,* Fleurus Enfants, coll. « Imagerie animale ».

LA RÉVOLUTION NÉOLITHIQUE

5

LA FIN D'UN MONDE, LE DÉBUT DE QUEL AUTRE ?

Concepts centraux

Révolution, système, temps (durée).

Objectif notionnel

Société.

DURÉE	ORGANISATION	MISSION
Séquence 1 **Le but de cette première séquence est de se remettre dans le contexte de vie des chasseurs-cueilleurs afin de mesurer les implications de ce système ainsi que l'ampleur de la rupture que l'on nomme *Révolution néolithique.***		
30 min	Lecture des documents sur les chasseurs et les cueilleurs.	*Prenez connaissance de ces documents. Vous devez en rendre compte à la classe soit par un dessin, soit par un mime, soit par un jeu de rôle, soit par un court texte.*
30 min	L'enseignant organise les rapports des groupes et après que tous les groupes ont passé, il tire les constantes de ces sociétés nomades et construit le système représentant cette société.	*Écoutez le rapport des autres groupes.*
Séquence 2 **Le but est de mesurer la rupture que représentent des phénomènes comme la sédentarisation accompagnée ou non des inventions de l'agriculture et de l'élevage.**		
30 min	L'enseignant apporte une information : les hommes ont inventé l'agriculture et l'élevage. Les élèves retournent en groupes. Un secrétaire liste toutes les hypothèses.	*Les hommes n'ont pas continué à être chasseurs et cueilleurs : ils ont inventé l'agriculture et l'élevage. À vous d'imaginer comment ils ont pu faire.*

25 min	Présentation au grand groupe des différentes hypothèses. Courte discussion et chasse aux idées. Distribution de textes présentant des scénarios possibles.	*Présentez vos hypothèses, écoutez celles de vos camarades et améliorez les vôtres à l'aide des textes qui vous sont distribués.*
15 min	Les élèves retournent en groupes et listent tout ce qui s'est transformé.	*Faites la liste complète de tout ce qui a changé quand les hommes ont inventé l'agriculture et l'élevage.*
5 min	Élaboration et distribution d'un schéma proposant les deux systèmes sociaux.	*Prenez ces schémas sur votre cahier.*

▲ Les représentations des élèves

Les représentations afférentes à la notion de révolution l'associent toujours à un phénomène brutal dans son déroulement, violent dans sa forme, limité aux champs social et politique. Nous retrouverons ce même problème avec la révolution industrielle.

Le concept de révolution est très compliqué pour de jeunes élèves. Cependant, ils sont en mesure de se rendre compte que des transformations lentes, qui se diffusent sur une longue période, sont de nature à transformer radicalement la vie quotidienne des gens. La deuxième difficulté réside dans un problème d'échelle du temps. En effet, la brutalité est associée à la révolution, parce que nous jugeons de la réalité des transformations à l'échelle d'une vie et parfois beaucoup moins. La difficulté est donc de faire comprendre que la révolution néolithique est une transformation qualitative de taille à l'échelle d'un peu plus d'un millénaire. Nous rentrons là dans des rythmes que ne peuvent intégrer du premier coup les élèves. Sachons qu'il leur faudra plusieurs années pour être en mesure de le faire.

La troisième dimension du problème touche la nature même de cette révolution. Plus que telle ou telle invention, il s'agit d'une transformation globale des sociétés de l'époque. On peut à cette occasion aborder l'idée qu'une société est appréciée à travers différents aspects qui sont liés les uns aux autres. À cet égard, le concept de système peut être manié par l'enseignant, dans un schéma de synthèse, pour que les élèves aient un aperçu de l'importance de la révolution néolithique.

La domestication des espèces animales et végétales – et du coup leur transformation par l'homme – est perçue par les élèves comme un phénomène vrai depuis que l'être humain existe. Il est donc évident que sa proximité temporelle échappe de prime abord aux enfants. Enfin, dernier point qu'il nous semble important de souligner, c'est l'aire géographique où la révolution néolithique a été entamée au plan de l'agriculture comme celui de l'élevage : le Moyen-Orient. Prendre conscience que les héritages sont multiples, et constitués d'emprunts faits de toute part.

▲ Le point sur la question

Avant la révolution néolithique, les hommes étaient tributaires de la richesse de la zone dans laquelle ils vivaient. L'agriculture leur a permis de dépendre de moins en moins des aléas climatiques : stockage de la récolte, irrigation... Aujourd'hui, l'agriculture en serre permet de ne plus dépendre des saisons, et l'on sait même cultiver sans sol. Par certains côtés, nous vivons encore dans les suites « ouvertes » par la révolution néolithique, c'est-à-dire une économie de production.

Voici quelques-unes des grandes mutations qui caractérisent le Néolithique.

• Les premiers villages au Moyen-Orient : vers –10 000 ans.

• Les premiers groupes agriculteurs (blé, orge, puis lentille et pois chiche) au Proche-Orient : vers –10 000 ans.

• Les premiers groupes éleveurs au Proche-Orient : vers –8 000 ans.

• Maintien des outillages anciens qui se perfectionnent (emmanchement), invention du polissage, de la céramique (au Proche-Orient vers –9 000 ans) et du tissage (vers –4 000 ans).

• Apparition du mégalithisme, un peu partout dans le monde : aux environs de –7 000 ans.

• Apparition des métaux (au sens de minerais travaillés à chaud) vers –8 000 ans, traitement thermique de l'ordre de 1 000 degrés, au Proche et Moyen-Orient.

Il semble que l'on soit passé progressivement d'un système à un autre, à l'occasion de conditions climatiques devenues plus favorables (fin de la dernière glaciation). Le Mésolithique, dont il n'est pas nécessaire de parler aux élèves, correspondrait à une longue période de transition entre Paléolithique et Néolithique. Il faut garder à l'esprit que ces transformations ne se sont pas faites simultanément et ne sont pourtant pas indépendantes les unes des autres. Nous proposons ici, en synthèse finale, deux systèmes socio-économiques cohérents, des milliers d'années s'étant parfois écoulés entre-temps avant qu'ils soient aussi distincts que nous les présentons.

Depuis quelques années, les spécialistes ont révisé les liens de causalité qui pouvaient exister entre sédentarisation et agriculture. En effet, il semble que les populations qui ont inventé l'agriculture étaient déjà sédentaires et vivaient d'une cueillette ou d'une chasse dont les produits étaient suffisamment abondants pour qu'ils n'aient plus besoin de migrer. La sédentarité les aurait encouragés à systématiser la culture qu'ils connaissaient. Il nous faut vraisemblablement renverser notre vision des cueilleurs. Il est hautement vraisemblable que ceux-ci avaient de très hautes connaissances des plantes, accumulées au fil des générations.

Société paléolithique	**Société néolithique**
Chasse	Élevage
Cueillette	Agriculture
Groupes humains réduits	Groupes humains importants
Nomadisme	Sédentarité
Outillage en pierre	Métaux, céramique, polissage
Habitats temporaires (huttes...)	Habitats fixes, villages
Hiérarchie sociale faible	Hiérarchie sociale forte
Spécialisation faible	Spécialisation forte

▲ Indications sur l'animation

Séquence 1

Le but de cette première séquence est de permettre aux élèves de percevoir toutes les conséquences des activités de pêche et de chasse quant au mode de vie des hommes du Paléolithique. C'est à cette condition que la rupture que représente la révolution néolithique pourra être perçue par les élèves dans la séquence suivante.

Il faut donc que l'enseignant se serve des documents produits par les élèves pour bâtir avec eux le système de la société qui fonctionnait au Paléolithique. Ce schéma devra être consigné sur une affiche afin de pouvoir être comparé à celui représentant la société du Néolithique qui sera construit dans la séquence suivante.

Séquence 2

Les élèves doivent imaginer un scénario plausible relatant le passage de la pêche et de la chasse à l'élevage (sans que pour autant ces pratiques soient abandonnées), et de la cueillette à l'agriculture. Même si l'enseignant peut être critique à l'égard de certains scénarios produits par les élèves, l'essentiel n'est pas là mais dans la construction d'un autre système fondé sur la sédentarisation. Il ne paraît pas utile de rentrer avec les élèves sur le fait de savoir si la sédentarisation a précédé ou non l'invention de l'agriculture. Il faut que les élèves perçoivent la rupture que représentent ces deux inventions ou plutôt la généralisation de leur pratique.

L'abandon du nomadisme, c'est-à-dire d'une migration parallèle à celle des troupeaux ou du balancement climatique nord-sud, crée une grande autonomie par rapport aux ressources naturelles. L'homme s'engage dans une voie qui est encore la nôtre aujourd'hui : la domestication de son environnement, la complexification de la société, l'invention des échanges commerciaux, et peut-être même de la guerre.

Pour finir, les élèves pourraient retenir les deux schémas construits avec eux, que nous proposons plus haut. Il n'est pas inutile de leur fournir des cartes concernant la diffusion de l'agriculture et de l'élevage (*À monde ouvert*, cycle 3/niveau 2, Hachette Éducation, carte 1, ou encore Rouzaud A., voir *infra*, pp. 47 et 49).

▲ Documents de travail

La chasse

Les troupeaux de rennes sont bien organisés. À l'heure du repos, ils sont difficiles à surprendre car certains d'entre eux restent éveillés, comme pour guetter le danger. Si un ennemi approche – les hommes ou les loups –, tout le troupeau s'enfuit. Les Cro-Magnon ne pouvaient donc pas les attaquer pendant ces moments de repos. Les rennes sont des animaux nomades qui, à certaines saisons, vont d'une région à une autre. Pendant ces trajets, ils ont l'habitude de repasser aux mêmes endroits, et en particulier de traverser les rivières aux mêmes gués. Les Cro-Magnon les attendaient probablement à ces passages car il est plus facile de tuer les rennes lorsqu'ils sont dans l'eau et qu'ils peuvent difficilement s'échapper. C'était alors facile de les tuer en se servant des lances et des propulseurs.

La cueillette

Les hommes du Paléolithique mangeaient des végétaux sauvages. Ils n'avaient pas à leur disposition les fruits et les légumes que nous connaissons, mais ils ramassaient des baies (myrtilles, framboises, mûres), des noisettes, des champignons, des jeunes feuilles (bouleaux), des bourgeons (saules), des écorces tendres, des pousses d'herbes, quelques plantes à racines comestibles, et, quand le climat se réchauffait, des châtaignes et des noix. Le problème est que tous ces aliments ne peuvent se stocker pour l'hiver.

Scénarios pour l'invention de l'élevage et de l'agriculture

À distribuer à la fin de la séquence 2.

Une jeune brebis égarée, un agneau nouveau-né que l'homme élève, quelques veaux que le chasseur a épargnés, un animal blessé qui se laisse approcher et soigner, voilà peut-être les premiers éléments d'un troupeau domestique. Du gibier qui s'élève et se conserve sur pied. Les enfants ont faim ! Plutôt que de partir en chasse, on sacrifie une bête du troupeau.

L'homme a d'abord collecté les staminées sauvages qu'il mâche. Il sait fabriquer de la farine à la base des bouillies et galettes. Mais, surtout, il a remarqué que ces graines, plantées en terre, produisent des plantes au printemps qui, à leur tour, vont fournir de nouveaux grains au début de l'été. L'homme a dû s'apercevoir que la graine exige du temps (trente lunaisons ou plus) pour en produire de nouvelles. Une nouvelle dimension, le temps – long temps d'espérance et d'attente –, révolutionne les mentalités des hommes.

▲ Bibliographie

Livres

Crepon P., *Mon cahier de préhistoire,* Paris, Retz, 1985.

Delluc B. et Delluc G., *Les Chasseurs de la préhistoire,* Paris, Hachette, coll. « En savoir plus », 1979.

Langaney A., Clottes J., Guilaine J., Simonnet D., *La plus belle histoire de l'homme. Comment la Terre devint humaine,* Paris, éditions du Seuil, 1998.

Nougier L.-R., *Les Temps préhistoriques,* Paris, Hachette, 1979.

Pelt J.-M., Mazoyer M., Monod T. et Girardon J., *La plus belle histoire des plantes. Les racines de notre vie,* Paris, éditions du Seuil, 1999.

Rouzaud A., *La Préhistoire,* Toulouse, Milan, coll. « Les Essentiels », 1996.

Un site **Internet** consacré aux fouilles de Mallaha, en Israël, où s'installèrent les premiers sédentaires :
http://www.france.diplomatie.fr/culture/france/archeologie/ind_israel.html

L'INVENTION DE L'ÉCRITURE

6

LA PREMIÈRE ÉCRITURE ? DES CHIFFRES !

Concepts centraux

Rupture, temps, durée, mémoire.

Objectifs notionnels

Chiffres et nombres, alphabet.

DURÉE	ORGANISATION	MISSION
Séquence **Faire vivre une situation-problème concrète qu'un enfant a pu vivre amène les élèves à réinventer les premiers signes écrits : les chiffres.**		
10 min	Émergence des représentations. Lecture rapide de quelques propositions choisies pour leur diversité.	*Imaginez comment a pu naître l'écriture. Répondez individuellement, par écrit ; vous avez cinq minutes au maximum.*
30 min	Lecture d'une situation-problème, inspirée par le conte *L'Enfant au lama blanc.* Répartition des élèves en groupes afin qu'ils inventent une solution à la situation qui peut être d'isoler un ensemble d'objets dont le nombre est le même que celui des moutons.	*Imaginez une solution inventée par l'enfant pour qu'il ne tombe pas dans le piège.*
15 min	Exposé et écoute des solutions des groupes. L'enseignant expose la solution historique (l'écriture) et, à la surprise des élèves, l'écriture des nombres.	*Vous écoutez les solutions inventées par les autres groupes.* *Alors, quelle est la plus probable ? Écoutez ce qui s'est réellement passé.*

10 min	Exposé par l'enseignant des différents systèmes d'écriture, en insistant bien sur la rupture phénoménale de l'écriture alphabétique puisque, avec 26 signes (en français), on peut écrire tous les mots de la langue.	*Après les chiffres, les hommes ont inventé l'écriture, puis, récemment, l'alphabet.*

▲ Les représentations des élèves

Une représentation est dominante chez les élèves : la certitude que l'écriture des nombres est venue bien après celle des lettres. Comme si les nombres appartenaient à la langue avec laquelle ils parlent ; un jour le mot « un » aurait été codé « 1 ». Le manque de perception des concepts de nombre et de chiffre ne facilite pas chez les élèves une mise en perspective temporelle de ces inventions.

L'invention de l'écriture des chiffres comme des lettres n'est pas non plus perçue dans son évolution. Non pas qu'il serait naturel que les élèves sachent toutes les étapes, mais ils pensent que les inventions se font de but en blanc, hors de toute durée, hors de tout processus.

Bien évidemment, ces inventions sont toujours pensées par les élèves et souvent présentées par les manuels comme coupées de tous rapports sociaux. Pour les Sumériens ou les Akkadiens, il s'agit de rapports sociaux entre propriétaires et bergers, entre sédentaires et bergers semi-nomades.

La situation que nous proposons permet aussi aux élèves de travailler à nouveau sur des concepts mathématiques (chiffre et nombre, mais ils ont ici leur importance), mais aussi, s'agissant d'une invention, de réinvestir les concepts de rupture, temps et durée utilisés pour les inventions de l'agriculture et de l'élevage. Enfin, dernier concept en travail, celui de mémoire car l'écriture sert à fixer, ici, afin qu'il n'y ait pas de contestation.

▲ Le point sur la question

Les chiffres : les premières traces écrites !

Quand on cherche dans un dictionnaire le mot « calcul », il nous indique qu'il est de la même famille que le mot « calcaire » : *calculi.* C'étaient des pierres portant des inscriptions géométriques représentant autant de mémoires de comptes agricoles. Ces pierres ont été retrouvées il y a 6000 ans entre le Tigre et l'Euphrate (la Mésopotamie).

Au départ, les comptables sumériens ou akkadiens utilisaient des boules creuses remplies de petites pierres, chacune représentant une tête de bétail.

Lorsque le berger revenait, il suffisait de casser la boule et de vérifier que le nombre de pierres et celui de moutons étaient identiques. Pour ce faire, nul besoin de savoir compter : il suffisait d'enlever une pierre de la boule à chaque fois qu'un mouton rentrait dans l'enclos.

Ensuite, les boules ont été supprimées et remplacées par des marques, des coins faits dans l'argile. Une étape supplémentaire dans l'abstraction était franchie. Des dessins simplifiés accompagnaient ces coins et représentaient le type de culture ou de bétail concernés. Ce sont les ancêtres de l'écriture.

Nous n'abordons pas ici une rupture fondamentale qui a consisté en l'abandon de ce système de notation, la numération additive, pour inventer la numération positionnelle, en passant par des systèmes hybrides comme la numération romaine[1]. Cette révolution est en définitive assez proche de celle qui donne sens à la révolution de l'alphabet. En effet, dans un cas comme dans l'autre, avec peu de signes (10 dans notre numération, 26 dans notre écriture), on peut écrire tous les nombres.

L'alphabet : une révolution

Les écritures antérieures transcrivent des mots, des syllabes. Pour les maîtriser, il faut connaître un grand nombre de caractères : 1 000 pour les Chinois, 600 signes en Mésopotamie. Avec l'alphabet phénicien – alphabet consonantique qui ignore les voyelles –, 22 signes suffisent. Les voyelles trouvent leur place à la lecture. Pour prendre un exemple, on écrit parfois en français « *bcp* » au lieu de « beaucoup » quand on prend des notes rapidement (il n'y a pas plusieurs possibilités). Les langues sémitiques comptent peu de voyelles (3 pour l'arabe). Cet alphabet aurait été inventé par les Phéniciens, il y a 3 500 ans ou plus. Son expansion aurait été favorisée par les activités marchandes des Phéniciens.

Huit siècles av. J.-C., deux alphabets voient le jour : l'alphabet araméen (proche de celui des Phéniciens) dans les cités de Syrie, sept siècles av. J.-C. apparaît l'hébreu (qui ne note pas les voyelles et qui se lit de droite à gauche, comme l'araméen). Aux environs du VIIIe siècle av. J.-C., on parle en Grèce une langue que ne peuvent transcrire ces alphabets. Si bien que les Grecs, pour noter leurs voyelles, empruntent à l'alphabet araméen plusieurs signes qui représentent des consonnes absentes de leur langue.

1. Pour plus d'informations sur le plan théorique, il faut se rapporter à Ifrah G., *Les Chiffres ou l'Histoire d'une grande invention*, Paris, Laffont, 1981. Quant aux implications capitales sur le plan de l'apprentissage de la numération, il faut absolument lire Bassis O., *Se construire dans le savoir*, Paris, ESF, 1998, pp. 95-119.

▲ Indications sur l'animation

L'animation de la situation-problème est assez légère puisqu'il n'y a pas de documents distribués à lire par les élèves. La seule difficulté qui pourrait se poser est celle que l'on rencontre à chaque fois que l'on place les élèves en situations de recherche, à savoir que ceux-ci n'inventent pas ce qu'on avait prévu.

Comme d'habitude, il faut faire la part entre les inventions qui sont effectivement des solutions pour Llaco, le petit Indien du conte, et toutes celles que vont proposer les élèves. Un propriétaire « espagnol » veut lui voler, en préservant les apparences, son lama blanc (ce lama symbolise le peuple indien). Pour ce faire, il tend un piège à Llaco : il l'envoie garder des moutons en les comptant devant lui, mais Llaco ne sait pas compter. Quand l'enfant rentre, le propriétaire recompte les moutons devant témoins ; il en manque deux qui n'ont, bien sûr, jamais existé. Le prix à payer pour l'enfant est la cession de son lama. Le système qu'utilisaient les propriétaires et les bergers sumériens ou akkadiens n'est probablement pas le seul possible.

Il faut donc prendre en compte les systèmes ingénieux que pourraient inventer les élèves ; et si la solution historique n'est pas retrouvée, l'enseignant doit la leur présenter. Mais au lieu d'une présentation qui se ferait initialement, sans que les élèves n'aient des questions en tête, cet exposé se fait alors en situation d'être et entendu et compris.

Par la suite, différents documents puisés dans la bibliographie peuvent être fournis aux élèves afin qu'ils visualisent ce qu'ont été les premiers spécimens d'écriture pour les chiffres et les nombres et ensuite pour les idées, mots, syllabes et lettres, sans rentrer dans les subtilités que nous avons présentées dans le point sur la question.

▲ Documents de travail

Une situation-problème posée par l'enseignant qui peut s'inspirer de *L'Enfant au lama blanc*, de Nadine Garrel (voir bibliographie). L'enseignant peut raconter le piège dans lequel est tombé l'enfant et demander aux élèves d'inventer une solution pour que l'enfant ne soit plus une victime. Il peut aussi couper le récit au moment où l'enfant fait remarquer au propriétaire qu'il ne sait pas compter et que l'on voit venir le piège.

▲ Bibliographie

Livres

André B., *L'Invention de l'écriture,* Paris, Nathan Jeunesse, coll. « Monde en poche », 1995.

Garrel N., « L'enfant au lama blanc », *in Au pays du grand condor,* coll. « Folio Junior », Paris, Gallimard, 1977.

Jean G., *Le Langage de signes : l'écriture et son double,* Paris, Gallimard, coll. « Découvertes Gallimard », 1989.

Jean G., *L'écriture, Mémoire des Hommes,* Paris, Gallimard, coll. « Découvertes Gallimard », 1987.

Praudel A., *On a inventé l'écriture,* Paris, Réunion des musées nationaux, coll. « Jeunesse », 1996.

Site Internet

Un dossier pédagogique de la BNF, intitulé *L'Aventure des écritures* : http://www.bnf.fr/web-bnf/pedagos/dossier/index.htm

DEUXIÈME PARTIE

L'ANTIQUITÉ

Pistes de lecture

La Gaule.
La romanisation.
La christianisation.

L'Antiquité occupe finalement peu de place dans l'enseignement de l'histoire à l'École. Les orientations des programmes centrées sur une histoire « patrimoniale » expliquent certainement en partie cette situation. Signalons en passant qu'en Italie, par exemple, où les programmes ne sont qu'un cadre très général, il n'est pas rare de voir des manuels consacrer plusieurs chapitres à l'étude de la civilisation égyptienne. Ne peut-on pas penser que l'histoire de l'Égypte est une des sources de notre culture, ne serait-ce que parce qu'elle fut incontestablement elle-même une source pour les cultures grecque et romaine ?

Cependant, signalons aux enseignants que l'Antiquité retrouve toute sa place au collège, dans la classe de sixième. Si bien que nous n'avons ici abordé que les aspects historiques où la question de l'autre, question essentielle en histoire, s'il en est, nous est apparue capitale.

LA GAULE : ROMANISATION

7

DES BARBARES, CES GAULOIS ?

Concepts centraux

Rencontre, altérité, civilisation.

Objectif notionnel

Gaulois et monde gallo-romain.

DURÉE	ORGANISATION	MISSION
Séquence 1 **Les élèves n'ont pas nécessairement de représentations particulières à propos des Gaulois. Il s'agit donc d'en créer ou tout au moins de renforcer celles qui pourraient exister à la suite de la lecture de bandes dessinées pour mieux rompre avec elles dans la séquence 2.**		
5 min	Émergence des représentations. Présentation à la classe.	*Que savez-vous des Gaulois ? Écrivez quelques lignes à leur sujet.*
20 min	Travail de groupes à partir de documents renforçant les représentations supposées des élèves.	*Vous allez lire ces documents et vous en servir pour jouer, mimer des scènes de la vie quotidienne des Gaulois.*
20 min	Présentation au grand groupe des productions de chacun.	*Chaque groupe présente à la classe le fruit de son travail.*
Séquence 2 **La seconde séquence a pour but de relativiser les certitudes qui avaient commencé d'être construites au cours de la séquence précédente.**		
20 min	Travail de groupe à partir de documents présentant une vision en rupture.	*Vous repartez dans vos groupes, avec la même consigne, mais avec de nouveaux documents.*
20 min	Présentation au grand groupe des travaux de chacun. Discussion.	*Même consigne que tout à l'heure.* *Si l'on compare vos premiers travaux avec ces derniers, qui faut-il croire ?*

5 min	Rédaction d'un court texte par chaque élève afin de le comparer aux premiers écrits.	*Chacun rédige un court texte pour mettre au clair ce qu'il sait ou croit savoir sur les Gaulois, maintenant.*
Suite éventuelle **Une recherche facultative qui a l'avantage de dépasser l'opposition qui était mise en valeur auparavant en montrant des traces de la civilisation gallo-romaine.**		
Indéfinie	Recherche à la BCD de documents iconographiques sur le monde gallo-romain. Chaque groupe constitue une affiche caractérisant le monde gallo-romain.	*Recherchez à travers les documents qui ont été sélectionnés toutes les traces de ce qu'on appelle la civilisation gallo-romaine.*

▲ Les représentations des élèves

Concernant les Gaulois, les représentations des élèves sont fortement alimentées par la lecture de la bande dessinée d'Astérix et d'Obélix. S'ils ne l'ont pas lue, nombreux sont ceux qui ont vu les dessins animés et le film qui en a été tiré. De toutes les manières, on peut considérer que l'œuvre de Goscinny et Uderzo incarne ces représentations. Les Gaulois y sont présentés comme malins, braillards, bagarreurs et gros mangeurs de sangliers. Et comme tout se finit par une fête, nous ne pouvons pas nous étonner de retrouver l'idée que les Gaulois aimaient les grands banquets au cours desquels ils dévoraient de la viande et buvaient du vin et de la bière. Ce n'est pas le régime alimentaire qui doit nous surprendre, mais le terme de « dévorer » qui sous-entend une certaine voracité incompatible avec un comportement fin et civilisé, terme que l'on rencontre dans certains manuels d'histoire.

Si nous avons recours au dictionnaire quand on ne peut au préalable s'assurer des représentations des élèves, on peut y trouver que l'adjectif « gaulois » signifie d'une gaieté un peu leste, grasse et franche. Autrement dit, encore une fois, le Gaulois serait plutôt rustre. Il nous semble que l'on retrouve ici un mépris qui a son équivalent dans celui de l'urbain par rapport au paysan, et peut-être du Romain par rapport au Gaulois. D'autant que dans les dictionnaires, le mot « romain » est défini par des termes plus flatteurs : caractères d'imprimerie, chiffres et laitue.

Serait-ce à dire que les Romains étaient plus « civilisés » que les Gaulois ? Plus que la réponse simpliste à cette question, c'est la façon dont la majorité de nos élèves pensent ce problème que nous voulons déranger.

La rencontre Gaulois-Romains est systématiquement pensée dans la perspective d'une romanisation. Mais les Gaulois étaient-ils si arriérés qu'ils n'auraient rien apporté dans la corbeille de cette rencontre ? Même si, au bout du compte, la réponse devait être négative, on ne doit pas éviter cette interrogation pour des questions méthodologiques et éthiques qui n'ont rien à voir avec un quelconque chauvinisme. Le lecteur pourra se rendre compte dans d'autres écrits que celui qu'il a entre les mains que nous posons systématiquement cette question, car on ne connaît pas d'exemple où une conquête soit un simple anéantissement de l'autre.

▲ Le point sur la question

Plusieurs problèmes se posent quand on essaie d'étudier les Gaulois.

Première difficulté, l'objet de l'étude : les Gaulois et leur civilisation, les Gallo-Romains, la conquête de la Gaule par les Romains... Autant d'objets fort différents qui sont à peu près tous traités par les manuels mis à la disposition des enseignants. Les instructions officielles parlent de la Gaule et de la romanisation.

Deuxième difficulté, s'agissant de la romanisation : la conquête n'a guère qu'un seul chroniqueur, César lui-même. Autrement dit, le personnage qui raconte la romanisation militaire en est son principal auteur. Certains pensent qu'il a eu tout intérêt à exagérer la difficulté de la conquête pour en tirer plus de gloire. Certains vont même jusqu'à penser que Vercingétorix est une invention de ce dernier relayée par une certaine historiographie du XIXe siècle qui avait besoin de proposer des chefs héroïques aux Français(1). On peut donc être surpris de lire comment les instructions officielles ainsi que les manuels insistent autant sur un personnage dont l'authenticité n'est pas avérée pour les spécialistes.

Troisième difficulté : les seules sources dont nous disposons, outre César, sont romaines. Comme tout témoignage, le point de vue de ces auteurs est à prendre avec précaution car il nous renseigne plus sur leur propre sensibilité que sur les valeurs de la civilisation gauloise. C'est donc le plus souvent un regard empreint de dépréciation que ces auteurs nous livrent : sacrifices humains, esclavage, goût de la guerre, division des peuples..., autant d'éclairages qui sont à utiliser avec prudence et qui, hélas, constituent le fond de l'enseignement de l'historiographie gauloise. Là encore, plus les Gaulois sont barbares plus la domination et la romanisation se justifient.

Nos ancêtres les Gaulois ! Les populations celtiques venues probablement du Danube s'installent en Europe occidentale de la Belgique actuelle jusqu'à l'Espagne et l'Italie du Nord d'aujourd'hui (Rome est prise en 387 av. J.-C.). Ces populations ne sont pas les premières à pénétrer dans la péninsule européenne : Néandertal, puis Cro-Magnon et les populations

1. Lire à ce propos l'article d'Alain Duval, *in Archeologia*, n° 163, févr. 1982.

du Néolithique l'avaient fait avant elles. Bien d'autres le feront après elles : pour quelles raisons leur accorder ce statut particulier d'ancêtres qu'on a même voulu imposer aux Africains et aux Asiatiques de l'ancien empire colonial français ?

On sait que ces populations inventent une civilisation urbanisée (*oppidum*), fondée sur l'agriculture, et qu'elles maîtrisent la métallurgie. La société est dominée par de grands propriétaires terriens. Les artisans sont habiles (bois, fer et autres métaux), les commerçants très actifs : les monnaies gauloises circulent dès le IIIe siècle av. J.-C. On sait également que, pour des Barbares, ils vont se romaniser à grande vitesse ! Un siècle après la conquête de César, la civilisation gallo-romaine est née, même si des révoltes (Éduens, Trévires en 21, Frisons et Bagaudes au IIIe siècle) éclatent comme dans de nombreuses provinces romaines, quand les populations se sentent maltraitées.

▲ Indications sur l'animation

Séquence 1

L'émergence des représentations des élèves à propos des Gaulois est une phase essentielle afin que chacun se sente conforté par les clichés qui ne manqueront pas de fuser à travers la classe. Il est utile qu'en fin de séquence le même travail soit demandé aux élèves afin qu'ils puissent apprécier les modifications apportées à leurs représentations à la suite de ces deux séquences.

De la même façon, les pistes qui sont proposées aux élèves (consultation de dictionnaires pour l'adjectif « gaulois » et pour le nom « gauloiserie », une page finale d'une aventure d'Astérix avec un banquet et une bagarre, un extrait de *La Guerre des Gaules*, de César) permettent d'asseoir cette vision plutôt péjorative des Gaulois. En demandant aux élèves de théâtraliser la vie quotidienne des Gaulois grâce à ces documents, on veut mettre en lumière l'absence du travail dans des domaines où les Gaulois excellaient (forge, commerce, agriculture, transport, etc.).

Séquence 2

Dans cette séquence, chaque groupe reprend son travail avec d'autres documents mais en suivant la même consigne. Chaque groupe peut avoir divers documents concernant le monde du travail. On peut leur donner des documents différents sans les spécialiser sur le plan économique.

On pourrait également spécialiser chaque groupe dans une des « classes » de la société : druides, chevaliers et producteurs. Mais cette dernière démarche est plus difficile et risque aussi de faire dévier de l'objectif que l'on s'est assigné ici : le renversement de l'image des Gaulois chez les élèves.

L'essentiel du travail réside donc dans la comparaison entre les deux jeux de rôle, la mise à jour de ces différences et leur formalisation individuelle par écrit. Les concepts travaillés sont ceux propres à toute rencontre. Quoi qu'on pense, il y a toujours échange : « l'autre » n'est jamais aussi nu qu'on veut bien le penser. Concernant les Gaulois, la naissance de la civilisation gallo-romaine est bien le produit de la rencontre de certains aspects de la civilisation romaine et de certains aspects de la civilisation gauloise ou des civilisations celtes. Si bien que cette séquence peut être suivie d'un travail à la BCD pour relever des éléments architecturaux de la civilisation gallo-romaine. Mais sans un déplacement des représentations des élèves par rapport aux Gaulois, la civilisation gallo-romaine ne serait que romaine, une simple transposition de la civilisation romaine.

Notons le paradoxe de l'attitude de l'historiographie française qui a, de façon erronée, élevé les Gaulois au rang d'ancêtres privilégiés des Français et qui, en même temps, les présente comme des Barbares comparés aux Romains.

▲ Documents de travail

Séquence 1

– Utilisation de divers dictionnaires dans lesquels les élèves cherchent les définitions de l'adjectif « gaulois » (« *d'une gaieté libre et licencieuse* »), du nom « gauloiserie » (« *caractère de ce qui est gaulois, exprimé de façon libre. Propos libre ou licencieux* »).

– Une planche des aventures d'Astérix qui montre les Gaulois comme vantards et braves. *Les Gaulois aiment les grands banquets au cours desquels ils « dévorent » de la viande et boivent du vin et de la bière additionnée de miel*[1]. Le volume intitulé *Le Combat des chefs* présente l'intérêt de s'intéresser au travers de quelques clins d'œil à la transformation de la société gauloise sous l'influence des Romains.

– Extraits de *La Guerre des Gaules* de César que l'on peut trouver dans de nombreux manuels scolaires de l'école ou du collège. À défaut, on prendra quelques extraits de Strabon qui émaillent les manuels scolaires.

Séquence 2

Trois documents iconographiques que l'on trouve rarement rassemblés peuvent être utilisés : le bas-relief des forgerons, le transport du vin en

1. Citation extraite d'un manuel scolaire de CM, d'un grand éditeur français, 1986.

tonneau par bateau, le transport par char (*Histoire,* CM, Hachette, 1985, p. 20).

On peut y ajouter une reconstitution de la machine à moissonner que l'on peut consulter dans *La Documentation par l'image* (Nathan, mars 1999, n° 88, p. 40). Cette reconstitution est plus intéressante que les différentes reproductions des bas-reliefs qui lui sont consacrés car ils sont peu lisibles par des élèves. On peut y ajouter en guise de commentaires l'extrait suivant inspiré de Pline.

Dans les vastes domaines de la Gaule, une grande caisse dont le bord est garni de dents est conduite à travers le champ de blé par un bœuf qui la pousse devant lui, si bien que les épis arrachés par les dents tombent dans la caisse.

▲ Bibliographie

Livres

Buisson A., *« Les villes gallo-romaines : une greffe réussie », in Textes et documents pour la classe,* n° 747, CNDP, 1998.

Nougier L.-R., *Au temps des Gaulois,* Hachette, coll. « La vie privée des hommes », 1991.

Pinon P., *La Gaule retrouvée,* Gallimard, coll. « Découvertes », 1991.

Quelques **sites Internet** beaucoup moins intéressants que ceux consacrés à la préhistoire :

Reconstitution de plusieurs unités d'habitat du IVe siècle avant notre ère et du Ier siècle avant notre ère, avec les bâtisseurs néolithiques et les Gaulois des régions septentrionales :
http://www. univ-lille1.fr/villeneuvedascq/histoire/archeo/recons1.htm

Un site consacré à Grand, quelques photographies intéressantes :
http://www.exagonline.com/grand/

Un site consacré à Bibracte :
http://www.bibracte.tm.fr/

LA CHRISTIANISATION

8

L'IRRUPTION DE L'IDÉE D'ÉGALITÉ DANS UNE SOCIÉTÉ ESCLAVAGISTE !

Concepts centraux

Égalité, société, mentalités.

Objectifs notionnels

Religion, esclavage.

DURÉE	ORGANISATION	MISSION
Séquence **Il est absolument nécessaire d'installer l'idée d'une société fondée sur l'esclavage pour que les élèves puissent cerner la rupture que représente le christianisme.**		
30 min	La classe est partagée en deux parties, chacune pouvant être divisée en plusieurs sous-groupes. Tous les groupes ont un document commun qui les informe sur les conditions des esclaves à Rome, ainsi que l'événement qui fait problème. Chaque partie qui correspond à un point de vue différent a un second document : – Romains grands propriétaires possédant de nombreux esclaves ; – Romains chrétiens participant secrètement aux agapes dans les catacombes de Rome.	*Vous allez lire les documents et préparer une réunion qui va devoir décider du sort des esclaves qui vivaient sous le même toit que le préfet mystérieusement assassiné.* *Pour préparer vos arguments, vous allez vous servir des documents qui vous ont été distribués.* *Vous devez savoir que la loi romaine précise que tous les esclaves vivant sous le toit de leur maître, même ceux qu'il aurait affranchis par testament, risquent la peine de mort si le maître est assassiné chez lui.*

15 min	Assemblée de citoyens romains à propos de la révolte de certains esclaves. Cette réunion doit décider de leur sort. L'enseignant joue le rôle de président de séance.	*Vous vous réunissez en tant que citoyen romain pour décider du sort de ces esclaves : doit-on les tuer comme le demandent la loi et certains Romains ?*
10 min	Chaque groupe fabrique une affiche afin de caractériser son groupe après avoir entendu et/ou participé à cette réunion.	*Rédigez une affiche sur laquelle vous allez noter tout ce que vous avez appris sur les gens représentés.*
10 min	L'enseignant tire les caractéristiques de la société romaine et de ce qu'y apportent les chrétiens, à partir de ces affiches.	
5 min	Résumé individuel.	*Rédigez individuellement un résumé qui aurait pour titre « Les premiers chrétiens ».*

▲ Les représentations des élèves

Les élèves ont en général une représentation complètement figée de la religion. Elle n'est plus que dans quelques cas une pratique vidée de toute vision sociale, un conformisme comme un autre. Et, pour la majorité des élèves, la religion est une espèce d'anachronisme, un monde qui leur est étranger. Un monde parfois même frappé d'interdit comme si s'intéresser à la religion et a fortiori à celle de l'autre pouvait les convertir, voire même les pervertir.

Même les élèves qui suivent des cours de catéchisme n'ont pas les outils pour comprendre que la pratique religieuse et la religion sont des domaines relativement distincts. La religion telle qu'elle est perçue par les élèves est plutôt l'émergence d'un certain rapport social et familial à la religion. C'est donc aussi une histoire différente selon les cultures, les pays et les familles. Elle n'est pas enseignée alors même que le problème que se posent de nombreux chrétiens aujourd'hui est celui de l'adéquation entre leur foi, la façon dont ils la vivent, et dont les autres la vivent, spectateurs ou coreligionnaires.

C'est bien la prise de conscience d'une dimension historique de la religion que tente de réaliser cette situation-problème. Pour ceux de l'extérieur, qu'il s'agisse des chrétiens qui nous entourent ou des chrétiens du passé, on ne peut rien comprendre de leur foi sans la prise en compte de cette dimension historique. On est en droit de penser que la religion en général, le christianisme ou le catholicisme sont des folklores vestiges du passé, mais on ne peut ignorer quelles transformations positives ou négatives la religion a contribué à opérer.

Il me semble que l'enseignement[1] des religions sous cet angle précis s'impose aujourd'hui pour deux types de raisons. D'une part, la montée des sectes montre bien que le besoin de spiritualité n'est pas mort, bien au contraire, et c'est tant mieux, même si la réponse apportée par les sectes n'est le plus souvent qu'un abus de cet élan spirituel. D'autre part, la coexistence, en Europe en général, en France en particulier, de plusieurs religions qui se sont souvent pensées dans l'histoire comme antagoniques doit nous inciter à les mettre en perspective historique, avec nos élèves, et ce dès leur plus jeune âge.

▲ Le point sur la question

Le message du Christ est un message d'amour et de fraternité qui se répand dans une société antique fondée sur un esclavage omniprésent. Les esclaves peuvent être privés ou publics et bien évidemment de conditions différentes. Pour la majorité d'entre eux, leur condition est détestable.

Il faut mesurer que le message du Christ est porté dans une société profondément inégalitaire. Or le Christ promet l'égalité de tous les hommes et de toutes les femmes, bien sûr dans les Cieux et non sur Terre. Certains Romains n'attendent cependant pas la mort pour fraterniser : les Agapes réunissaient dans les catacombes de Rome des chrétiens de conditions très diverses. Le christianisme est alors perçu comme une menace et les Romains, qui étaient les champions de la tolérance et de l'intégration religieuses, vont persécuter les chrétiens. Le message de Jésus n'est pas sans implications politiques et sociales.

Si les chrétiens ont été des martyrs, il ne faut pas oublier que, lorsque le christianisme devint religion d'État, il fut à son tour persécuteur, non seulement à l'encontre de païens mais aussi à l'encontre de certaines formes de christianisme considérées comme déviantes. Certains historiens vont même jusqu'à penser que plus de chrétiens furent martyrisés par les empereurs chrétiens que par ceux d'entre eux qui étaient païens.

▲ Indications sur l'animation

Il importe tout d'abord de rappeler aux élèves l'enjeu de la réunion à laquelle ils vont participer : « *Vous devez savoir que la loi romaine précise que tous les esclaves vivant sous le toit de leur maître, même ceux qu'il aurait affranchis par testament, risquent la peine de mort si le maître est assassiné chez lui.* »

1. Alain Dalongeville, *Enseigner l'histoire à l'école, cycle 3, op. cit.*, pp. 51-53 pour les trois religions monothéistes.

La séquence propose une situation classique avec un vrai problème historique : l'assassinat du préfet Pedanius Secundus en 61 de notre ère, sous le règne de Néron. Le sort des esclaves sera même débattu au sénat et le parti de ceux qui souhaitaient que la loi ne soit pas appliquée avec sévérité perdra. Il est essentiel que les élèves comprennent que la société romaine ne saurait fonctionner sans la masse d'esclaves qui existait à Rome et dans l'Empire. Mais cette quantité et cette dépendance faisaient également peur aux Romains.

La technique utilisée est celle du jeu de rôle et de la lecture avec mission[1]. Lire doit ici servir à remplir une mission : participer à une réunion et tenter de défendre des arguments puisés dans un texte. Il va sans dire que très vite les élèves utiliseront des arguments actuels et c'est tout le travail de l'enseignant que de les remettre en perspective. Car ces filtres existent et dans la démarche de transmission magistrale des savoirs, ces filtres restent cachés à l'insu de l'enseignant et de l'élève lui-même.

Seuls quelques délégués de chaque groupe peuvent participer à la réunion ; quand les autres membres du groupe sont insatisfaits de la prestation de leur représentant, ils peuvent se lever et, après avoir mis la main sur l'épaule de leur camarade, le remplacer. Quand les arguments semblent épuisés, quand l'enseignant se rend compte qu'ils ne se renouvellent plus, que les élèves tournent en rond, il lui faut interrompre la réunion, faire voter les élèves et raconter ce qui s'est réellement passé, c'est-à-dire la condamnation à mort des esclaves.

Chaque groupe prend quelques instants afin de récapituler ce qu'il a appris sur le groupe qu'il incarnait. On ne pourra éviter un moment un peu confus où les représentants sont critiqués. Il est surtout capital que l'enseignant fasse le point et se serve des interrogations et de l'intérêt qui sont nés pour apporter des contenus de savoir sur les premiers chrétiens, ainsi que sur la nature du message qu'ils ont apporté dans la société esclavagiste romaine.

La séquence se termine tout de suite ou avec un temps d'écriture individuelle d'un résumé qui pourra éventuellement être confronté aux autres résumés ou bien encore au résumé de leçon tiré d'un manuel.

1. Pour quelques compléments, lire Alain Dalongeville, *Enseigner l'histoire à l'école, cycle 3, op. cit.*, pp. 73-77.

▲ Documents de travail

Documents communs à tous les groupes

• Document 1 : les esclaves à Rome

Les outils peuvent avoir la parole, ou bien être à moitié parlant ou encore muets. À la catégorie parlante appartiennent les esclaves ; à la semi-parlante, les bœufs ; à la muette, les charrettes.

Quels pauvres hommes étaient les esclaves ! Toute la peau marquée de meurtrissures bleuâtres, le dos zébré de coups, habillé de loques. Des lettres tracées au front, la tête à moitié rasée, des anneaux de fer aux pieds ; et puis cette pâleur affreuse, les paupières rongées par la fumée des fours, tous la vue affaiblie.

• Document 2 : l'événement-problème

En 61 de notre ère, sous le règne de Néron, le préfet de Rome Pedanius Secundus fut tué par un de ses esclaves... Il fut question de conduire au supplice tous les esclaves qui avaient habité sous le même toit, comme voulait la loi, qu'ils soient coupables ou non. Le peuple fut ému et des rassemblements se produisirent. Si bien que le sénat dut se réunir afin de décider du sort de ces esclaves.

Exposez votre position en l'argumentant.

Document particulier aux grands propriétaires romains

Les outils peuvent avoir la parole, ou bien être à moitié parlant ou encore muets. À la catégorie parlante appartiennent les esclaves ; à la semi-parlante, les bœufs ; à la muette, les charrettes.

Un grand propriétaire donne des conseils sur la façon de bien entretenir les esclaves :
Pour la nourriture des esclaves, on gardera des olives tombées de l'arbre. Conserve quelques olives récoltées mais seulement celles qui produisent peu d'huile. Donne aussi de l'eau salée et du vinaigre et du sel. Comme vêtement, une tunique et une saie (court manteau de laine) tous les deux ans. Mais d'abord, reprends les vieilles pour en faire des casaques (sorte de veste). Et tous les deux ans, donne une bonne paire de chaussures.

Documents particuliers aux chrétiens

Vous êtes tous fils de Dieu par la foi en Jésus-Christ ; vous tous, qui avez été baptisés en Christ, vous avez revêtu Christ.

Il n'y a plus ni Juif ni Grec, il n'y a plus ni esclave ni libre, il n'y a plus ni homme ni femme ; car tous vous êtes un en Jésus-Christ.

(Une autre version est proposée *in À monde ouvert*, cycle 3/niveau 1, Hachette Éducation, 1997, p. 17.)

Regardant autour de lui, Jésus dit à ses disciples : « Qu'il sera difficile à ceux qui ont les richesses d'entrer dans le royaume de Dieu ! Il est plus facile à un chameau de passer par le trou d'une aiguille qu'à un riche de rentrer dans le royaume de Dieu. Beaucoup de premiers seront derniers et les derniers seront premiers. »

Évangile selon saint Marc.

Esclaves, obéissez à vos maîtres d'ici-bas avec crainte et respect. Servez-les de bon cœur, comme si vous serviez le seigneur et non des hommes. Et vous, les maîtres, agissez de même avec vos esclaves. Laissez là les menaces, sachant que leur Maître est le vôtre : Il est dans les cieux et il ne fait point de différence entre les personnes.

Saint Paul, *Épître aux Éphésiens.*

▲ Bibliographie

Livres

Beaude P.-M., *Premiers chrétiens, premiers martyrs,* Gallimard, coll. « Découvertes », 1993.

Bessiere G., *Jésus, le dieu inattendu,* Gallimard, coll. « Découvertes », 1993.

Collectif, *L'ABCdaire de Jésus-Christ,* Flammarion, coll. « L'abcdaire ».

Sites Internet

Visite virtuelle des catacombes de Rome :
http://www.catacombe.roma.it/indice_fr.html

La Bible, plusieurs sites :

Édition Louis Segond :
http://cedric.cnam.fr/ABU/BIB/liste-LSG.html

Édition Gateway :
http://bible.gospelcom.net/bible?language=Français

Édition du Cerf, Bible de Jérusalem :
http://www.cerf-editions.com/bible.htm

LES INVASIONS BARBARES

9

CES BARBARES ÉTAIENT-ILS VRAIMENT BARBARES ?

Concepts centraux

Rencontre, altérité et civilisation.

Objectifs notionnels

Relations entre Romains et Barbares, effondrement de l'Empire romain.

DURÉE	ORGANISATION	MISSION
La séquence a pour but que les élèves s'interrogent sur une évidence : les Barbares auraient été barbares. L'enseignant abordera aussi avec eux les problèmes que rencontre la science historique quand elle n'a à sa disposition que les sources d'un des camps, et qu'elle l'oublie !		
15 min	La classe est partagée en plusieurs groupes qui reçoivent des textes « romains » renforçant l'image de barbarie attribuée aux Barbares. Cette phase doit être rapide.	*À l'aide des documents qui vous ont été distribués, faites un portrait des Barbares que vous présenterez au reste de la classe sous la forme d'un dessin, d'un texte, d'un mime, ou encore d'un jeu de rôle.*
15 min	Chaque groupe présente rapidement le portrait des Barbares contenu dans son texte. Cette présentation se fait sous la forme souhaitée : dessin, court texte, mime, jeu de rôle.	*Présentez votre portrait : chacun écoute et compare avec son portrait.*
20 min	Chaque groupe repart au travail avec un texte différent présentant un contrepoint au premier.	*C'est la même consigne que tout à l'heure ; faites un nouveau portrait en insistant sur ce qu'il y a de différent.*

20 min	Présentation en grand groupe, discussion sur les raisons de ces éclairages contradictoires. À la fin des présentations, l'enseignant attire l'attention des élèves sur l'identité des auteurs des textes de la première série. Cette constatation lui permet d'enchaîner sur le magistral de synthèse.	*Même consigne.*
5 min	Magistral de l'enseignant (voir le point sur la question), distribution d'une fiche de synthèse.	*Synthèse de l'enseignant en formulant avec les élèves les raisons des différences entre les deux séries de texte.*

▲ Les représentations des élèves

Les représentations des élèves concernant les Barbares sont tout à fait uniformes et péjoratives.

Si *Barbares* était le nom donné par les Grecs à tous les peuples restés en dehors de leur civilisation, quand les Romains s'assimileront d'eux-mêmes aux Grecs, ils reprendront ce terme à leur compte pour tous ceux qui ne sont pas romains. Si bien que, dès le début, le Barbare, c'est l'étranger et, inversement, les étrangers sont des barbares. Autrement dit, l'adjectif et le substantif désignent tour à tour les mêmes personnes. Le Barbare-étranger est par nature dans un état de barbarie, dans un état « étranger » à la civilisation ; il est déshumanisé ; bref, il n'est plus un homme.

Du coup, quantité de peuples sont amalgamés : on continue à appeler « Barbares » les Goths, les Vandales, les Burgondes, les Suèves, les Huns, les Alains et les Francs. Cette généralisation met sur le même plan des peuples qui ont joué des rôles très différents par rapport à Rome. Certains ont été des menaces puis des alliés (les Goths), d'autres ont réellement menacé Rome (les Huns). Deux autres problèmes se posent alors.

Comme ce terme recouvre des peuples fort divers, qui sont concernés à plusieurs siècles d'écart, la représentation du terme d'invasion est interrogée. Car ce terme signifie un phénomène brutal, soudain et exceptionnel. Le concept de temps se trouve éminemment contracté pour que soit nommée *invasion* un phénomène qui s'étend sur plus de cinq siècles !

Peut-on dès lors continuer à parler d'effondrement de l'Empire romain quand il vacille depuis des siècles ? Peut-on également désigner les seuls Barbares comme responsables quand ces Barbares sont aussi divers, quand certains d'entre eux ont défendu l'Empire et que celui-ci met autant de temps à s'effondrer ?

Le dernier concept qui se trouve interrogé au travers des représentations des élèves est celui de causalité. La causalité dont ils usent est assez banale mais elle ne doit pas, à notre avis, satisfaire l'enseignant en histoire. Elle est toujours maniée comme unique, linéaire et extérieure, considérant que les seuls responsables sont les Barbares, auteurs d'un phénomène apparemment simple : l'invasion que les Allemands nomment « grandes migrations ». Enfin, les élèves adoptent ainsi une causalité où le responsable est toujours l'autre, l'extérieur, voire l'étranger.

▲ Le point sur la question

En réalité, ces représentations et ces utilisations des concepts de temps, d'altérité et de causalité ne sont pas propres aux élèves. Elles traversent la tradition historiographique qui a abondamment utilisé les chroniques romaines et catholiques. Ainsi, aujourd'hui, les historiens se posent un certain nombre de questions qui peuvent se résumer ainsi :

1. Les Barbares étaient-ils vraiment des barbares au sens usuel du terme ?

Les cultures des peuples barbares étaient certainement fort différentes de celles des Romains. Il faut prendre conscience que cette différence est transformée en infériorité par les chroniqueurs romains. À l'arrière-plan se posent des problèmes religieux, particulièrement avec les Wisigoths. Beaucoup de peuples barbares sont ariens. Quand ils s'installent, ils remplacent le clergé catholique par un clergé arien. Dès lors, comment prendre pour argent comptant ce que nous racontent les chroniqueurs romains et catholiques ?

2. Si les Barbares ont été intégrés à l'Empire romain, donc romanisés, dans quelle mesure les Romains ont-ils été « barbarisés » ?

La société romaine n'est plus au Ve siècle ce qu'elle était deux siècles auparavant. L'élément barbare y est présent, dans l'armée, dans la paysannerie, et même dans ce qu'on peut appeler l'aristocratie. Une société nouvelle se crée en empruntant aux différentes cultures qui se côtoient, ou plutôt des sociétés nouvelles s'inventent, fort différentes d'un bout à l'autre de l'Empire. Il y a dès lors comme une escroquerie intellectuelle à faire croire que c'est l'Empire romain du Ier siècle qui s'effondre en 476.

La citoyenneté romaine est accordée facilement depuis Caracalla, à partir de 212. Les empereurs Sévères (début du IIIe siècle) sont africains, Philippe (244-249) est arabe, Constantin (306-337) est illyrien. C'est Tertullien, empereur africain, qui invente le concept de romanité à la fin du IIe siècle. Des peuples barbares se verront le droit de s'installer sur les frontières de l'Empire, avec pour mission de les surveiller. Le statut de soldats fédérés, consenti et voulu par les empereurs romains, s'accompagne de la création de royaumes romano-barbares.

3. Les invasions barbares sont-elles vraiment la seule cause de la chute de l'Empire romain ?

Dès lors, il apparaît simpliste de désigner les seuls Barbares comme responsables de la « chute » de l'Empire. Il existe d'autres causes à la disparition de la structure politique de l'Empire : des causes antérieures à ce qu'il est convenu d'appeler les invasions, et des causes extérieures aux Barbares, qui sont à rechercher dans l'évolution de l'Empire, son expansion, etc.

Il est évident que ces mutations dépassent de loin ce qu'il est possible de faire avec des élèves de cycle 3. Mais il est nécessaire de soulever avec eux le problème. À vouloir enseigner des pseudo-vérités simplistes, on forme à tout, sauf à l'esprit critique.

Et Clovis, roi des Francs ? Certains manuels de cinquième font encore la coquille (mais en est-ce bien une ?) qui consiste à le présenter comme roi de France ! On peut rapidement dire que les mêmes ambiguïtés existent dans l'historiographie de Clovis et de Vercingétorix. Il faut absolument faire la part entre l'histoire et une sorte de besoin impérieux d'en faire un héros national, fondateur de la France et de la France chrétienne.

Une déclaration célèbre du général de Gaulle est révélatrice à cet égard, dans laquelle il dit en substance que seul compte Clovis parce qu'il est le premier roi chrétien et que son pays est un pays chrétien. C'est aller vite en besogne et oublier que seuls les Francs n'étaient pas chrétiens parmi les Barbares. Les autres étaient déjà chrétiens mais ariens et divergeaient avec les Romains sur la nature divine ou non du Christ. Les Francs choisissent de s'appuyer sur l'Église en place qui avait le soutien du peuple gallo-romain. Les Germains ariens étaient vécus comme une aristocratie supérieure et différente, et cette perception rappelait sans cesse l'étroitesse de l'assise de leur pouvoir.

La conversion des Francs leur permit donc de se présenter comme les libérateurs des provinces romaines et de leurs évêques. En 516, les Burgondes imitèrent les Francs avec succès en se convertissant également de l'arianisme au catholicisme. D'une certaine manière, l'Église catholique a préféré s'allier avec un païen franc pour reconquérir le terrain perdu face à l'aristocratie barbare et arienne. On ne peut faire semblant d'oublier que la conversion des Francs avait aussi des motivations tactiques et politiques.

Ces considérations, si elles ne peuvent être partagées avec des élèves du cycle 3, doivent cependant nous faire tempérer une position répandue dans les manuels.

▲ Indications sur l'animation

L'animation de cette séquence ne présente pas vraiment de différences par rapport aux précédentes situations de lecture avec mission. Précisons que l'enseignant doit attirer l'attention tout au long des travaux de groupe comme des moments collectifs d'exploitation sur les identités différentes des documents de la première et de la seconde séries. Le concept travaillé ici est celui de critique de témoignage[1]. Il ne s'agit en aucune façon de substituer une vision idyllique des Barbares à une vision particulièrement noire, mais de faire prendre conscience aux élèves que la vérité ne saurait être le contraire d'une contrevérité.

Pour le magistral, l'enseignant peut introduire le rôle de Clovis grâce à la lecture d'un manuel scolaire, en tenant compte du fait que nous ne connaissons Clovis qu'à travers Grégoire de Tours pour l'essentiel. Ce chroniqueur catholique écrit soixante-dix à soixante-quinze ans après les faits ! Apprenons à nos élèves que le chroniqueur de l'Antiquité ou du Moyen Âge n'est pas un historien. Son but n'est pas de rapporter les événements dans une analyse théorique mais de raconter simplement, en frappant au besoin l'imagination de son lecteur.

▲ Documents de travail

Documents renforçant l'image négative des Barbares

• Document 1 : une lettre d'un évêque de Lyon, Sidoine Apollinaire

Je vis au milieu de bandes de Barbares chevelus. Je dois supporter leur langage et les chansons d'un Burgonde gavé qui s'enduit les cheveux de beurre rance. Heureux tes yeux et tes oreilles, heureux aussi ton nez, toi qui n'as pas à subir l'odeur de l'ail ou de l'oignon infecte que renvoie dès le petit matin leur cuisine.

• Document 2 : une lettre d'évêque à un autre évêque parle des Barbares

Avec quelle soudaineté la mort a pesé sur le monde entier ! Combien la violence de la guerre a frappé les peuples ! Ce qui n'a pas été dompté par la force l'a été par la faim. La mère a succombé misérablement avec ses enfants et son époux. Dans les villes, les domaines, les campagnes, çà et là le long des routes, c'est la mort, la souffrance, la destruction, l'incendie, le deuil.

1. Un travail formant à la critique de témoignage, emprunté à Henri Bassis, peut être consulté dans Alain Dalongeville, *Enseigner l'histoire à l'école, cycle 3, op. cit.*, pp. 94-104.

- **Document 3 : une description des Barbares faite par un Romain**

Ils ont les membres trapus et vigoureux et une nuque puissante mais ils sont tellement difformes et mal faits qu'on pourrait les prendre pour des bêtes à deux pattes. Leur seule nourriture se compose de plantes sauvages et de chair d'animaux de toutes sortes qu'ils réchauffent entre leurs cuisses et sur le dos de leurs chevaux. Ils sont vêtus de lin et de peaux de rats.

Documents relativisant l'image négative des Barbares

- **Document 1 : une description des Barbares (Huns)**

De nombreux dessins existent dans les livres d'histoire vulgarisateurs. Dans les manuels, ils sont plus rares ; néanmoins, on pourra utiliser le document 3 *in Histoire*, cycle 3, Nathan, coll. « Gulliver », p. 66. Bien évidemment il s'agit d'une reconstitution. Toutes les autres reproductions que nous avons sont d'origine romaine. Elles sont soit défavorables aux Barbares, soit trop naïves : les élèves risqueraient de les prendre pour argent comptant.

- **Document 2 : des Barbares travaillent pour des propriétaires romains**

C'est donc pour moi que labourent à cette heure les Barbares. Ces pillards peinent à travailler sans arrêt mes terres, peuplent mon marché du bétail qu'il vient vendre. Toutes les terres qui demeuraient abandonnées reverdissent grâce au travail d'un Barbare.

- **Document 3 : des Barbares défendent l'Empire romain**

On peut lire sur la tombe d'un Barbare l'inscription suivante :

Je suis Franc, mais soldat romain.

Un roi barbare écrit à l'Empereur la lettre suivante :

Nous nous réjouissons de vivre sous le droit romain, que nous souhaitons défendre les armes à la main... À quoi bon avoir repoussé le désordre barbare, si ce n'est pas pour tirer des lois romaines nos règles de vie ?

Suite éventuelle

Notre langue a été considérablement enrichie par celles des peuples dits « barbares ». Voici une liste de mots qui sont utilisés couramment dans le français :

Bernard, Gérard, Geneviève, Hugo, Charles, Josseline, Thierry, Mathilde, Godefroy, Guy, falaise, marais, fange, bois, bûche, beignet, soupe, housse, poche, fauteuil, broder, broyer, gratter, téter, lécher, champion, garder, regarder, lorgner, grogner, chouette, crapaud, cruche, flacon, hanap, grappe, blé, framboise, roseau, mésange, héberger, frais, revêche, félon, riche, hameau, bourg, fief, maçon, maréchal, marquis, guerre, trêve, flèche, rechigner, trépigner, guérir, choisir, éblouir.

L'enseignant peut demander aux élèves de les utiliser tous sans exception ou presque pour écrire un petit texte. Ce travail peut se faire en groupes, avec l'aide d'un dictionnaire, être rédigé au propre sur une affiche et lu aux autres groupes. Un travail[1] analogue peut être fait avec les mots arabes, hors de cette situation. Il peut être utile de faire classer ces mots afin que les élèves s'aperçoivent dans quels domaines les peuples germaniques ici, les Arabes par ailleurs, ont apporté des mots à la langue qui deviendra le français.

▲ Bibliographie

Livres

Amalvi Ch., *De l'art et de la manière d'accommoder les héros de l'histoire de France,* Albin Michel, coll. « L'aventure humaine », 1989.

Collectif, « Dossier Barbares », *in L'Histoire,* n° 222, juin 1998, pp. 32-54.

Kazanski M. et Pilet C., « L'intégration des Barbares dans la société gallo-romaine », *in Pour la Science,* n° 248, juin 1998, pp. 78-84.

Walter H., *L'Aventure des mots français venus d'ailleurs,* Paris, Laffont, 1997.

1. Une liste des mots venant du monde arabo-musulman se trouve dans Alain Dalongeville et Michel Huber, *Situations-problèmes pour explorer l'histoire de France, op. cit.*, pp. 62-63.

TROISIÈME PARTIE

LE MOYEN ÂGE

Pistes de lecture

Les divisions politiques.
L'unité et la puissance de l'Église chrétienne.
L'affirmation du pouvoir royal.

Rendons grâce au programme de permettre de nombreux choix dans cette vaste période dont l'unité n'est qu'une vue de l'esprit. Certains oublis pourraient surprendre les enseignants comme celui de Charlemagne, « l'empereur à la barbe fleurie ». Il semble que les orientations des programmes aient décidé de minimiser la tentative de restauration d'un pouvoir politique fort, tentative qui s'inspirait, semble-t-il, de ce qu'avait représenté l'Empire romain. Cette tentative, plus connue sous le nom de Renouveau carolingien, ne doit pas faire oublier ce qui a suivi, c'est-à-dire la longue et laborieuse émergence d'un pouvoir royal central, un pouvoir de droit divin qui n'allait pas de soi.

Nous avons voulu, dans cette partie, insister sur des aspects plus européens de l'histoire, comme l'apparition des châteaux forts incarnant des rapports sociaux précis, ou la multiplication de villes neuves et franches traduisant l'émancipation de la bourgeoisie.

LES CHÂTEAUX FORTS

10

POURQUOI LES PAYSANS LES CONSTRUISENT-ILS ?

Concepts centraux

Altérité et coopération.

Objectifs notionnels

Fief, contrat mutuel.

DURÉE	ORGANISATION	MISSION
Séquence 1 **Cette première séquence permet aux élèves de prendre connaissance de l'ordre auquel ils appartiennent, sans qu'ils jettent un pont avec les autres groupes.**		
15 min	Chaque groupe reçoit un document afin de présenter son personnage aux autres groupes : un groupe de seigneurs, un groupe de chevaliers, deux groupes ou plus de paysans.	*Chaque groupe doit, à l'aide du document distribué, faire connaître les personnages qui sont présentés sous la forme d'un jeu de rôle, d'un texte ou d'un mime.*
20 min	Présentation du personnage de chaque groupe sous une forme libre (jeu de rôle, dessins, texte...).	*Présentez votre personnage aux groupes afin de les informer.*
2 min	L'enseignant expose, sous une forme théâtralisée, l'événement déclencheur de la situation-problème.	*Attention : des Barbares arrivent ! Ils détruisent et brûlent tout sur leur passage !*
15 min	Chaque groupe cherche séparément une solution.	*Vous vous réunissez dans votre groupe et cherchez une solution pour échapper à ce danger.*

Séquence 2 **Cette séquence permet de voir se superposer ou se démarquer les comportements des groupes d'élèves avec les groupes sociaux qu'ils incarnent : coopérer ou pas ?**		
15 min	Chaque groupe présente sa (ou ses) solution(s). L'enseignant écoute et pousse chaque groupe dans ses retranchements, en soulignant les solutions qui n'en sont pas face à la consistance du danger.	*Présentez votre solution oralement aux autres groupes.*
15 min	Chaque groupe repart au travail afin de proposer une nouvelle solution. Si une solution globale d'entraide ne surgit pas, présentation de contrats mutuels ayant existé entre seigneurs.	*Vos solutions ne sont pas complètement satisfaisantes. Retournez dans votre groupe. Proposez-en une autre.*
30 min	Réunion de tous les groupes. L'enseignant et les élèves comparent leurs solutions avec celles ayant fonctionné dans l'histoire et ayant conduit à l'édification des châteaux forts. Analyse des raisons d'être des écarts. Prise de notes au fur et à mesure par l'enseignant.	*Exposez votre dernière solution.*

▲ Les représentations des élèves

La présence des châteaux en Europe et tout particulièrement en France n'étonne plus personne : ils font partie du paysage quotidien des élèves. Quand ils les visitent, c'est le plus souvent pour s'imprégner de la vie quotidienne des gens au Moyen Âge. Quand on leur parle de la naissance de ces édifices, leur construction est présentée comme allant de soi, coupée des rapports sociaux qui en sont à l'origine. Pour les enfants, les châteaux sont donc simplement construits à l'instigation des seigneurs. Ils ne peuvent percevoir que le château est la manifestation de contrats mutuels de protection et d'entraide passés entre les hommes de cette époque.

Nous avons imaginé de leur proposer de réfléchir à une situation où le problème posé est d'imaginer une solution aux invasions périodiques qui compromettent la sécurité de tous, paysans, seigneurs et chevaliers. Nous leur demandons de se mettre à la place de chacun de ces groupes sociaux après avoir eu la possibilité de les caractériser grâce à des documents iconographiques.

Dans tous les cas où nous avons animé ce travail, l'autre-passé (le groupe social incarné par les élèves) et l'autre-présent (les élèves qui incarnent les autres groupes sociaux) sont ignorés au même titre, tant la difficulté à imaginer une entraide aussi bien au plan historique qu'une entraide entre eux-présents est forte. En effet, il faut pousser dans leurs retranchements les élèves qui ont été prêts à tout imaginer plutôt que l'entraide et la collaboration. Les stratégies individualistes conduisent les élèves à inventer des solutions irréalistes qui ne tiennent pas compte de la nécessité par exemple de maintenir des champs en culture pour les paysans, de se nourrir pour les seigneurs, etc.

Nous avons donc pu ainsi mettre en lumière une résistance très forte à la coopération et à l'entraide qui aurait fait obstacle à la compréhension dans un cours de type classique. En effet, celui-ci aurait présenté la solution du contrat mutuel d'assistance et de protection comme naturel, alors qu'il ne l'a certainement pas été, pas plus pour les acteurs historiques que pour les élèves. De la même façon, si un élève avait avancé la « solution », il aurait certainement fallu faire la sourde oreille dans un premier temps : elle aurait été magique parce que plaquée sur des attitudes mentales discordantes avec elle.

L'individualisme des acteurs de la situation-problème peut donc avoir des conséquences au niveau des savoirs historiques. L'individualisme des élèves les empêche d'inventer une coopération entre les acteurs historiques qu'ils incarnent. À l'inverse, on peut avancer que la réussite trop aisée, qui n'a surmonté aucun obstacle, doit être considérée comme une réussite suspecte qui mérite que l'enseignant y regarde à deux fois avant de continuer le travail. Si les enfants n'avaient pas eu de doutes quant à la solution historique, ils n'auraient pas appris, c'est-à-dire construit leur savoir qui consiste en un dépassement d'obstacle.

Cela dit, comment continuer le travail maintenant ? Il n'y a pas d'autres solutions que de travailler sur l'écart entre les hypothèses avancées par les élèves et la réalité historique telle qu'elle s'est déroulée, ou à peu près. Mais plutôt que de vivre cette nécessité comme un échec, l'enseignant doit apprendre à la penser comme un point d'appui pour que de réelles connaissances se construisent.

▲ Le point sur la question

Châteaux forts

Le château fort serait apparu dès le VIe siècle sur les frontières de l'Empire byzantin, et aurait été introduit en Espagne au IXe siècle par les musulmans ! En France, il continue la tradition de la tour centrale de la villa franque et prend de l'importance à partir du Xe siècle au moment des invasions normandes. La décadence du pouvoir central, l'insécurité générale amènent les grands propriétaires à construire des *castellas*, qui vont jouer un triple rôle : point d'appui militaire, lieu de refuge pour les populations civiles avoisinantes et centre administratif de l'organisation féodale. La possession d'un château devient la base de l'autonomie juridique et du pouvoir politique.

Jusqu'au Xe siècle, le château reste un édifice précaire et primitif. Il consiste en une tour de bois dressée sur une butte de terre (sur une motte dans les pays plats) et entourée d'une palissade de bois et de terre battue, parfois doublée de fossés remplis d'eau. Ces châteaux de bois étaient vulnérables, mais avaient l'avantage de pouvoir être facilement reconstruits en quelques semaines. Dès la seconde moitié du XIe siècle, les plus riches seigneurs utilisaient la brique et la pierre.

Féodalité

Le pouvoir de l'Empire romain, centralisé à l'extrême, s'effondre définitivement au cours du Ve siècle. Des pouvoirs locaux surgissent sous différentes formes : chefs de bande et maîtres d'un domaine essayant d'assurer leur sécurité et celle de leurs proches car celle-ci n'est plus garantie par l'État. Les petits cultivateurs s'adressent donc à un voisin puissant suffisamment riche pour entretenir des hommes armés, en échange de quoi ils lui fourniront une partie de leurs récoltes, du travail gratuit (la corvée) qui servira par exemple à l'édification ou à l'entretien du château.

Même si ce marché n'est qu'un pis-aller, imposé par des circonstances difficiles, le marché est censé être profitable aux deux parties. C'est un acte d'homme à homme, un contrat mutuel d'assistance, qui se concrétise par un serment sacré qui a une valeur religieuse. C'est ce contrat qui mérite le nom de *fief*, constitué par une terre n'étant qu'un cas parmi d'autres possibles. Le fief n'est pas un droit de propriété au sens moderne du terme, mais un droit d'usage. Peu à peu, tous les hommes vont se trouver engagés dans des contrats de ce type, la société féodale est constituée d'un tissu d'engagements réciproques parfois complexes.

▲ Indications sur l'animation

Chaque groupe peut être dédoublé sans aucun problème, si bien que si chaque groupe compte quatre élèves, vingt-quatre élèves peuvent vivre la situation.

Séquence 1

La première séquence est une phase où les élèves prennent contact avec le groupe qu'ils vont incarner. Ils doivent le présenter à la classe afin que les autres puissent également connaître tous les acteurs de la situation. Il faut pousser les élèves à ne pas se contenter d'une simple description ou redite du document qu'ils possèdent. Cela permet à l'enseignant qui circule dans les groupes de savoir quels types de connaissance réelle ou erronée les élèves projettent sur le document qui leur a été proposé. Cette phase doit leur permettre de s'investir dans le groupe social qu'ils incarnent afin de participer à la phase problématique de la situation.

Après la présentation des groupes, l'enseignant leur annonce de manière dramatique l'arrivée des Barbares, en insistant sur la gravité du danger et chaque groupe retourne au travail pour se préparer à faire face. L'enseignant circule dans les groupes pour évaluer le type de stratégie imaginée par les élèves.

Au bout de quinze à vingt minutes, une première réunion peut être organisée par l'enseignant afin que chacun des groupes présente sa solution. L'enseignant et les autres élèves écoutent les groupes et pointent soit les contradictions entre les propositions des différents groupes, soit les contradictions internes, voire les impossibilités des propositions. Chaque groupe repart faire de nouvelles propositions, si besoin est.

La dernière fois que nous avons animé cette situation, c'est un élève que l'enseignante m'avait signalé comme en difficulté et rarement soutenu par les autres élèves qui, à la fin de la seconde réunion, s'est fâché et a revendiqué la coopération comme seule issue face aux dangers constitués par les invasions barbares. Là encore, on s'aperçoit que les situations actuelles et historiques se télescopent quand on laisse la possibilité aux élèves de chercher et d'inventer.

Séquence 2

Si les groupes se trouvent dans une impasse totale, des exemples de contrats peuvent être distribués aux élèves afin de les aider à imaginer les liens qui pouvaient se tisser entre les hommes au Moyen Âge. L'essentiel du travail consistera alors pour les groupes à réfléchir aux éléments qu'ils ont pu sous-estimer ou surestimer de telle sorte qu'ils n'ont pas inventé la solution historique. De toutes les manières, il est important que ces documents figurent dans le résumé des élèves accompagnés d'un commentaire expliquant la situation de recherche à laquelle ils ont été confrontés.

1. Un paysan devient serf de son plein gré

Moi, X de mon plein gré, j'ai mis la courroie à mon cou, selon la loi romaine, je me suis livré par les mains à Y et à son épouse Z. Donc, à partir de ce jour, vous et vos héritiers, vous ferez de moi et de mes proches ce que vous voudrez ayant droit de nous posséder, de nous vendre, de nous donner ou de nous affranchir. Si de moi-même ou par le conseil d'hommes méchants, je veux me soustraire à votre service, vous pourrez m'emprisonner et me punir. (Vers la fin du IXe siècle.)

2. Les devoirs des paysans envers le seigneur
À la Saint-Jean (24 juin), les paysans doivent faucher les prés du seigneur. Après, ils doivent nettoyer les fossés. En août, c'est la moisson du blé qu'ils doivent porter à la grange. Ils ne peuvent rentrer leurs propres gerbes de blé qu'après que le seigneur a prélevé sa part. En septembre, ils doivent un petit cochon sur huit. À la Saint-Denis (9 octobre), ils paient le cens (impôt). *Au début de l'hiver, c'est la corvée sur la terre du seigneur, pour la préparer, la semer... Si le paysan vend sa terre, le treizième du prix de vente revient au seigneur. S'il marie sa fille hors de la seigneurie, il paye trois sous. Une semaine avant Pâques il doit une corvée de labour. Puis il doit aller au bois couper les arbres et faire la corvée du charroi. Le meunier du seigneur, pour moudre le grain du vilain, prélève une partie du grain apporté par le paysan et de la farine ; au four, il faut payer aussi.* (Normandie, XIIIe siècle.)

▲ Documents de travail

Groupe 1 : les paysans et les travaux des champs

Deux documents pour que les élèves puissent approcher la réalité des paysans de cette époque. Ils sont absorbés par le travail et tiennent à leurs récoltes qui pourraient être détruites. Les outils que manient les paysans pourraient aisément se transformer en armes. C'est ce que pensent souvent les élèves car ils ignorent que se battre est déjà un métier. On ne s'improvise pas aisément guerrier.

Plusieurs choix sont possibles. Nous recommandons l'utilisation des documents dont les références suivent : 1. « Miniature du XVe siècle », *in 5e*, Hachette, 1995, p. 102 ; et 2. « Miniatures du XIIIe siècle », *in Histoire-Géographie,* cycle 3, CM1, Hatier, 1997, p. 42. Mais on peut également se servir de deux documents *in À monde ouvert*, cycle 3/niveau 2, Hachette Éducation, 1996, p. 53 ; ou encore, chez le même éditeur pour le niveau 1, doc. 1, p. 38 et doc. 1, p. 39.

Groupe 2 : les chevaliers

Les chevaliers en plein tournoi afin de souligner leurs compétences guerrières. Leur bravoure, supposée par les élèves, peut laisser imaginer qu'il suffit de les envoyer se battre pour que tout danger soit écarté. C'est oublier que l'insécurité pendant le haut Moyen Âge dura longtemps.

De préférence, nous utilisons un document que l'on peut trouver dans « Explorer », *in Histoire – Une terre des hommes*, cycle 3, Magnard Écoles, 1998, p. 3.

Mais on peut également se servir d'un document montrant un combat de chevaliers *in À monde ouvert*, cycle 3/niveau 2, Hachette Éducation, 1996, p. 40.

Groupe 3 : les seigneurs

Les seigneurs en pleine festivité pour insister sur leurs richesses. Richesses qu'ils tirent du travail des paysans déjà à leur service. Avec la création du château, le biais de l'insécurité et des difficultés, peu de paysans, peu d'hommes ne se lieront pas à d'autres, plus puissants, censés les protéger.

Nous avons l'habitude d'utiliser un document situé dans : *Histoire – Une terre des hommes*, cycle 3, Magnard Écoles, 1998, p. 39. On peut également choisir des extraits des « Très riches heures du duc de Berry » que l'on peut trouver dans beaucoup de manuels, par exemple : *À monde ouvert*, cycle 3/niveau 2, Hachette Éducation, 1996, doc. 1, p. 52.

▲ Bibliographie

Livres

• Ouvrages pour l'enseignant

Mesqui J., *Les Châteaux forts. De la guerre à la paix,* Gallimard, coll. « Découvertes », 1995.

Mourre M., *Dictionnaire encyclopédique d'histoire Mourre,* Paris, Bordas.

Pernoud R., *Pour en finir avec le Moyen Âge,* Paris, éditions du Seuil, 1977.

• Ouvrages pour les élèves

Collectif, Louvre, *Château, Moyen Âge,* Réunion des musées nationaux, 1992.

Mc Donald, *Un château du Moyen Âge,* Deux Coqs d'or, coll. « Au cœur de l'histoire », 1992.

Sites Internet

Une visite des châteaux forts français rangés par département. Des informations sur la construction des châteaux forts au Moyen Âge :
http://www.terranet.fr/jmr/chateaux.htm

Un petit site réalisé par l'école de la Doire (06) :
http://www2.ac-nice.fr/ecole/arch_97/arbre2/chateaux/index.htm

Filmographie

Un excellent film pour comprendre ce monde, aux environs de l'an mille, dans le sud de la France actuelle : *L'An Mil,* 1984, TF1 et SFP, distribution Dreville et Clèvenot (conseillers historiques de réalisation : G. Duby et Recoing).

LES VILLES DU MOYEN ÂGE

11

LA COMMUNE, UNE INVENTION DE LA BOURGEOISIE

Concepts centraux

Liberté, rapports sociaux.

Objectifs notionnels

Essor urbain, émancipation de la bourgeoisie.

DURÉE	ORGANISATION	MISSION
La séquence essaie tout d'abord de faire comprendre la frustration que certains groupes sociaux pouvaient connaître, et en corollaire l'esprit défensif qui pouvait habiter les autres. Une fois de plus, les inventions ont été le fruit d'intérêts conflictuels.		
10 min	La classe est partagée en deux parties : – les bourgeois pauvres et riches ; – les seigneurs laïcs et religieux. Lecture des documents en groupe.	*Vous allez dans vos groupes. Vous lisez les documents qui concernent votre groupe. Vous allez les uns et les autres préparer une réunion pour discuter de vos intérêts : qu'est-ce qui ne va pas ? De quoi avez-vous besoin ? Qu'allez-vous faire ?*
30 min	Les différents groupes de bourgeois se réunissent dans une commune jurée à laquelle assistent en spectateur les seigneurs. Puis les seigneurs se réunissent devant les bourgeois qui assistent silencieusement à l'assemblée.	*Faites part aux autres groupes de vos revendications. Les élèves qui vous écoutent, mais qui en réalité ne sont pas là, sont les seigneurs.*
15 min	Chaque groupe se réunit pour écrire ce qu'il a décidé de faire.	*Repartez dans vos groupes et mettez par écrit ce que vous avez décidé de faire.*

10 min	Lecture et discussion.	*Chaque groupe lit ce qu'il a décidé.*
5 min	Synthèse de l'enseignant. Résumé à partir de la synthèse et de la décision de chacun. Synthèse : voir « le point sur la question ».	

▲ Les représentations des élèves

Les élèves ont tendance à penser que la ville existe depuis toujours comme ils la connaissent aujourd'hui. Si leurs lectures ont pu les amener à entrevoir l'existence d'un seigneur dans un château exerçant un contrôle étroit sur des paysans qui travaillent en grande partie pour lui, ils n'ont pourtant pas la moindre idée des rapports sociaux et politiques qui pouvaient exister dans la ville. Dans leurs représentations, le seigneur est un personnage laïc et rural.

Il est difficile pour les élèves de concevoir que des réalités ont pu changer avec le temps et changer dans des rapports conflictuels. Des rapports sociaux deviennent obsolètes avec certaines modifications : la croissance démographique accompagne un accroissement des bourgs, le commerce se développe, on peut parler dans certains cas d'un commerce international avec les villes de foire qui mettent en relation les villes du nord de l'Europe avec les villes italiennes.

▲ Le point sur la question

Jusqu'aux environs du XIe siècle, la ville n'est en rien différente de la campagne, elle est soumise au ban d'un seigneur. Notons que celui-ci peut être laïc ou ecclésiastique. Ce seigneur rend la justice : il oblige les habitants à accomplir des services militaires, à payer les taxes, la taille, et à accomplir les corvées. Autant d'obligations qui les gênent dans leur activité économique.

Les bourgeois souhaitent s'en libérer ou, tout au moins, les fixer une fois pour toutes par écrit. Afin de faire pression sur le seigneur, ils se regroupent en une association qu'ils nomment *commune jurée.* Cette association est assortie d'un serment d'aide mutuelle entre ses membres, et présente au seigneur les revendications des bourgeois. Le plus souvent, le seigneur accorde les écrits (la charte) aux bourgeois contre de l'argent, surtout quand le seigneur en a grand besoin. Il est très rare que cette charte négociée soit accordée gratuitement. Dans quelques cas, le seigneur refuse ou revient sur son accord. Cette attitude se traduit souvent alors par des émeutes (à Cambrai, Le Mans, Laon, où, en 1112, l'évêque Gaudri, seigneur de la ville, est assassiné après avoir été molesté par la foule).

Mais, dès le début, cette émancipation de la bourgeoisie fut inégale. Car pour être électeur, il faut souvent justifier de propriétés dans la ville. Si bien que ce sont les familles les plus riches qui accaparent les fonctions dirigeantes. La domination de ces bourgeois peut parfois être plus dure que celle des anciens maîtres : les tensions sociales entre bourgeois se développent dès la conquête de leur liberté.

Les villes sont dirigées par un conseil de la ville. Les bourgeois y élisent leurs représentants : échevins et maires dans le nord de la France, conseillers et consuls dans le sud. Bien évidemment, les villes vont prélever à leur tour des impôts afin, par exemple, d'assurer leur sécurité (fortifications), de construire des hôpitaux et des écoles. Elles ont le droit de juger les délits mineurs, le seigneur se réservant toujours le droit de juger les crimes.

Quand le seigneur accorde une charte, les libertés qui y sont précisées se nomment *franchises* si bien que, dans ce cas précis, on parlera de « ville franche »; le seigneur partage une partie du pouvoir avec les bourgeois (notamment dans le domaine de la justice, comme on vient de le voir). Quand le seigneur est chassé, à la suite d'une révolte par exemple, on parle d'une « ville libre ».

▲ Indications sur l'animation

Il serait utile que les élèves puissent imaginer plus précisément qui étaient les bourgeois, et surtout qu'ils prennent conscience des activités économiques qu'ils maîtrisent. Car si jusqu'alors, la richesse fondamentale était la terre (et cela le restera fondamentalement jusqu'à la révolution industrielle), l'artisanat et le commerce deviennent des activités non négligeables. Plusieurs types de documents peuvent être utilisés : une projection de diapositives tirées de la Documentation photographique consacrée à la ville au Moyen Âge ou encore des reproductions tirées de différents manuels d'histoire empruntés à la BCD.

Le principe de la situation proposée aux élèves est un peu différent de ce que nous avons proposé jusqu'alors. Les groupes préparent ensemble mais « jouent » séparément. Cependant, pour que la situation ne soit pas pesante, chaque membre du conflit bourgeois/seigneurs assiste à la réunion de l'autre parti.

On peut éventuellement joindre ou lire le document consacré à la révolte des bourgeois de Laon (1116) pour faire prendre conscience aux élèves de l'âpreté du conflit de pouvoirs. Lire ce document peut avoir un effet d'annonce et montrer combien les dangers sont grands pour les seigneurs qui rejetteraient ou refuseraient d'accorder à leurs bourgeois les libertés qu'ils réclament. Cette lecture peut aussi permettre aux bourgeois d'être plus déterminés s'il en était besoin !

Il serait bon que les bourgeois se rendent compte qu'ils vont acquérir une certaine liberté financière et pouvoir consacrer de l'argent à des institutions qui n'existent pas : hôpital, écoles (voir *À monde ouvert*, cycle 3/ niveau 2, Hachette Éducation, 1996, p. 55).

Si les élèves se trouvaient en panne dans la phase de rédaction de leurs décisions, plusieurs extraits de charte peuvent leur être proposés. Outre celle que nous proposons comme document, un certain nombre de chartes se trouvent dans les différents manuels d'histoire du cycle 3, chez les différents éditeurs (cycle 3, CM1, Hatier, 1997, p. 55 par exemple, ou dans les éditions précédentes).

▲ Documents de travail

Document 1 : un opposant au mouvement des communes, Guibert de Nogent, chroniqueur et ecclésiastique

Une commune, nom nouveau et détestable, consiste en ce que les habitants ne sont plus obligés de payer qu'une fois par année l'impôt qu'ils devaient à leur maître quand ils étaient serfs. Quand ils commettent une faute, ils doivent payer une amende et sont dispensés des autres amendes que l'on a l'habitude d'obliger les serfs à payer. Le peuple qui peut se racheter ainsi n'épargne pas l'argent qu'il avait mis de côté pour faire taire les maîtres. Et ces derniers, qui aiment beaucoup l'argent, s'engagent par des serments à accepter ces communes.

Document 2 : un seigneur favorable crée une ville nouvelle

« Charte de Châteaudun, 1197 », *in À monde ouvert*, cycle 3/niveau 2, Hachette Éducation, 1996, p. 55.

Document 3 : déception d'un bourgeois, le juriste Beaumanoir

Nous voyons beaucoup de villes où les bourgeois pauvres et moyens ne participent pas du tout à la direction de la ville qui est tout entière dans les mains des hommes les plus riches. En dix ans, toutes les administrations des villes sont passées aux mains des riches bourgeois. Et quand les autres leur demandent des comptes, ils les ignorent.

Document complémentaire

Les boutiques des savetiers et des cordonniers se fermèrent, les cabaretiers et les aubergistes rangèrent leurs marchandises parce qu'on savait qu'il ne resterait plus rien, les seigneurs pillant tout... Le lendemain, comme l'évêque suivait son clergé à la procession, il ordonna à ses gens et à tous les chevaliers de marcher derrière lui en portant des épées sous leurs vêtements. Au cours de cette procession, un des bourgeois se mit à crier à plusieurs reprises : « Commune ! Commune ! ».

L'évêque ne réussissant pas à repousser les assauts revêtit les vêtements d'un de ses serfs et se réfugia dans le cellier où il se cacha dans une petite cuve, pendant que brûlaient la cathédrale et son palais. Les gens pénètrent dans le cellier et en fouillant partout ils finissent par le trouver... Gaudri fut arraché du tonneau ; il fut frappé de multiples coups. Et Tendegaud, un bandit, tua l'évêque.

Guibert de Nogent.

▲ Bibliographie

Livres

• Ouvrages pour l'enseignant

Heers J., *La Ville au Moyen Âge en Occident : paysages, pouvoirs et conflits,* Paris, Hachette, coll. « Pluriel », 1998.

Le Goff J., *La Ville en France au Moyen Âge,* Paris, éditions du Seuil, coll. « Points Histoire », 1998.

• Ouvrages pour les élèves

Collectif, *Les Villes au Moyen Âge. Approfondissements collège,* Gamma, coll. « Histoire vivante ».

Collectif, *Paris au Moyen Âge,* Parigramme, 1998.

Dagnaud A., *La Ville au Moyen Âge,* Gisserot Jean-Paul, coll. « Documentaires Jeunesse », 1995.

HUGUES CAPET

12

UN ROI ÉLU ?

Concept central

Pouvoir.

Objectifs notionnels

Dynastie capétienne, droit héréditaire, droit divin.

DURÉE	ORGANISATION	MISSION
Il s'agit ici de prendre conscience du rôle qu'a joué Hugues Capet. La monarchie de droit divin débute par une élection.		
5 min	Exposition du contexte : Louis V meurt sans enfants. Pas de succession, donc problème ! Listage des problèmes tels que se les posent les élèves.	*Maintenant que vous savez cela, quels problèmes se trouvent posés ?*
30 min	La classe lit la scène de l'élection de Hugues Capet. Repérage des intervenants et des personnages ayant pu assister à cet événement. Les groupes collaborent afin de théâtraliser la scène dans la classe.	*Lisez individuellement le texte de l'élection.* *Maintenant, nous allons la jouer tous ensemble.*
20 min	La classe est répartie en trois parties, chacune pouvant être subdivisée en deux groupes. Chaque groupe a la même consigne. Groupe 1 : la faiblesse de Capet. Groupe 2 : Charles, duc de Basse-Lorraine et frère de Lothaire. Groupe 3 : carte du royaume.	*Vous êtes Hugues Capet, que faites-vous ?* *Vous rapporterez votre décision sous la forme d'un texte ou d'une saynète.*

20 min	Chaque groupe rapporte son document et sa décision qui peut être écrite ou théâtralisée. Discussion.	*Rapportez votre décision à la classe, vous devez d'abord lire votre document.* *Maintenant que tous les groupes ont fait leur rapport, que pensez-vous de la situation de Capet ?*
5 min	Distribution et commentaire du texte de Capet qui rétablit de fait le caractère héréditaire de la monarchie.	*Voilà comment Capet va résoudre le problème qui lui est posé.*
5 min	L'enseignant précise le sens de l'événement de l'élection de Capet en apportant des documents (voir documents supplémentaires).	*Finalement, si Capet est passé dans l'histoire, c'est parce qu'il a eu une descendance ininterrompue durant onze générations !*

▲ Les représentations des élèves

Hugues Capet fait partie de ces personnages que les historiens ont déterminés comme capitaux alors que les élèves n'ont *a priori* aucune représentation à leur sujet. Si Charlemagne a peut-être inventé l'école, que reste-t-il des actes accomplis par Capet (actes qui marquent encore notre présent et qui laissent des traces dans les représentations des élèves) ? Rien ! Car les élèves ne sont en aucune façon sensibles au fait qu'il soit le fondateur de la dynastie capétienne !

Le concept clef qui est à l'œuvre ici est celui de pouvoir. Qui fait les rois ? Dieu ? Les hommes ? Eux-mêmes ? Mais avec l'aide de qui ? Ces questions traversent la fondation de la dynastie capétienne comme toutes les autres dynasties. Et ce sont les représentations que les élèves ont à propos de ces questions qu'il nous faut, avec eux, interroger à l'occasion de l'étude de la situation de Capet.

La représentation la plus répandue, chez les élèves du cycle 3, est celle d'un roi médiéval, qui aime ses sujets et qui s'opposerait à un autre souverain si celui-ci s'avérait être un mauvais roi. L'image est celle d'un roi paternaliste. La seconde représentation est celle d'un pouvoir naturel, normal, éternel et incontestable. L'idée même que la monarchie, que le principe dynastique ne soit pas un donné, est étrangère aux élèves, comme l'idée que le roi n'est devenu effectivement le plus puissant des seigneurs qu'à la suite d'un long processus, fait de luttes et de rivalités... Nous ne devons concevoir aucune surprise face à ce que s'imaginent les élèves, mais, à propos de l'élection de Hugues Capet, réfléchir avec eux à ces conceptions.

▲ Le point sur la question

Hugues Capet est à la fois celui qui fait rompre avec une monarchie héréditaire et celui qui la rétablit de fait. Le principe de l'élection par les pairs se justifiait aux yeux de ses partisans car le simple principe héréditaire pouvait mettre sur le trône l'oncle de Louis V, Charles, qui pactisait avec l'ennemi. Disons que le simple principe héréditaire n'était pas une garantie de la qualité du monarque.

En définitive, ce principe permettait d'éviter, *a priori*, des guerres de succession. Mais dès que Capet sera roi, il rétablira le principe héréditaire même si la pratique de l'élection se prolongera jusqu'à Philippe II Auguste, en 1180. L'élection n'était plus depuis longtemps qu'un faux-semblant.

Si Capet est passé à la postérité, c'est comme initiateur de la dynastie qui porte son nom et comme initiateur de la fin de la dynastie carolingienne. Mais c'est surtout parce qu'il a été le premier d'une dynastie de souverains qui eurent au moins un fils durant onze générations, série de hasards génétiques dans lesquels il n'a pas une grande responsabilité. Bien évidemment, il a fallu assurer la succession, agrandir peu à peu la réserve royale pour qu'elle finisse par se confondre avec le royaume lui-même.

Autrement dit, cette monarchie héréditaire qui se prétendit de droit divin fut le fruit d'une tumultueuse et lente élaboration.

▲ Indications sur l'animation

Pour l'enseignant qui n'en a pas l'expérience, la mise en scène par la classe dans sa totalité de l'élection de Hugues Capet peut être inquiétante. Notons tout de suite que cette mise en scène essaie de permettre une lecture active du texte de Richer. Il faut d'abord repérer les personnages principaux qui sont intervenus, d'après Richer, cerner le contenu de leur discours, identifier celui dont on parle et qui est absent : Charles. Il faut ensuite essayer de situer les personnages les uns par rapport aux autres, à la fois sur le plan social et sur le plan spatial. À cette fin, on peut se servir d'une représentation picturale d'un sacre, par exemple[1] dans *À monde ouvert*, cycle 3/niveau 2, Hachette, p. 41. À notre connaissance, seul le livre d'histoire et géographie, CM1, aux éditions Hatier, montre le couronnement de Hugues Capet (p. 58, document 1).

Le tout est de faire précéder la scène du sacre proprement dit, avec tous les symboles liés aux attributs de la royauté (blason aux fleurs de lys,

1. On trouvera dans presque tous les manuels une scène de sacre et non d'élection. Mais l'élection est la phase qui précède le sacre. Les représentations datent souvent du XIIIe siècle ; à défaut, nous nous autoriserons cet anachronisme puisqu'il s'agit seulement de s'aider des représentations en question.

couronne, épée et sceptre, la main de justice n'apparaissant qu'à partir du XIIIe siècle), d'une scène privée où les arguments des uns et des autres seraient entendus.

Le reste de l'animation de la situation ne présente aucune difficulté particulière.

▲ Documents de travail

Document pour toute la classe

L'élection de Hugues Capet (d'après Richer, moine de l'abbaye de Saint-Remi de Reims, *Histoires*).

Les plus hauts seigneurs de la Gaule se réunirent à Senlis. L'archevêque de Reims dit :

« Nous n'ignorons pas que Charles a des partisans : ils soutiennent qu'il a des droits à la couronne, transmis par ses parents. Mais on ne doit choisir comme roi qu'un homme exceptionnel noble et vertueux. Or Charles n'obéit pas à l'honneur, il a perdu la tête au point de s'être mis au service d'un roi étranger et d'avoir pris femme dans une classe inférieure de la noblesse. »

L'archevêque de Laon leur parla ainsi :

« Le trône ne s'obtient pas en héritant de son père, et l'on ne doit mettre à la tête du royaume que celui qui se distingue par ses qualités. Donnez-vous donc pour chef le duc Hugues Capet, admirable par ses actions, par sa noblesse et par ses troupes. »

Le duc fut reconnu roi par les Gaulois, les Bretons, les Normands, les Aquitains, les Goths, les Espagnols (du comté de Barcelone) et les Gascons.

Documents pour les groupes

• Groupe 1 : la faiblesse de Hugues Capet (d'après Adémar de Chabannes, *Chroniques*, vers 1030)

Aldebert, comte de Périgord, s'étant emparé de Tours, pour la donner au comte d'Anjou. Mais ce dernier n'avait pas tardé à s'opposer aux habitants, et Aldebert remit le siège devant la ville. Alors le roi Hugues et Robert son fils le menacèrent d'une guerre ; ils lui dirent : « Qui t'a fait comte ? ». Aldebert répondit : « Qui vous a fait roi ? ».

• Groupe 2 : Charles, duc de Basse-Lorraine

Louis V le Fainéant (967-987), roi de France, roi de la dynastie des Carolingiens. Fils de Lothaire, il fut associé par son père Lothaire au gouvernement du royaume dès 978. Il s'opposa à l'archevêque de Reims que soutenait secrètement Hugues Capet. Il mourut sans héritier en 987 des suites d'une chute de cheval. Charles était son oncle.

• Groupe 3 : carte du royaume des Francs à l'époque du sacre de Hugues Capet

La carte du royaume de France sous Hugues Capet peut être consultée dans beaucoup de manuels du cycle 3. Parfois, la période représentée n'est pas exactement celle de Capet, mais elle peut convenir. Ainsi, nous avons relevé :

– « La France sous Hugues Capet », carte 3 de l'atlas du manuel de CM, niveau 2, Hachette, 1996 ;

– « La France de Hugues Capet », carte 9 de l'atlas accompagnant le manuel de CM1, Hatier, 1997 ;

– « Le royaume de France... à la fin du XIe siècle », Magnard, 1998, p. 195 ;

– « Le royaume de France du Xe au XIIe siècle », carte A, Nathan, 1997, p. 107, plus problématique car ne concerne pas un instant donné, mais une période.

Documents complémentaires (magistral)

Hugues Capet fait sacrer son fils roi, de son vivant (d'après Richer, *Histoires*, IV) :

Le roi demanda qu'on fît un second roi, pour que, si l'un des deux succombait dans la confusion du combat, l'armée pût toujours compter sur un chef. Il soutenait aussi que si le roi était tué, le pays serait privé de direction, la discorde pourrait s'élever entre les grands ; il en sortirait la servitude de la nation tout entière. L'archevêque, comprenant que cela pouvait se produire, se rendit aux raisons du roi.

Généalogie des Carolingiens

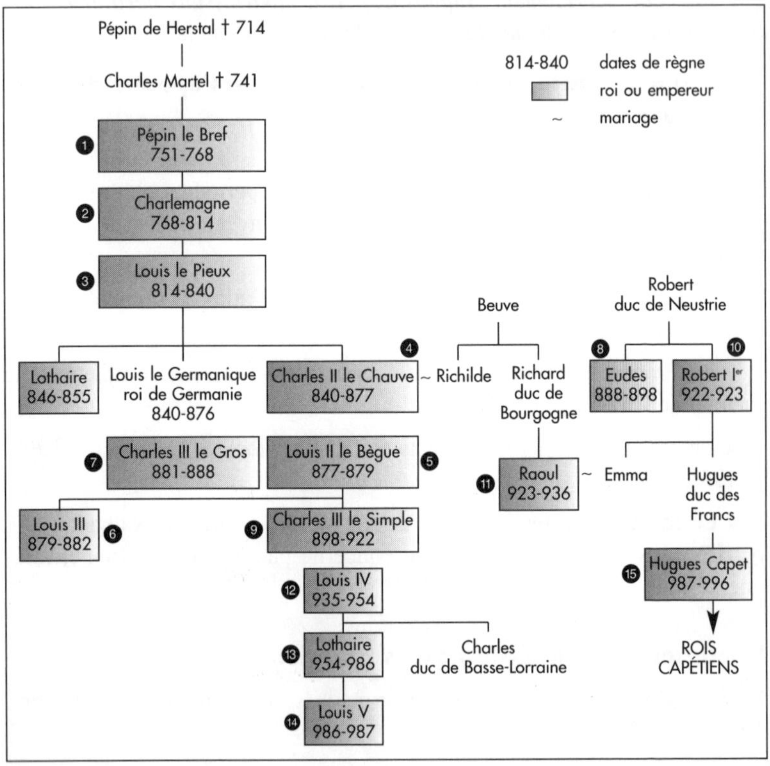

Généalogie des Capétiens

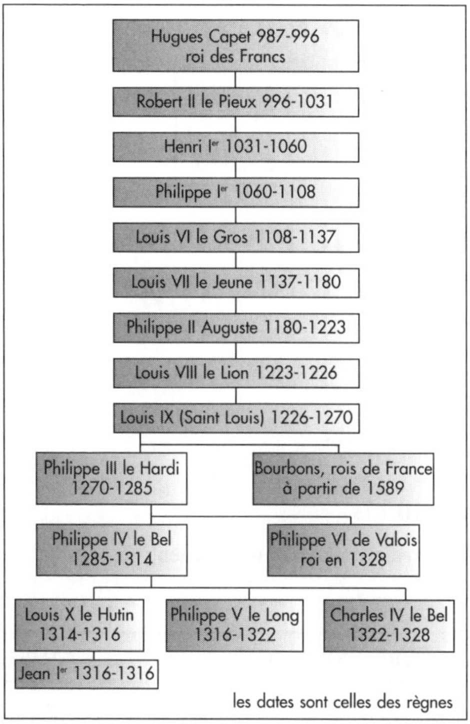

Cartes du royaume de France sous les Capétiens, Valois et Bourbons

Comme pour la carte du royaume à l'époque de Hugues Capet, plusieurs peuvent convenir. Nous avons relevé celles du manuel Hachette (*op. cit. supra,* p. 3 de l'atlas), ainsi que Hatier (*op. cit. supra,* cartes 9 à 12) et Magnard (*op. cit. supra,* p. 195).

▲ Bibliographie

Livres

Buhrer Th., *Charlemagne (à partir de 9/10 ans),* Paris, Millepages, 1996.

Folz R., *Le Couronnement de Charlemagne (25 décembre 800),* Paris, Gallimard, coll. « Folio Histoire », 1989.

Lebrun F. et Hoffmann G., *Au temps de Charlemagne,* Paris, Casterman, coll. « Des enfants dans l'histoire », 1999.

LES CROISADES

13

UNE GUERRE SAINTE ? JUSTE, VRAIMENT ?

Concepts centraux

Rencontre, altérité, causalité.

Objectifs notionnels

Société médiévale, relations Orient-Occident.

DURÉE	ORGANISATION	MISSION
Séquence 1 **La séquence essaie de faire se confronter dès le début deux visions de la croisade. Un effet de surprise doit se produire pour le groupe qui s'est vu confirmé dans ses représentations par la lecture du document et les réponses aux questions. C'est le moteur espéré de la situation.**		
5 min	Émergence des représentations afférentes aux croisades.	Même consigne que dans les séquences précédentes.
20 min	Distribution à chaque groupe d'une carte des croisades (1re et 4e). Partage de la classe en deux parties, chacune étant dédoublée en plusieurs sous-groupes. Lecture de documents avec questions préalables : – appel à la croisade du pape Urbain II (1re croisade) ; – le doge s'adresse aux croisés (4e croisade).	*Lisez les questions qui vous sont distribuées. Quand vous en aurez pris connaissance, vous lirez le texte et vous répondrez aux questions. Chaque groupe lira son texte à la classe et les réponses que vous aurez élaborées.*
20 min	Chaque groupe lit son texte, ses questions et les réponses élaborées à celles-ci.	*Lisez d'abord votre texte (deux fois), les questions qui vous étaient posées et les réponses que vous avez faites.*

Séquence 2 **La seconde partie de la situation-problème examine les conséquences des croisades à long terme : c'est l'aspect le plus noir des croisades qui se trouve être mis en avant car elles étaient avant toute chose des guerres.**		
20 min	Chaque partie et les sous-groupes correspondants reçoivent à lire deux documents afin d'examiner quelles vont être les conséquences des croisades sur les relations entre l'Occident et l'Orient : – récit de la prise de Jérusalem (1re croisade) ; – récit du sac de Constantinople (4e croisade).	*Lisez le document qui vous a été distribué. Comment expliquez-vous les comportements des croisés ? Quelles vont être les conséquences de ces actes, d'après vous ?*
20 min	Chaque groupe produit une affiche sur les conséquences des croisades et l'enseignant met au point une affiche collective.	*Sur une affiche, notez les conséquences des croisades qui ont été signalées au cours des rapports de groupe.*
15 min	Mise au point du résumé à partir de la carte, des réponses aux questions préalables et de l'affiche élaborée par l'enseignant.	*Faites un résumé individuel de la leçon en vous servant de la carte, des réponses et de l'affiche.*

▲ Les représentations des élèves

Les représentations que les élèves ont des croisades sont généralement celles d'une guerre sainte, c'est-à-dire juste, voulue par l'Église, pour la gloire de Dieu, pour le bien des chrétiens d'Orient. Il s'agissait de libérer les Lieux saints aux mains des impies, les ennemis des chrétiens : les Arabes. Mais, d'une manière générale, ces représentations sont imprécises.

Elles reproduisent en effet le concept de guerre « juste » que l'Église a élaboré au cours de son premier millénaire. En fait, d'une première position de refus de la guerre en tant que crime, l'Église, dans son processus de sécularisation, est parvenue à distinguer un type de guerre au service de la défense de la chrétienté, comme valeur suprême, nécessaire et agréée par Dieu. Bien évidemment, les aspects politiques, économiques et culturels des croisades échappent aux élèves. Mais surtout, ils ne connaissent pas le point de vue des musulmans sur les croisades.

Quand on consulte les dictionnaires, les acceptions du terme « croisade » sont redondantes avec ces représentations. Tout d'abord, par extension, la croisade devient une expédition militaire contre les hérétiques. La croisade contre les Albigeois, souvent ignorée par les gens et parfois par les manuels, est une croisade interne au royaume de France. Qui sait encore que la quatrième croisade est détournée par les Vénitiens pour piller la ville chrétienne de Zara au bord de l'Adriatique et qu'elle met à sac Constantinople en 1204 ? L'Empire latin de Constantinople est ainsi fondé, et les Vénitiens obtiennent d'énormes avantages commerciaux et territoriaux.

Ensuite, ce terme prend même un sens très positif puisque, aujourd'hui, pour créer un mouvement d'opinion contre un fléau (le cancer ou l'alcoolisme au volant), on mène une campagne de sensibilisation que l'on nomme « croisade ». Cette catégorisation positive est symptomatique d'une non-prise en compte des aspects principalement négatifs des croisades.

▲ Le point sur la question

Dans notre travail nous voulons faire prendre conscience aux élèves de deux aspects contradictoires des croisades.

Derrière l'appel à la croisade lancé par le pape Urbain II lors du concile de Clermont, afin de délivrer le Saint-Sépulcre des infidèles, se cachent des préoccupations d'ordre politico-religieux. Plus encore que la défense de l'Église en raison de la dangereuse avancée de l'Islam dans les domaines chrétiens d'Orient, il est nécessaire de bouter la guerre hors d'Europe en amenant vers une « juste cause » cette force émergente qu'est la chevalerie de cette époque.

La ferveur religieuse de l'époque, probablement très sincère, justifiait le massacre, le crime et le pillage qui étaient perpétrés envers les infidèles. Cependant, un certain nombre de seigneurs partirent pour Jérusalem, poussés autant par des motifs religieux que par le désir de conquérir des terres et du prestige en Orient. Les croisades allaient permettre de se débarrasser des chevaliers (qui, à maintes reprises, se faisaient la guerre pour conquérir des nouveaux domaines), ainsi que d'une grande masse de pauvres, d'aventuriers, de brigands toujours à la recherche d'aventures et de richesses.

Le second aspect des croisades est commercial. Elles se révélèrent être de bonnes affaires, surtout pour les « Città Marinare » italiennes qui vendaient des marchandises, des bateaux et des armes aussi bien aux croisés qu'aux musulmans. Les croisés n'eurent pas de scrupules à laisser détourner la quatrième croisade pour piller la ville de Zara tout d'abord et Constantinople ensuite, deux villes chrétiennes, même si Constantinople était orthodoxe.

Les musulmans vivaient les croisades comme des agressions peu préoccupantes tout d'abord. Ils étaient dans l'impréparation la plus totale lors de l'arrivée des croisés. Les musulmans n'ont réussi à s'organiser qu'après un siècle (1099 : prise de Jérusalem par les croisés ; 1187 : reconquête de la ville par Saladin). Il faut dire que le centre de l'Empire est à Bagdad, qu'il est plus tourné vers l'Orient que vers la Méditerranée et que les forces centrifuges internes ne contribuent pas à ce que l'Empire prenne conscience du danger que les croisades peuvent représenter.

Le monde arabe, à cette époque-là, est encore, du point de vue intellectuel et matériel, le dépositaire d'une civilisation très avancée. Les Arabes considèrent les croisés comme des barbares, supérieurs seulement par la force et l'ardeur dans la guerre. À cet effet, on peut utiliser[1] l'encart consacré à la science arabe p. 23 du manuel d'histoire, *À monde ouvert*, cycle 3/ niveau 1, Hachette Éducation. À leur tour, les croisés considèrent les Arabes comme des infidèles à mépriser et à éliminer, parce qu'ils ne croient pas dans celui qui, à leur avis, est le vrai Dieu. Le dernier aspect capital des croisades est la coupure qu'elles vont consacrer entre l'Orient arabo-musulman et l'Europe, entre l'Orient orthodoxe et l'Occident catholique.

▲ Indications sur l'animation

Séquence 1

La lecture avec questions préalables[2] est une stratégie facilitant la lecture. Le but est de munir les élèves d'une grille préalable de lecture : nous avons constaté que le plus souvent les questions postérieures à la lecture ne sont pas comprises car elles perturbent les hypothèses faites au moment de la lecture. De plus, elles sont trop souvent vécues par les élèves comme des moyens de contrôle de la qualité et de la totalité de leur lecture. Les questions sont donc distribuées dans un premier temps, sans que les élèves ne prennent connaissance du document :

Questions 1

Ligne 1 : *qui est « il » ?*

Ligne 1 : *qui est « ceux » ?*

Ligne 5 : *qui est « les » ?*

Ligne 8 : *qui est « ils » ?*

Questions 2

Que demande le pape Urbain II ?

Et à qui ?

---

1. Si l'on désire y consacrer plus de temps, consulter Alain Dalongeville et Michel Huber, *Situations-problèmes pour explorer l'histoire de France, op. cit.*, pp. 62-67.
2. Nous avons déjà rapidement exposé l'utilité de la lecture avec questions préalables *in* Alain Dalongeville, *Enseigner l'histoire à l'école, cycle 3, op. cit.,* pp. 77-81. Signalons que c'est Henri Bassis qui a inventé cette stratégie de lecture (Bassis H., « La Mise à mort ou la Lecture comme recherche » *in Je cherche donc j'apprends,* Messidor/ éditions sociales, 1984, pp. 63-70).

Séquence 2

Même stratégie de lecture, à la différence qu'ici les questions peuvent être données oralement.

– *Comment expliquez-vous les comportements des croisés ?*

– *Quelles vont être les conséquences de ces actes, d'après vous ?*

Pendant que les groupes font leur rapport, l'enseignant note les éléments saillants. En interrogeant les groupes, en les pressant d'éclaircir leur pensée, il rédige une affiche en reformulant les réponses des groupes. Cette affiche sera un des éléments qui servira aux élèves dans leur résumé.

▲ Documents de travail

Des cartes des première et quatrième croisades peuvent être fournies à tous les groupes. On en trouvera dans de nombreux manuels scolaires. Elles peuvent être simplifiées car les tracés des huit croisades se superposent et cela nuit grandement à la lecture des documents.

Séquence 1

• **Document 1 : le pape Urbain II appelle à la croisade** (1095)

Qu'ils deviennent des chevaliers du Christ, ceux qui n'étaient que des brigands !

Il est urgent d'apporter en hâte à vos frères d'Orient l'aide si souvent promise et tellement nécessaire. Les Turcs et les Arabes, pénétrant toujours plus avant dans le pays de ces chrétiens, les ont par sept fois vaincus en bataille, en ont tué et fait captifs un grand nombre, ont détruit et dévasté le royaume. Si vous les laissez à présent sans résister, ils vont étendre leur vague plus largement sur beaucoup de fidèles serviteurs de Dieu.

(On peut y joindre un passage antérieur à celui que nous donnons, que l'on peut trouver dans le manuel d'histoire *À monde ouvert*, cycle 3/niveau 2, Hachette Éducation, 1996, p. 44.)

• **Document 2 : la quatrième croisade et le partage de l'Empire byzantin**

Les Vénitiens acceptent de transporter les croisés contre 85 000 marcs d'argent. Mais, au moment de s'embarquer pour l'Égypte, il manque 34 000 marcs. Alors, les Vénitiens proposent un marché :

Seigneurs, voici déjà l'hiver, nous ne pouvons pas nous embarquer. Il y a une ville près d'ici, son nom est Zara. Ses gens ont mal agi avec nous, et nous voudrions nous venger d'eux. Si vous voulez me croire, nous irons cet hiver y séjourner; nous apprêterons alors notre flotte, avec l'aide de Dieu. La ville de Zara est très belle et pleine de biens.

L'Égypte était un partenaire commercial de Venise. Venise vendait à l'Égypte du bois, du fer et... des armes. Elle achetait des esclaves. Si bien qu'en 1201 elle signa un accord secret avec le sultan lui garantissant que la croisade n'atteindrait pas l'Égypte. Certains chroniqueurs de l'époque disent même que Venise avait perçu un pot-de-vin.

Il advint que les Français et les Vénitiens s'assemblèrent pour s'entendre sur la façon dont ils agiraient et qui ils pourraient faire empereur une fois Constantinople prise. On se mit d'accord pour que celui qui serait empereur ait le quart de l'Empire et le quart de la ville. Les trois autres parties, on les partagerait de telle manière que les Vénitiens en auraient la moitié et les pèlerins le reste.

Séquence 2

- **Document 1 : un religieux orthodoxe raconte le sac de Constantinople**

Ils massacraient les nouveau-nés, tuaient les femmes, dénudaient même les femmes âgées et les outrageaient. Ils torturaient les moines, les frappaient du poing, leur donnaient des coups de pied dans le ventre. Ils versaient du sang sur l'autel des églises et, sur chacun, ils traînaient des gens comme des moutons pour leur trancher la tête.

- **Document 2**

Voir dans le manuel d'histoire *À monde ouvert*, cycle 3/niveau 2, Hachette Éducation, p. 44, le second document qui est un récit de la prise de Jérusalem par un chevalier français.

▲ Bibliographie

Livres

« Le temps des croisades », *in Les Collections de l'Histoire,* n° 4, février 1999.

Collectif, *L'ABCdaire des croisades,* Flammarion, coll. « L'abcdaire », 1988.

Collectif, *Les Croisades,* éditions du Seuil, coll. « Points », 1988.

Koenig V., *La Grande Aventure des croisades,* Nathan Jeunesse, coll. « Monde en poche », 1995.

Maalouf A., *Les Croisades vues par les Arabes,* J'ai lu, coll. « Littérature », 1996.

Site Internet

Exposition « Les croisades » tenue à Toulouse en 1997 : l'Orient et l'Occident d'Urbain II à Saint Louis (1096-1270). Le site n'est en fait qu'une exposition mise en ligne. C'est cependant la seule source sur Internet que nous avons pu trouver :
http://www.insa-tlse.fr/~jacobins/expocroisades/index.html

JEANNE D'ARC

14

MAIS QUI DONC L'A BRÛLÉE ?

Concepts centraux

Féodalisme, nationalisme.

Objectifs notionnels

Construction du royaume de France, guerre de Cent Ans.

DURÉE	ORGANISATION	MISSION
Réponse classique à la question posée en interpellation : les Anglais ! Pas si sûr ! La séquence a pour but de montrer qu'à un moment donné, Jeanne gêne beaucoup de monde si bien que toutes les parties ont intérêt à ce qu'elle disparaisse.		
10 min	Distribution à tous les groupes de : – une chronologie succincte ; – une carte des possessions des Bourguignons, des Armagnacs et des Anglais ; – deux courts documents établissant l'identité de Jeanne.	*Vous avez dix minutes pour faire connaissance avec un personnage de l'histoire de France : Jeanne d'Arc. Comme vous le verrez, elle a fini par être faite prisonnière et a été jugée. Tout à l'heure, grâce à ces documents et à d'autres, vous devrez préparer son procès.*
20 min	La classe est divisée en quatre parties. Les groupes sont chargés d'examiner des documents afin de savoir quel sort ils vont réserver à Jeanne d'Arc : – les Bourguignons ; – les Armagnacs ; – les Anglais ; – l'Église.	*Chaque groupe doit travailler avec ses documents et défendre au cours du procès les intérêts des gens qu'il représente.* *Au cours du procès, vous devrez répondre à trois questions : Coupable ou non ? Coupable de quoi ? Quelles preuves ?*

30 min	Déroulement du procès présidé par l'enseignant. Rédaction des actes d'accusation et de condamnation en grand groupe.	*Le procès commence, chaque groupe va prendre la parole sous ma direction. À l'issue du procès, nous rédigerons les actes d'accusation et de condamnation.*
10 min	Synthèse magistrale de l'enseignant en recentrant sur la construction bien laborieuse du royaume de France pour des rois de droit divin.	

▲ Les représentations des élèves

Peu de représentations afférentes à Jeanne d'Arc chez les élèves. Quelques-uns savent plus ou moins qu'elle est une sainte ; quelques autres, très rares, qu'elle a été brûlée, éventuellement par les Anglais. La récupération de Jeanne d'Arc, comme celle de Clovis d'ailleurs, par l'extrême droite française n'a pas encore atteint des élèves aussi jeunes.

Les représentations concernant ce personnage historique sont très pauvres, plus encore que pour Charlemagne. Si bien que nous allons entamer notre travail par la tentative de faire prendre conscience aux élèves que la vision classique qui consiste à la situer comme héroïne guerrière française faite prisonnière et brûlée par les Anglais est trop simpliste pour être vraie.

Un manuel d'histoire du cycle 3[1] cite un passage exemplaire à ce titre extrait d'un autre manuel, du début du siècle celui-là, qui affirme qu'il n'y a dans aucun autre pays une aussi belle histoire que celle de Jeanne d'Arc. Il nous indique qu'il faut vénérer sa mémoire, mais laquelle ? Et peut-on vénérer sa mémoire sans comprendre ce qu'il s'est passé, sans essayer d'aller au-delà de l'image d'Épinal qu'on propose ici ou là aux élèves ?

▲ Le point sur la question

La guerre de Cent Ans

L'affaire de Jeanne d'Arc se déroule sur une toile de fond faite de deux motifs, celui de la guerre de Cent Ans, avec la présence des Anglais sur le continent, et celui de la rivalité entre les Bourguignons et les Armagnacs.

Rappelons que le mariage (en 1152) entre Henri Plantagenêt et Aliénor d'Aquitaine apporte à la couronne d'Angleterre les possessions de Normandie, du Maine, de l'Anjou, de Saintonge et de Guyenne ! Le traité

1. *À monde ouvert*, cycle 3/niveau 2, Hachette Éducation, 1996, p. 49.

de Paris, en 1259, stipule que les Plantagenêts se contenteront de cette dernière possession, qui plus est sous la suzeraineté du roi de France.

Les choses auraient pu en rester là si le roi de France, Charles IV le Bel, n'était mort sans succession masculine. Du coup, une rivalité éclate entre, d'une part, Édouard III d'Angleterre, petit-fils de Philippe IV le Bel et, d'autre part, Philippe de Valois, cousin du roi et petit-fils de Philippe III le Hardi. Les barons français invoquent une très contestable loi salique pour choisir Philippe de Valois devenu Philippe VI. Le roi d'Angleterre accepte cette médiation et, malgré quelques tensions, il prête hommage au roi de France pour ses possessions de Guyenne. Une guerre larvée éclate lorsque le roi de France décide de s'emparer de la Guyenne. Revenant sur le choix des Barons, Édouard se déclare alors être le véritable héritier du royaume de France.

Le second motif de la trame, c'est-à-dire le conflit entre les Armagnacs et les Bourguignons, surgit dans la seconde moitié de la guerre de Cent Ans. Le roi de France Charles VI étant atteint de folie, un conseil de régence dirige le royaume. Y siègent les frères du roi dont Louis d'Orléans est le plus influent et le duc de Bourgogne (Jean sans Peur). L'assassinat de Louis d'Orléans par le duc de Bourgogne oblige ce dernier à quitter Paris sous la pression de Charles d'Orléans, fils de Louis, et de Bernard d'Armagnac. Il obtient le pardon du roi, et domine le conseil de régence. Il obtient l'excommunication de Charles VI et, à nouveau, s'ouvre un problème de succession car ses opposants, décidés à soutenir les droits du Dauphin, Louis de Guyenne, constituent en 1410 le parti d'Armagnac.

Les Anglais usent de cette véritable guerre civile en soutenant tour à tour les deux camps. Le conflit s'achève en 1435, avec la paix d'Arras entre Philippe le Bon, fils de Jean sans Peur, et Charles VII, neveu de Louis d'Orléans.

Comme on le voit, les choses sont assez complexes et ne peuvent être enseignées à des élèves même plus grands. Cependant, l'enseignant doit avoir en tête que la guerre de Cent Ans est un événement long qui a vraisemblablement développé un sentiment national dans les deux royaumes. Des royaumes nationaux viennent interférer avec les entités féodales. La guerre civile qui oppose les familles princières françaises montre bien que la royauté de droit divin fut une lente conquête et non pas une évidence. À ce titre, on peut penser que la guerre de Cent Ans a certainement retardé la constitution d'une monarchie et d'un État centralisé. Enfin, en ces temps particulièrement troublés, on peut mieux comprendre l'audience que Jeanne a pu avoir auprès des grands du royaume.

Jeanne d'Arc

Les historiens au service de la royauté accordent à Jeanne d'Arc un rôle très secondaire. Bien évidemment, ils font une grande place à Charles VII.

Ils ne font aucune allusion au procès pour hérésie et sorcellerie, et ne parlons pas des miracles ! Le triomphe du roi ne pouvait accepter l'aide d'une sorcière ou d'une prétendue sainte. Le service du roi exige la laïcité de l'héroïne, car pour quelles raisons Dieu aurait-il choisi une paysanne pour sauver le roi ? Il fallait également que son rôle soit diminué. En réalité, la capture de Jeanne arrangeait tout le monde. D'une certaine façon, le sort qui lui fut réservé dans l'historiographie, c'est-à-dire l'oubli, revenait à la brûler une seconde fois.

L'Église quant à elle était bien embarrassée. Elle avait l'habitude à cette époque de voir surgir des jeunes gens qui affirmaient avoir eu des visions. Mais ils n'étaient en aucune façon dangereux car ils n'avaient pas la persévérance ni surtout la réussite de Jeanne ! L'Église ne pouvait que brûler Jeanne, en l'assimilant à une sorcière, car comment accepter l'idée que Dieu pouvait choisir des intermédiaires en dehors d'elle et que de simples gens pouvaient entrer en contact avec Dieu ? Le reconnaître, c'était nier le rôle de l'Église sur terre et mettre en cause l'existence même du clergé. C'est ce que feront plus tard les protestants. En 1920, après cinquante années de discussions, l'Église en fait une sainte. Sa fête est célébrée le 12 mai.

Pour les Anglais et les Bourguignons, qui avaient partie liée, la condamnation de Jeanne était une libération. Ils avaient d'ailleurs confié le jugement de Jeanne à un tribunal ecclésiastique à condition qu'elle fût jugée comme dangereuse sur le plan de la foi. Dans le cas contraire, ils se réservaient le droit de la reprendre pour l'éliminer. Cette condamnation religieuse les satisfaisait car ainsi preuve était faite que Jeanne n'était chargée d'aucune mission divine : Dieu n'était pas avec elle.

Pour Charles VII et son entourage, la chute de Jeanne permettait de passer à nouveau au premier plan. Devoir sa couronne à une jeune paysanne, même choisie par Dieu, pouvait manquer de grandeur. Mais plus encore, sa chute permettait de renoncer à l'idée d'une victoire définitive sur les Bourguignons. La chute de Jeanne, c'était la fin du règne des extrémistes. La politique reprenait ses droits, une réconciliation avec les Bourguignons pouvait être amorcée en essayant de les dissocier des Anglais.

▲ Indications sur l'animation

Cette séquence ne présente pas de difficultés nouvelles par rapport au précédent procès. Deux éléments néanmoins auxquels il faut particulièrement veiller.

Tout d'abord, l'animation des groupes au cours de laquelle il ne faut ni donner les réponses aux élèves, ni les laisser s'enfermer dans des arguments tellement pauvres qu'ils seraient hors jeu au cours du procès. Il faut les aider en les poussant dans leurs retranchements, en prêtant garde aux incompréhensions qui pourraient naître ou aux mises en relation hâtives qu'ils pourraient faire.

Ensuite, au cours du procès, en tant que président, l'enseignant doit tout à la fois être le principe de réalité qui accepte ou refuse certains dires ou certains arguments au nom de ce principe, et, en même temps, être le meneur de jeu, celui qui empêche des consensus trop aisés de se faire.

▲ Documents de travail

Documents initiaux communs à tous les groupes

• Document 1 : Jeanne d'Arc, Domrémy (1412-janvier 1429), d'après sa marraine

Jeanne est née à Domrémy, de Jacques d'Arc et Isabelle, laboureurs, vrais et bons catholiques mais pas très riches; Jeannette était bien instruite en la foi catholique; depuis sa petite enfance elle fréquentait souvent et pieusement l'église. Elle s'occupait de divers travaux à la maison, filait la laine, aidait aux travaux des champs, et parfois elle gardait les troupeaux.

• Document 2 : Jeanne à son procès

Elle a déclaré que, sur l'âge de treize ans, elle entendit une voix de Dieu qui lui disait qu'il était nécessaire qu'elle vienne en France, qu'elle libérerait Orléans, qu'elle irait vers Robert de Baudricourt, dans la ville de Vaucouleurs dont il était capitaine, et qu'il lui donnerait des soldats pour aller avec elle. Jeanne suivit les ordres de Dieu. Elle partit se mettre au service de Charles afin de chasser les Anglais, de le faire couronner roi à Reims et enfin de libérer le duc d'Orléans et sa ville.

• Document 3 : chronologie

• *Vers 1412 :* Jeanne d'Arc naît à Domrémy, dans une famille de paysans lorrains.

• *février 1429 :* elle part pour Chinon et rencontre le roi de France Charles VII. Elle raconte qu'une « *voix venue de Dieu* » lui a ordonné d'aider le roi à chasser les Anglais de France.

• *8 mai 1429 :* à la tête d'une armée, elle libère Orléans occupé par les Anglais.

• *1430 :* Jeanne est faite prisonnière à Compiègne par les armées du duc de Bourgogne; ennemi du roi de France, il la livre aux Anglais.

• *janvier-mai 1431 :* à Rouen, Jeanne d'Arc est jugée par un tribunal.

- **Document 4 : une carte des positions des Anglais, des Bourguignons et du roi**

Une telle carte peut se trouver dans n'importe quelle encyclopédie ou encore dans un des atlas des manuels scolaires du cycle 3 ; elle peut être sommaire car elle sert seulement à préciser d'une part le danger anglais et, d'autre part, la division du clan français.

Documents pour les représentants de l'Église

- **Document 1 : procès de Jeanne d'Arc**

Nous, Pierre Cauchon, évêque de Beauvais, avons déclaré que toi, Jeanne, tu as commis des erreurs variées et des crimes divers : idolâtrie, invocation des démons et plusieurs autres méfaits... Nous estimons que tel un membre pourri, pour que tu n'infectes pas les autres chrétiens, tu es à rejeter de l'Église et que tu dois être livrée à la justice.

- **Document 2 : accusations portées contre Jeanne d'Arc à son procès**

Sorcière, fausse prophétesse. Dans l'erreur en ce qui concerne la foi catholique. Excitatrice de la guerre, assoiffée cruellement de sang humain. Totalement oublieuse des convenances de son sexe, portant sans rougir l'habit inconvenant des gens de guerre.

Documents pour les représentants des Anglais

- **Document 1 : lettre de Jeanne au roi d'Angleterre**

Si vous voulez croire les nouvelles de la Pucelle (jeune fille), quel que soit le lieu où nous vous trouverons, nous frapperons dedans.

- **Document 2 : Orléans libéré grâce à Jeanne** (d'après un compagnon de Jeanne, 29 avril-8 mai 1429)

L'assaut dura depuis le matin jusqu'à huit heures : j'allais m'arrêter et voulais que l'armée se retire. Alors elle vint à moi et se plaça sur le rebord du fossé, et dès qu'elle fut là, les Anglais frémirent et furent terrifiés ; les soldats du roi Charles reprirent courage et commencèrent à donner l'assaut sans rencontrer la moindre résistance. Alors le boulevard fut pris et les Anglais qui s'y trouvaient s'enfuirent, ou furent tués.

Document pour les représentants des Bourguignons

- **Lettre au duc de Bourgogne** (17 juillet 1429)

Haut et redouté duc de Bourgogne, Jeanne la Pucelle vous demande par le Roi du Ciel que le roi de France et vous fassiez bonne paix. Pardonnez l'un à l'autre et faites retirer rapidement vos gens qui sont dans certaines places et forteresses du Saint Royaume de France. Et je vous fais savoir de par le Roi du Ciel que vous ne gagnerez pas de bataille contre les loyaux Français.

Documents pour les représentants des Armagnacs

- **Document 1 : Jeanne au roi Charles VII à Reims** (17 juillet 1429)

Gentil roi, aujourd'hui est exécuté le plaisir de Dieu qui voulait que je lève le siège d'Orléans et vous amène en cette cité de Reims recevoir votre saint sacre en montrant que vous êtes vrai roi et celui auquel le royaume doit appartenir.

- **Document 2 : lettre aux habitants de Tournai** (1429)

Gentils loyaux Français de la ville de Tournai, la Pucelle vous fait savoir qu'en sept jours, elle a chassé les Anglais de toutes les places qu'ils tenaient sur la Loire par des assauts où il y a eu beaucoup de morts et de prisonniers, et qu'elle les a battus en bataille. Maintenant, je vous demande d'être prêts à venir au sacre du gentil roi Charles à Reims où nous serons bientôt.

▲ Bibliographie

Livres

Collectif, *La Guerre de Cent Ans,* Paris, Casterman, coll. « Les Jours de l'histoire ».

Coudeyre M. et Greif J.-J., *Jeanne d'Arc et son temps (à partir de 12 ans),* Paris, Mango, coll. « Regard d'aujourd'hui », 1999.

Lamondie F. et Luton, *J'étais enfant pendant la guerre de Cent Ans,* Paris, Le Sorbier, coll. « J'étais enfant ».

Pernoud R., *Jeanne d'Arc racontée par Régine Pernoud,* Paris, Perrin, 1997.

Prigent D., Thoisy, Tichey, *Les Temps difficiles,* Paris, Épigones, coll. « Documentaires ».

Nous n'avons pas sélectionné de **sites Internet** car aucun ne nous a semblé mériter d'être cité.

QUATRIÈME PARTIE

DES TEMPS MODERNES
À LA RÉVOLUTION FRANÇAISE

Pistes de lecture

Les grandes découvertes et leurs conséquences.
Louis XIV à Versailles.
La Révolution française.

Les événements étudiés ont vraiment cette fois-ci un retentissement à l'échelle de l'Europe. Rappelons que l'appellation « découvertes », qui perdure à travers les programmes, ignore que les Amérindiens, eux, découvrirent les Européens. Au moment du cinquième centenaire de la « découverte » de l'Amérique, il avait été souvent question de rencontre qui n'avait pas eu lieu à l'époque, et qui n'était que différée. Quelle rencontre est-elle possible si l'on continue à laisser dans l'ombre ce qu'elle fut pour les Amérindiens ? Il y a des responsabilités collectives que les Européens ne sauraient fuir indéfiniment !

LES GRANDES DÉCOUVERTES

15

INDIENS-EUROPÉENS : UNE RENCONTRE RATÉE ?

Concepts centraux

Civilisation, altérité, rencontre.

Objectifs notionnels

Conquête de l'Amérique, Las Casas.

DURÉE	ORGANISATION	MISSION
Séquence 1 **Partir à la recherche des représentations qui valideraient l'idée que la civilisation européenne était supérieure aux civilisations amérindiennes.**		
5 min	Émergence des représentations des élèves avec une question portant sur les raisons du succès de la conquête de l'Amérique.	*Chacun essaie en trois minutes de répondre à la question suivante : comment expliquez-vous que si peu d'Européens (des Espagnols au début) aient réussi à conquérir un continent peuplé aussi vaste que l'Amérique ?*
45 min	Lecture des conceptions des élèves et partage de la classe en deux parties et autant de groupes nécessaires : – les groupes A avalisent l'idée que les Amérindiens étaient des sauvages ; – les groupes B avalisent l'idée que les Amérindiens étaient différents et nos égaux. Mission habituelle.	*Chaque groupe va partir au travail avec des documents et vous allez devoir rendre compte de vos documents au reste de la classe par le moyen que vous préférez : dessin, texte, mime et/ou jeu de rôle.*

Séquence 2 **Commencer timidement à apprendre à regarder l'autre pour lui-même en essayant de se décentrer de son propre point de vue, ou quand les Indiens découvrirent les Européens !**		
40 min	Chaque groupe rend compte de son personnage et une discussion s'engage au sein de la classe sur les raisons d'être des contrastes remarqués entre les différents groupes. L'enseignant anime les débats en essayant de centrer la discussion sur les concepts énoncés plus haut.	*Chaque groupe rend compte de son travail. Tant que tous les groupes ne sont pas passés, on ne discute pas.* *Vous avez remarqué des différences, vous avez été surpris par ce que les autres groupes ont produit. Faites part à la classe de vos remarques.*
5 min	Évaluation. Reprise de la question initiale. Comparaison.	*Reprenez une feuille et répondez à nouveau à la question posée en début de séance.*
10 min	Magistral de l'enseignant qui synthétise les notions de rencontre, de civilisation et d'altérité, en s'appuyant sur les constantes et les invariants repérés dans les réponses initiales et finales des élèves.	

▲ Les représentations des élèves

Les représentations des élèves sont très classiques en la matière : les Européens d'aujourd'hui, et plus encore ceux du passé, sont largement supérieurs aux représentants des autres civilisations. Pour ce qui concerne les Amérindiens, les représentations tournent au cliché, car les élèves ignorent tout des civilisations amérindiennes et entretiennent avec le concept de civilisation un rapport qu'il s'agit de modifier.

Tout d'abord, ils jugent de la valeur d'une civilisation sans se demander si cette interrogation a un sens car ils n'ont pas les outils conceptuels pour penser cette question autrement. Ils procèdent, comme nous tous, à des catégorisations qui impliquent une hiérarchie. La question de la conquête de l'Amérique favorise cette attitude (qui existe depuis plusieurs siècles en Europe), car il a fallu expliquer les conquêtes et justifier les négations d'autrui réalisées à une échelle dépassant l'imagination. Même dans l'enseignement, nous avons pu relever, plus souvent il est vrai en classe de cinquième et de quatrième (selon les modifications des programmes), un effort de justification des conquêtes par la réalisation de tableaux comparatifs qui montraient que la rencontre ne pouvait tourner qu'à l'avantage des Européens.

Ensuite, les élèves n'ont pas les connaissances pour juger de la complexité, de la richesse et de l'originalité des civilisations amérindiennes. Ils ont une propension à aller au-devant des civilisations sans opérer de « décentration » par rapport à ce qu'ils connaissent et à ne considérer comme valables que les réalisations matérielles, techniques ou technologiques, réalisations essentiellement reconnues dans la civilisation dans laquelle ils vivent aujourd'hui.

Ce travail se propose donc d'entamer timidement une réflexion sur la nature du regard que nous portons sur l'autre aujourd'hui, sur le regard que nous pouvons porter sur l'autre qui appartient au passé ainsi que, et il ne faut pas l'oublier dans le cadre d'un cours d'histoire, sur le regard que les Européens d'alors devaient porter sur leurs contemporains amérindiens pour nous rapporter les témoignages auxquels se sont confrontés les groupes A. Bien évidemment, les témoignages du groupe B, pour sympathiques qu'ils soient, ne sont pas exempts des mêmes problèmes. En définitive, la question de l'autre se pose de manière importante avec Bartolomé de Las Casas, pour la première fois dans l'histoire de la pensée européenne.

▲ Le point sur la question

La conquête du Mexique

Un rapide aperçu de la vie de Cortés est édifiant sur ce que fut cette conquête. Il est resté comme le plus célèbre des conquistadores. Aventurier d'origine noble, peu fortuné, il a fréquenté l'université de Salamanque de 14 à 16 ans. Puis il abandonne ses études et prend la route des Indes pour essayer d'y faire fortune. Après une étape à Haïti, en 1511, il s'installe à Cuba. Il devient le secrétaire de Diego Velázquez, le gouverneur de Cuba.

Très estimé pour ses qualités de « pacificateur » de l'île de Cuba, on lui confie une *encomienda*. Conseiller municipal, il est devenu un colon fortuné, bien en vue. Il ne participe pas aux premières expéditions de 1517 et 1518 qui permettent de « découvrir » le Mexique. Cortés appareille le 18 février 1519, accoste au Mexique (province du Yucatán). Des combats violents l'opposent aux premiers Indiens qui lui offrent une jeune esclave : doña Marina. C'est la « Malinche » qui parle maya et nahuatl (langue aztèque). Elle sera sa maîtresse, sa conseillère et son interprète.

La conquête de la ville de Mexico est plus connue. Cortés pénètre une première fois dans Mexico en novembre 1519, mais il doit la quitter précipitamment pour combattre un envoyé du gouverneur de Cuba qui veut l'arrêter car il était parti malgré le contre-ordre de celui-ci. Vainqueur, il retourne à Mexico, mais ne peut y rester car ses hommes, pendant son absence, avaient massacré une partie de la noblesse aztèque. C'est la

« Noche Triste » du 30 juin 1520. Il fait alors alliance avec les Tlaxcaltèques et, avec plusieurs milliers d'entre eux, fait le siège de Mexico qui tombe le 13 août 1521.

En 1522, Cortés est confirmé dans ses pouvoirs de gouverneur de la Nouvelle-Espagne jusqu'en 1524. En 1528, pour faire face à ses nombreux détracteurs, Cortés part en Espagne. Il n'a plus le pouvoir mais reçoit titres et terres en abondance, se marie avec une fille de la grande noblesse espagnole. Il repart au Mexique, développe ses immenses terres et lance des expéditions de découverte dans l'océan Pacifique. Les nombreux procès qui lui sont intentés l'obligent à retourner en Espagne en 1540. Là, il mène une vie de courtisan, mais n'arrive pas à jouer un rôle politique de premier plan. Dans une semi-disgrâce, il meurt en 1547.

La conquête du Pérou

Il faut savoir qu'il y a encore quarante ans, les historiens européens étaient persuadés que la conquête du Pérou avait été extrêmement facile, ce qui avait l'avantage à la fois de relativiser les exactions commises par les Européens et de conforter le mépris dans lequel on tenait les Incas. Aujourd'hui, on sait qu'il n'en est rien, que les Incas ont directement résisté une quarantaine d'années et que Tupac Amaru est devenu le symbole de la résistance face aux conquérants. S'il est exécuté en 1572, deux siècles plus tard, un de ses lointains descendants mène une guerre contre les Espagnols de 1742 à 1761. Un autre descendant reprend le flambeau sous le nom de Tupac Amaru II ; il sera écartelé et décapité en 1781. Cent mille Indiens sont soulevés et continuent la révolte sous la direction de son demi-frère.

Bien sûr, nous nous doutons que la rébellion a échoué, mais notons que notre mémoire est vierge quant aux événements qui se déroulent entre la conquête de Pizarro et l'indépendance des pays d'Amérique latine. Notons encore que nous considérons parfois que cette indépendance est fille des révolutions française et américaine. Mais sait-on que la première mesure prise par Tupac Amaru II, en 1780, fut d'émanciper les esclaves noirs qui se trouvaient sur son territoire (alors que George Washington était encore un propriétaire d'esclaves, comme la famille de Simón Bolívar, et que la Révolution française ne devait les émanciper que pour un très court temps, en 1794) ? S'ils n'ont été libres que durant cinq mois grâce aux descendants des Incas, cela leur permit de redresser la tête. Il fallut attendre 1980 pour que Tupac Amaru II et sa femme reçoivent du gouvernement péruvien le titre de précurseurs héros et martyrs de l'émancipation péruvienne.

Bartolomé de Las Casas

Il est habituel de considérer que l'Espagne n'a pas été très « civilisée » dans sa conquête et qui pourrait le contester ? Cependant, à partir de là, une légende « noire » est née accusant l'Espagne de tous les maux alors que les autres nations européennes ne se sont pas élevées contre le sort des Amérindiens et ont même emboîté le pas à l'Espagne dans le reste du continent ou ailleurs, par exemple en Afrique. Il faudrait même réviser notre appréciation sur l'Espagne, car quelques hommes se battirent de toutes leurs forces pour que les Indiens connaissent un sort différent. Parmi eux, la figure de Bartolomé de Las Casas émerge.

Las Casas est né à Séville en 1474. Il est le premier prêtre ordonné dans le Nouveau Monde ! Le premier prêtre d'un continent qui est celui de la théologie de la liberté ! Voilà déjà qui est symbolique. Dès 1502, Las Casas est à Haïti, à la tête d'une *encomienda*, c'est-à-dire d'un groupe d'Indiens dont il peut utiliser à son gré la force de travail pour exploiter des terres. Jusqu'en 1514, il sera l'un de ces nouveaux colonisateurs venus tout à la fois évangéliser les Indiens et les soumettre.

En 1514, Las Casas prépare un sermon pour la Pentecôte, et il tombe en arrêt devant un passage des Écritures (voir document 3) qui bouleverse sa vie et lui fait prendre conscience qu'il commettait des actes impies en exploitant les Indiens. Dès lors, il commence sa « croisade » contre l'*encomienda*, renonce à ses propres droits. En 1515, en Espagne, il propose un système d'association entre laboureurs castillans et Indiens. Puis il envisage de faire venir des esclaves noirs pour remplacer les Indiens d'Haïti qui sont décimés : en dix ans, la population d'Haïti passe de un million à quelques milliers ! Erreur de jeunesse ou contradiction ? Il se « repentira » et sera le premier à dénoncer, quelques années après, la traite des Africains. C'est à ce titre que l'abbé Grégoire, deux siècles et demi plus tard, reconnaîtra en lui un bienfaiteur de l'humanité.

En 1519, de nouveau en Espagne, il défend l'idée de la liberté naturelle des Indiens. En 1520, Las Casas installe, sur la côte nord du Venezuela, une colonie de laboureurs castillans. Il veut faire la démonstration de la possibilité d'évangélisation pacifique, mais c'est l'échec ! Les Indiens ont cru que les frères prêcheurs accompagnaient des chasseurs d'esclaves.

Las Casas décide alors de devenir dominicain. Il est en retraite durant dix ans, de 1522 à 1531. Mais cette retraite est l'occasion pour Las Casas d'écrire des ouvrages capitaux, aidé en cela par des études théologiques qu'il n'avait pas encore faites. C'est un militant infatigable : en 1533, au Nicaragua, il prêche contre les conquêtes militaires ; en 1537, au Guatemala, il mène l'évangélisation du Tezulutlan qui deviendra la « Terre de la vraie paix » ; en 1542, il convainc Charles Quint d'interdire l'esclavage des Indiens et de supprimer progressivement l'*encomienda*. Cette mesure provoque la colère des colons, et au Pérou c'est même la révolte armée contre le pouvoir royal. En 1547, il rentre définitivement en Espagne, il écrit et se consacre à la lutte. En 1550-1551, sa « *très brève relation de la destruction des Indes* » est éditée sans autorisation, elle fera le tour du monde.

Les positions de Las Casas se radicalisent : il en vient à écrire que la seule guerre « juste » que devrait mener le roi, c'est contre les conquistadores, et qu'après tout le roi d'Espagne n'a aucun droit sur les Indiens sinon la responsabilité de les évangéliser tout en respectant leur liberté et leurs biens ! (Voir document 4.)

▲ Indications sur l'animation

Cette animation ne pose aucune difficulté particulière, si ce n'est dans la dernière phase où il s'agit, pour l'enseignant, d'analyser les déplacements qui ont été opérés par les élèves entre la phase initiale d'émergence et celle qui précède le magistral. Les enseignants n'ont pas été formés à cette pratique et il faut une certaine habitude pour arriver à décoder le type de représentations qui apparaît derrière ce qui est dit de manière maladroite et parfois brutale.

Car, pour que le magistral soit entendu par les élèves, pour qu'il ne tourne pas à un discours moralisateur plaqué, il faut que les élèves aient commencé à être les lecteurs critiques de leurs premières productions. Il faut qu'ils commencent à sentir que leur première réaction pouvait d'une certaine façon être assimilée à celles des témoins des groupes A. C'est à ce prix qu'ils pourront faire leur profit – modeste, nous en convenons, surtout si ces concepts ne sont pas travaillés à nouveau dans l'année – du magistral de l'enseignant.

Il nous reste à préciser les contenus de l'intervention magistrale de l'enseignant. Analysant les productions des élèves, il lui faut rappeler que plusieurs points de vue se sont confrontés, que s'il est habituel que l'on découvre les mondes et les gens nouveaux en les comparant à soi ou à ce qu'on connaît, se limiter à cela, c'est passer à côté de l'autre. Il faut insister auprès des élèves sur le fait que ceux qui insistent sur les aspects négatifs des Amérindiens sont précisément ceux qui les maltraitent. Est-ce parce qu'on dit du bien que l'on dit la vérité ? Il faut faire remarquer aux élèves que si cette dernière attitude n'est pas une garantie, Bartolomé de Las Casas s'est engagé dans une bataille pour transformer les conceptions de ses contemporains européens pour que le sort des Amérindiens s'améliore.

Bien évidemment, ce travail peut être suivi à la BCD ou sur Internet d'une recherche des élèves pour aller voir de plus près d'autres conquêtes, comme celles de l'Amérique du Nord par exemple.

▲ Documents de travail

Séquence 1

• Groupes A : Garcilaso de la Vega, Histoire des Incas

Les Indiens sont ivrognes, admirablement cruels, voleurs, menteurs, hypocrites, sales, plus insaisissables qu'aucune bête sauvage, ne s'attachant à rien, pas même à la vie ; ce sont des sorciers, habiles connaisseurs de plantes, des gens insolents qui se marient et divorcent suivant leurs caprices. Ils vivent au gré de leur fantaisie.

Les Indiens ayant gagné la victoire passèrent la nuit suivante à faire de grandes fêtes. À la fin de leurs danses, ils coupaient un morceau du corps du gouverneur espagnol et du prêtre qui était avec lui ; ils grillèrent cette chair et ils mangèrent le corps du gouverneur.

• Groupes B : Garcilaso de la Vega, Histoire des Incas

Sur les terres où il y avait peu d'eau pour les arroser, les Indiens avaient l'habitude d'en donner à chacun à son tour la quantité qui lui était nécessaire sans que le plus riche ni le plus noble ne soient avantagés ni même le ministre ou le gouverneur d'une province, Si quelqu'un n'arrosait pas correctement sa terre dans le temps indiqué, on faisait un châtiment exemplaire, en lui donnant publiquement trois ou quatre coups de pierre sur les épaules ; ou bien ils le fouettaient sur les bras et les cuisses et l'appelaient fainéant et lâche, ce qui était parmi eux une grande injure qu'ils exprimaient par le mot de mezquitullu, *c'est-à-dire « os délicat ».*

• Les connaissances mathématiques des Mayas

Les Mayas ont inventé seuls, coupés du reste du monde, un système de numérotation où la position des chiffres compte, comme notre système aujourd'hui ! Puis ils ont inventé le zéro que nous n'adopterons qu'aux alentours du XVe siècle. Enfin, les astronomes mayas ont su mesurer la circonférence de Vénus avec moins de 10 % d'erreur !

Séquence 2

• Document 1 : Bartolomé de Las Casas

À ceux qui prétendent que les Indiens sont des barbares, nous répondons que ces gens ont des villages, des cités, des rois, des seigneurs et leur organisation politique est parfois meilleure que la nôtre.

Si l'on n'a pas longuement enseigné la doctrine chrétienne aux Indiens, c'est une absurdité que de vouloir leur faire abandonner leurs dieux. Car personne n'abandonne de bon cœur les croyances de ses ancêtres.

Que l'on sache que ces Indiens sont des hommes et qu'ils doivent être traités comme des hommes libres !

- **Document 2 : Bartolomé de Las Casas**

Les Espagnols, oubliant que les Indiens étaient des hommes, ont traité ces créatures avec une cruauté digne des loups, des tigres et des lions affamés. Ils n'ont cessé depuis quarante-deux ans de les dominer, de les détruire avec tous les moyens déjà inventés par la méchanceté humaine, et par d'autres que ces tyrans sont parvenus à imaginer ; si bien qu'il n'y a plus aujourd'hui que deux cents indigènes dans l'île espagnole, au lieu de trois millions autrefois.

- **Document 3 : tiré du Nouveau Testament, ce passage transforma la vie de Las Casas**

L'offrande de celui qui commet l'injustice est souillée. Les dons des impies ne sont pas agréables à Dieu. Celui qui offre un sacrifice tiré de la substance du pauvre agit comme s'il sacrifiait un enfant en présence de son père. Une maigre nourriture, c'est la vie des pauvres. C'est priver son prochain que de lui ôter ce qu'il a pour vivre, c'est même commettre un meurtre.

- **Document 4 : lettre de Las Casas à Bartolomé Carranza de Miranda** (1555)

Le véritable remède à tous ces maux, celui qu'à mon avis (et je le crois comme je crois en Dieu) les rois d'Espagne sont obligés d'appliquer, y compris par la guerre, et même s'ils doivent perdre tous les biens qu'ils possèdent en Amérique, c'est de délivrer les Indiens du pouvoir diabolique auquel ils sont soumis, de leur rendre leur liberté et de rétablir les rois indiens.

▲ Bibliographie

Livres

- **Ouvrages pour les élèves**

Ageorges V., *Les Grandes Découvertes*, Casterman, coll. « Histoire des hommes », 1993.

Bendjebbar A., *Les Grandes Époques : les grandes découvertes*, Hachette Éducation, coll. « Histoire junior », 1990.

Collectif, *Mayas, Aztèques, Incas*, Nathan Jeunesse, coll. « Miroirs de la connaissance », 1998.

Collectif, *Entrer chez... les Incas*, Gründ, coll. « Entrer chez... », 1996.

Collectif, *Les Grandes Époques : les conquistadores*, Hachette Éducation, coll. « Histoire junior », 1992.

Hoffmann G., *À l'époque des Incas*, Casterman, coll. « Les enfants dans l'histoire ».

Morter P., Grant N., *Atlas jeunesse des grandes découvertes*, éditions du Seuil Jeunesse, 1992.

Smith B., *Le premier voyage de Christophe Colomb 1492*, Flammarion, 1995.

- **Ouvrages pour l'enseignant**

Baudez C. et Picasso S., *Les Cités perdues des Maya*s, Gallimard, coll. « Découvertes », 1991.

Bernand C., *Les Incas, peuple du soleil*, Gallimard, coll. « Découvertes », 1991.

Collectif, *Les Indiens d'Amérique*, Nathan Jeunesse, coll. « Les clés de la connaissance », 1995.

Collectif, *Les Indiens, peuples d'Amérique*, Nathan Jeunesse, coll. « Miroirs de la connaissance », 1998.

Colomb Christophe, *La Découverte de l'Amérique*, L'École des Loisirs, coll. « Classiques abrégés », 1999.

Gruzinski S., *Le Destin brisé de l'Empire aztèque*, Gallimard, coll. « Découvertes », 1988.

Lequenne M., *Christophe Colomb, Amiral de la mer océane*, Gallimard, coll. « Découvertes », 1991.

Sites Internet

Université du Mexique, de très nombreuses photos consacrées à l'art de Tenochtitlan :
http://campus.tam.itesm.mx/~jdorante/art/tenoch/ftenoc01.htm

Les grandes civilisations de l'Amérique latine :
http://www.i-france.com/americas/

Cours d'histoire de l'art maya, beaucoup de photos :
http://campus.tam.itesm.mx/~jdorante/art/maya/fmaya_01.htm

LA TRAITE DES NOIRS

16

LE COMMERCE DE L'HOMME, DU PASSÉ ? PAS SI SÛR !

Concepts centraux

Égalité, altérité, racisme.

Objectifs notionnels

Esclavage, commerce triangulaire.

DURÉE	ORGANISATION	MISSION
Séquence 1 **Cette séquence doit faire prendre conscience aux élèves :** **– que la réalité de l'esclavage est beaucoup plus dure qu'ils ne le pensent ;** **– qu'elle était et est encore très lucrative ;** **– que l'esclavagisme a mis à mal un continent comme l'Afrique.**		
10 min	Émergence des représentations concernant le mot « esclave ». Lecture oralisée ou affichage des réponses des élèves.	*Pouvez-vous essayer de donner une définition du mot « esclave » ?*
30 min	La classe est partagée en deux sous-ensembles qui eux-mêmes peuvent être scindés en plusieurs groupes : – un groupe esclavagiste ; – un groupe anti-esclavagiste. Chaque groupe prépare des arguments pour justifier les positions de son groupe.	*À l'aide des documents qui vous ont été fournis, vous allez défendre une position esclavagiste ou anti-esclavagiste. Vous devez apporter des arguments.*
30 min	Les deux groupes confrontent leurs positions. L'enseignant écoute les positions de chacun, note les arguments sur une affiche.	*Rapportez à la classe votre position, écoutez le groupe et préparez-vous à répondre.*

	Dans un court magistral, il évoque : – les liens entre l'esclavage et le racisme ; – les liens entre esclavagisme et le commerce triangulaire ; – la persistance de l'esclavage (les affaires des corps diplomatiques en France, et l'esclavagisme au Soudan).	
Indéfinie	Court résumé à partir de l'affiche et consultation des sites Internet, notamment celui consacré à Victor Schœlcher.	

▲ Les représentations des élèves

Les représentations des élèves concernant l'esclavage sont plutôt métaphoriques dans la mesure où cette notion est surtout employée vidée de son sens, de sa réalité quotidienne et de la négation de la dignité de l'autre qu'elle suppose.

Le deuxième élément de ces représentations concerne la temporalité de la réalité de l'esclavage qui, hélas, n'appartient pas à une époque révolue. L'actualité des dernières années a rappelé que cette pratique existait encore dans nos sociétés européennes. Même si les feux de l'actualité ont été braqués sur des diplomates étrangers, d'autres, européens cette fois, sont concernés.

Le troisième élément est le lien entre l'esclavagisme et le racisme. Certains ont voulu interpréter le racisme comme postérieur aux maux de l'esclavagisme ayant eu pour fonction idéologique de le justifier et de le banaliser. En tout cas, l'un se nourrit de l'autre et réciproquement.

▲ Le point sur la question

L'Afrique décimée par l'esclavage !

- De 1450 à 1700 : deux millions d'esclaves noirs !
- Au XVIIIe siècle : sept millions !
- Au XIXe siècle : cinq millions !

Des chiffres impressionnants, mais, aux hommes transportés, il faut ajouter ceux qui furent tués au cours des razzias et ceux qui moururent au cours des marches forcées vers les côtes et durant les transports sur les négriers. Soit cinq morts pour chaque esclave. Soit plus de 25 millions d'Africains dans la force de l'âge enlevés à l'Afrique. Certains auteurs parlent de chiffres doubles. Jamais un continent n'avait connu une telle barbarie dont les responsables étaient les très civilisés Européens. Alors que la population africaine était l'une des plus fécondes, elle est restée stagnante durant trois siècles !

À la fin du XIXe siècle, afin de réprimer la traite, les bateaux sont arraisonnés et, pour ne pas être pris, les négriers jettent les esclaves à la mer.

Entre 1825 et 1865, 1287 bateaux négriers sont arraisonnés et malgré tout plus d'un million d'esclaves sont transportés à cette époque-là.

Le commerce triangulaire

Si l'esclavagisme est ancien, la traite des Noirs commence quand les conquérants de l'Amérique ont décimé les populations amérindiennes et que la main-d'œuvre fait défaut.

La traite des Noirs proprement dite est partie intégrante d'un commerce liant trois continents : l'Europe, l'Afrique et l'Amérique, particulièrement les Antilles. Nantes était le premier port négrier du monde au XVIIIe siècle, et exportait des textiles et des armes. La verroterie ne représentait qu'une part infime de la valeur de la marchandise transportée alors que les textiles en représentaient plus de la moitié. Cette marchandise était échangée contre des esclaves qui étaient conduits dans les Antilles et échangés contre des produits tropicaux dont les Français et les Européens étaient friands, tels le sucre et la vanille. Le bénéfice des négriers était, au XVIIIe siècle, de l'ordre de 1 000 pour 1 !

Il faut garder à l'esprit qu'une partie de la richesse de la France a été fondée sur la prospérité de ce commerce ! Et que ce commerce est principalement responsable de l'éclatement des sociétés africaines et du sous-développement actuel (il faut dire que le colonialisme n'arrangea rien en la matière) ne peut faire aucun doute.

L'esclavage dans les colonies

Victor Schœlcher (1804-1893) : journaliste et homme politique qui lutta contre l'esclavage. Sous-secrétaire d'État chargé spécialement des colonies et des mesures relatives à l'abolition de l'esclavage, il signa le décret d'abolition du 27 avril 1848.

S'il faut insister sur le fait que le décret Schœlcher ne fut pas respecté immédiatement, il faut indiquer aux élèves que, dès 1789, dans son cahier de doléances, un petit village de Franche-Comté (Champagney) avait supplié le roi de mettre fin à l'esclavagisme, et que la première République avait proclamé en 1794 l'abolition de l'esclavagisme.

▲ Indications sur l'animation

La principale difficulté consiste à aider les élèves qui doivent défendre les positions esclavagistes.

D'une part, cette position est très difficile à défendre aujourd'hui ; d'autre part, elle est aux antipodes de la position naturelle des élèves et il faut se gendarmer pour que leurs opposants fassent bien la part entre le jeu qui est demandé aux élèves et la réalité de ce que pensent ces élèves. Si cette situation devient intenable pour les élèves, l'enseignant doit lui-même défendre les positions esclavagistes. Enfin, les arguments économiques sont difficilement accessibles aux élèves car ils procèdent d'une démarche qui consiste à s'accommoder de la contradiction entre des principes moraux, éthiques et religieux avec ce qu'il est parfois convenu d'appeler lâchement les nécessités de la vie, ou avec ce que l'on peut nommer, plus prosaïquement, l'appât du gain.

Après le travail commun, une exploration complémentaire afin d'éclaircir certains points des sites Internet indiqués plus loin paraît enrichissante car ils sont, en général, bien pensés.

▲ Documents

Groupes défendant l'esclavagisme

- **Document 1 : Montesquieu, *De l'esprit des lois*, 1748**

Si j'avais à défendre le droit que nous avons eu de rendre les nègres esclaves, voici ce que je dirais :

– Comme les Européens ont exterminé les Indiens d'Amérique, ils ont dû mettre en esclavage les Noirs d'Afrique, pour s'en servir à défricher tant de terres. Sinon, le sucre serait trop cher !

– Ces esclaves sont noirs depuis les pieds jusqu'à la tête ; et ils ont le nez si écrasé qu'il est presque impossible de les plaindre. On ne peut accepter l'idée que Dieu, qui est très sage, ait mis une âme, surtout une âme bonne, dans un corps tout noir !

– Une preuve que les « nègres » ne sont pas intelligents, c'est qu'ils accordent plus de valeur à un collier de verre qu'à de l'or !

– Il est impossible que nous supposions que ces gens-là soient des hommes !

- **Document 2 : vers 1850, Montabert rédige un manuel pour les peintres**

Le blanc est le symbole de Dieu. Le noir est le symbole de l'esprit du mal ou du démon.

Le blanc signifie la beauté suprême.

Le noir la laideur.

Le blanc signifie la perfection.

Le noir signifie le vice.

Le blanc est le symbole de l'innocence.

Le noir celui de la culpabilité, du péché.

Le blanc, couleur faste, indique le bonheur.

Le noir, couleur mauvaise, indique le malheur.

• Document 3 : le commerce triangulaire pour bâtir des fortunes ?

– *Pierre-Paul Nairac de Bordeaux se fait construire en 1775 une maison particulière, un hôtel, de 233 000 livres au centre de Bordeaux. Son frère Élisée achète à Barsac un domaine viticole sur lequel il fait construire un château qui porte son nom.*

– Lettre d'un planteur, installé dans les Antilles, à un acheteur de Marseille :

Le sol est de bonne qualité.

La plantation produit environ 300 milliers de sucre.

Elle peut produire 100 milliers de sucre en plus si on y fait travailler 300 nègres.

Cette plantation vaut 1 200 000 livres au moins !

Nous pouvons vendre jusqu'à 300 000 livres de sucre à votre compagnie de Marseille.

• Document de relance : près de quarante ans après l'abolition officielle de l'esclavage, discours de Jules Ferry (1885)

C'est le côté humanitaire et civilisateur de la question... Messieurs, il faut parler plus haut et plus vrai ! Il faut dire ouvertement qu'en effet les races supérieures ont un droit vis-à-vis des races inférieures.

Est-ce qu'il est possible de nier que ce soit une chance pour ces malheureuses populations d'Afrique équatoriale de tomber sous le protectorat de la nation française ou anglaise ?

Groupes opposés à l'esclavage

• Document 1 : une vente d'esclave en 1840 (*Journal officiel* de la Martinique du 22 juin 1840)

Ouvrez le premier journal venu des colonies, et vous y pourrez lire, à la page des annonces :

« Au nom du roi, la loi et la justice,

On fait savoir à tous que le dimanche 26 du courant, sur la place du marché du bourg de Saint-Esprit, à la fin de la messe, il sera procédé à la vente aux enchères publiques de :

L'esclave Suzanne, négresse, âgée d'environ quarante ans, avec ses six enfants, de treize, onze, huit, sept, six et trois ans.

Payable comptant.

L'huissier du domaine, J. Chatenay. »

- **Document 2 : pétition à la Chambre des députés contre l'esclavage** (1844)

Messieurs les Députés,

Les soussignés ouvriers de la capitale ont l'honneur de venir vous demander de bien vouloir abolir l'esclavage. Cette maladie existe encore dans quelques colonies françaises. C'est pour obéir au grand principe de la fraternité entre les hommes que nous venons vous faire entendre notre voix en faveur de nos malheureux frères, les esclaves.

L'ouvrier s'appartient; nul n'a le droit de le fouetter, de le vendre, de le séparer violemment de sa femme, de ses enfants, de ses amis. Même si les esclaves étaient nourris et habillés par leurs propriétaires, la condition de la bête est préférable à celle de l'esclave.

Nous sommes sûrs que notre pétition aura de l'écho et nous avons confiance dans la justice des députés de France.

Paris, 22 janvier 1844. Signé : Julien Galle et 1505 signatures.

- **Document 3 : le décret d'abolition du 27 avril 1848**

Le Gouvernement provisoire, considérant que l'esclavage est un attentat contre la dignité humaine, qu'il est une violation flagrante du principe républicain, Liberté, Égalité, Fraternité, décrète :

L'esclavage sera entièrement aboli dans toutes les colonies et possessions françaises, deux mois après la promulgation du présent décret dans chacune d'elles. À partir de la promulgation du présent décret dans les colonies, tout châtiment corporel, toute vente de personnes non libres, seront absolument interdits.

- **Documents supplémentaires éventuels**

– Extrait du cahier de doléances adressé le 19 mars 1789 au roi Louis XVI par les habitants de Champagney (Haute-Saône).

– Décret n° 2262 de la Convention nationale du 16. Jour Pluviôse, an second de la République française, une et indivisible (1794).

Ces deux documents peuvent être consultés et téléchargés ou imprimés à partir du site de l'Office municipal de la Culture de Pointe-à-Pitre, indiqué ci-dessous, dans la bibliographie.

▲ Bibliographie

Livres

Meyer J., *Esclaves et Négriers*, Paris, Gallimard, coll. « Découvertes », 1986.

Solet B., *Les Révoltés de Saint-Domingue*, Paris, Gallimard, coll. « Folio Junior » (lecture de quelques extraits), 1980.

Vaxelaire D., *Chasseurs de Noirs*, Paris, Gallimard, coll. « Folio Junior », 1988.

Quelques-uns des **sites Internet** assez nombreux sur le thème, puisque le cent cinquantième anniversaire de l'abolition officielle de l'esclavage a été commémoré en 1998 :

Association Victor Schœlcher :
http://www.ac-versailles.fr/etabliss/Toussaint/vschoel/sch00.htm

Comité contre l'esclavage moderne :
http://www.ccem-antislavery.org/

Office municipal de la Culture de Pointe-à-Pitre, Guadeloupe, Association pour la compréhension, l'étude et la mémoire de l'esclavage :
http://www.fwinetwork.com/omcpap/

Espace culturel du MAE :
http://www.france.diplomatie.fr/culture/france/biblio/folio/esclavage/index.html

L'HUMANISME

17

ON NE PEUT RIEN VOIR DE PLUS ADMIRABLE QUE L'HOMME!
(Pic de La Mirandole)

Concepts centraux

Rupture, science, humanisme.

Objectifs notionnels

Héliocentrisme et géocentrisme, Inquisition.

DURÉE	ORGANISATION	MISSION
Cette séquence crée une situation-problème sur deux plans : – la rupture qu'apporte Galilée au plan scientifique concerne directement les élèves puisque la majorité d'entre eux n'ont pas réellement fait leur l'héliocentrisme ; – la remise en cause, bien plus que le géocentrisme, de l'ordre même du monde et le pouvoir de l'Église.		
5 min	Émergence des représentations des élèves à propos du système solaire.	*Chacun, sur une feuille, fait un dessin, un schéma qui explique pourquoi il y a des saisons.*
10 min	Travail de groupe pour réaliser un modèle qui mette d'accord tous les groupes. Un secrétaire note les points de divergence.	*Dès que vous avez fini, vous vous mettez en groupes et vous essayez de vous mettre d'accord et de produire un seul schéma par groupe.*
15 min	Présentation à la classe. L'enseignant note les points qui font l'objet d'un désaccord interne au groupe ou entre les groupes.	*Présentez votre schéma à la classe. Expliquez-moi comment se fait-il qu'il y ait des saisons. Sur quoi n'étiez-vous pas d'accord ?*

15 min	L'affaire Galilée : la classe est partagée en deux parties avec la même consigne. Chaque groupe doit donc présenter un schéma correspondant au texte qu'il a mission de lire. – Groupes avec un texte de Copernic. – Groupes avec un texte de Ptolémée.	*Vous allez essayer de trouver, dans chacun de ces textes, si l'auteur pense que c'est plutôt la Terre ou plutôt le Soleil qui tourne. Faites un dessin pour expliquer ce qu'il pense.*
5 min	Présentation, pas de discussion.	*Lisez votre texte. Présentez votre choix et justifiez-le.*
10 min	Chaque groupe repart avec un choix de trois textes et doit en choisir un qui corresponde le mieux au schéma qu'il a exécuté.	*Choisissez un texte dont l'auteur pense plutôt comme Copernic ou plutôt comme Ptolémée.*
10 min	Lecture des textes par les groupes, justification du choix. Synthèse : l'enseignant raconte rapidement l'affaire Galilée. Il peut lire un extrait de son abjuration.	*Lisez votre texte. Expliquez votre choix.*

▲ Les représentations des élèves

Les élèves n'ont pas de représentations afférentes à l'humanisme pris dans sa dimension et son contexte historiques. Ils vivent dans une société où, en apparence tout du moins, les sphères scientifiques et religieuses n'interfèrent pas.

Cependant, c'est à la fin de ce siècle qu'un comité consultatif d'éthique a été créé pour fixer un cadre à la recherche scientifique. Au cours des siècles précédents, particulièrement au moment où la science s'émancipe de la religion, l'Église tente d'encadrer une entreprise qui pourrait saper son autorité morale et spirituelle. Aujourd'hui, le comité national consultatif d'éthique essaie de faire en sorte que les procédures expérimentales des scientifiques soient en adéquation avec des conceptions éthiques qui sont à définir à chaque fois.

Cette perception d'une science où il ne s'agit pas seulement de trouver, mais de trouver contre, est étrangère aux élèves. L'effort scientifique est un effort de rupture ; rupture entre l'immobilisme et le mobilisme (du soleil, du sang...), rupture entre la révélation de la connaissance et la nécessité de sa construction, rupture entre les Écritures et l'homme. Cette audace, de nombreux précurseurs l'ont payée de leur vie. Nous pensons que c'est dans ce domaine des représentations de la science qu'il faut situer ce travail avec les élèves.

▲ Le point sur la question

Galilée n'est peut-être pas l'inventeur de la lunette astronomique mais il en reconstruit probablement une dont il se sert et réalise que ses observations ne peuvent véritablement s'expliquer que dans un système copernicien. Copernic n'avait pas été inquiété par ses écrits diffusés au moment de sa mort, mais condamné en 1616. Galilée joue avec le feu car il a déjà reçu des avertissements, notamment du cardinal Bellarmin, vers 1616, qui lui conseille de ne plus soutenir ce genre de propos, sauf comme de simples spéculations, à des fins scientifiques seulement. Mais, surtout, de ne pas soutenir que cela pourrait être vrai en réalité !

Galilée suit le conseil et reste silencieux sur le sujet jusqu'en 1624. Le cardinal Barberini, ami de Galilée, devient le pape Urbain VIII. En 1630, les censeurs autorisent l'impression du livre *Dialogue sur les marées* dont le titre est changé pour *Dialogue entre les deux systèmes du monde* par les censeurs catholiques. C'est un dialogue entre Salviati, qui défend les idées de Copernic, et Simplicio, celles de Ptolémée. Sagredo, homme de bon sens, apprécie les thèses de l'un et de l'autre. Ce dialogue sera publié finalement en 1632. L'entourage laisse croire au pape que Simplicio, le simplet en quelque sorte, est le pape lui-même. Le livre est interdit.

En 1633, Galilée est convoqué à Rome par l'Inquisition, soupçonné d'hérésie et de désobéissance. Il est interrogé sans être torturé et doit abjurer au risque d'y laisser la vie. Son abjuration est rendue publique et lue dans les universités italiennes. Emprisonné pour une courte durée, puis assigné à résidence surveillée, il ne peut recevoir de visites sans la présence d'un inquisiteur. Il continue à écrire, publie clandestinement à Amsterdam le *Discours sur deux sciences nouvelles* et meurt en résidence surveillée en 1642.

Les livres de Galilée ne furent autorisés par l'Église qu'en 1835, près de deux siècles après sa mort. Les minutes de son procès seront publiées intégralement en 1870. Une enquête sera ouverte à l'instigation du pape Jean-Paul II, demandant l'annulation de sa condamnation, en 1979. Treize ans après son ouverture, en octobre 1992, une commission papale reconnaîtra l'erreur de l'Église commise à l'endroit de Galilée !

Notons cependant que, pour avoir affirmé que les étoiles étaient d'autres soleils autour desquels tournaient probablement d'autres planètes et que l'univers était infini, Giordano Bruno[1] avait été brûlé en 1600 à Rome. Son procès avait duré plusieurs années et il était dirigé par le même cardinal Bellarmin.

Giordano Bruno mais aussi Copernic, Jérôme Cardan, Étienne Dolet, Michel Servet, Antonio Jose da Silva attendent encore leur réhabilitation !

1. Pour ne rien arranger, Bruno s'était converti au calvinisme !

▲ Indications sur l'animation

Pourquoi les saisons ?

La mission centrée sur les saisons n'est qu'un prétexte qui oblige les élèves à construire un modèle sans qu'on attire de prime abord leur attention sur le fait qu'on désire savoir qui, pour eux, de la Terre ou du Soleil est au centre, qui des deux se meut.

Cependant, il paraît délicat de les lancer dans ce questionnement sans y répondre. La réponse tient dans la prise de conscience de deux ruptures conceptuelles : premièrement, abandonner un système géocentrique pour un système héliocentrique et, deuxièmement, s'affranchir des représentations qui nous entourent qui montrent la Terre dessinée droite, alors qu'en réalité son axe de rotation est incliné par rapport au plan de l'écliptique.

Pour qu'il y ait des saisons, il faut en effet, tout d'abord, imaginer un système héliocentrique, la Terre faisant une révolution approximative de 365,25 jours. Certains des élèves ont en tête un modèle héliocentrique, mais ils continuent à mettre en relation les variations de saisons, donc des températures, avec des variations de la distance entre le Soleil et la Terre. De la même façon, quand j'approche ma main d'une source de chaleur, je risque de me brûler; quand je l'éloigne, le risque diminue. Nous dirons que cette expérience sensible fait obstacle ici à la construction du savoir concernant le mécanisme des saisons.

Il faut donc chercher une seconde rupture conceptuelle, que bon nombre d'adultes ignorent d'ailleurs : l'inclinaison de l'axe de rotation de la Terre sur le plan de l'écliptique. Autrement dit, si la Terre tournait autour du Soleil « verticalement », la quantité de chaleur qui parviendrait aux deux hémisphères terrestres serait la même. L'expérience nous a montré que la construction de ce savoir est compliquée pour des élèves de cycle 3, si l'on ne travaille pas dans le cadre d'une situation-problème[1].

Notre proposition ici serait que l'enseignant reprenne dans un moment différent les schémas produits par les groupes, montre qu'ainsi bâtis (axe de rotation vertical), il n'y a pas de saisons et apporte la réponse de manière magistrale. Cet exposé porterait sur la nécessité d'imaginer autre chose puisque le système classique est stérile.

On peut aussi annoncer aux élèves que parmi tous les points de désaccord qui les séparent, on décide, aujourd'hui, de traiter de la réalité ou non de l'héliocentrisme (dont on n'arrivera pas à apporter la preuve, mais seulement l'éventualité et la commodité).

1. Le lecteur avide de détails pratiques se rapportera à : Dalongeville A., « Mais au fait, pourquoi y a-t-il des saisons ? », *in Dialogue Sciences : oser rompre avec le conformisme mental,* GFEN, n° 70, pp. 32-34.

L'affaire Galilée

L'affaire Galilée permet dans un premier temps de se décentrer de soi pour aller voir ce que pensent des savants du passé : Ptolémée (IIe siècle) et Copernic (XVIe siècle). Dans un deuxième temps, cela permet aux élèves de s'apercevoir qu'il a fallu beaucoup de temps aux savants pour abandonner le géocentrisme qu'on considère à tort parfois comme une représentation enfantine. Beaucoup d'adultes la partagent, et elle est bien commode. Quand un marin fait le point, il suppose que c'est la Terre qui est fixe et le Soleil qui se meut ! Dans un troisième temps, les documents de relance permettent de se rendre compte que les idées neuves sont l'objet d'une bataille, contre l'Église principalement pour ce qui concerne l'humanisme.

Synthèse

Pour la synthèse, on pourra se servir de l'abjuration de Galilée figurant dans Maury J.-P., p. 140 (voir bibliographie en fin de chapitre), ainsi que du dossier du manuel Hachette (voir bibliographie).

▲ Documents de travail

Document des groupes « Ptolémée »

Les phénomènes associés à la Terre ne peuvent se produire que d'une seule façon : si nous plaçons la Terre au milieu du ciel, comme le centre d'une sphère. Pour résumer, c'est tout ce qu'on observe de la diminution de la longueur de la nuit par rapport au jour qui serait impossible à expliquer si on ne supposait pas la Terre située au centre du monde. La Terre ne peut absolument pas faire le moindre mouvement ou tout simplement s'écarter jamais du centre.

Ptolémée, *Almageste* (140 apr. J.-C.).

Document des groupes « Galilée »

Dans l'explication des mouvements des planètes, je me heurtais toujours à des difficultés. J'ai pensé que je pourrais rechercher si, en supposant la Terre mobile, on ne parvenait pas à une théorie plus solide que celles qui ont été produites jusqu'aujourd'hui. Après de longues recherches, je me suis convaincu que le Soleil est une étoile fixe entourée de planètes qui tournent autour d'elle et dont elle est le centre ; que tous les phénomènes de la succession du jour et de la nuit, le retour périodique des saisons, tous les changements de la lumière et de la température de l'atmosphère, sont les résultats de la rotation de la Terre autour de son axe et de son mouvement périodique autour du Soleil ; que le mouvement apparent des étoiles n'est qu'une illusion d'optique.

Nicolas Copernic, *De la révolution des sphères célestes* (1543).

Documents de relance

- **Document 1 : le procès de Galilée** (22 juin 1633)

La proposition que le Soleil est le centre du monde et immobile est absurde et fausse car elle est contraire à la Sainte Écriture. La proposition que la Terre n'est pas le centre du monde ni immobile mais qu'elle tourne autour du Soleil et sur elle-même est également une proposition absurde et fausse et considérée comme contraire à la foi catholique.

Et pour qu'une telle théorie soit complètement supprimée, et qu'elle ne mette pas en danger la vérité catholique, un décret a été pris qui interdit les livres qui parlent de cette théorie, déclarée fausse et entièrement contraire à la Sainte Écriture.

- **Document 2 : Pic de La Mirandole, *De la dignité humaine*** (1486)

Dieu prit l'homme, le fit à son image, le mit au centre du monde et lui dit : « Je t'ai placé au centre du monde pour te permettre de mieux voir ce qui s'y passe. Tu n'es ni divin, ni terrestre, mortel ou immortel. Comme ton créateur, tu peux devenir ce que tu désires. Tu as le pouvoir de sombrer au niveau des brutes et celui de renaître dans un ordre divin, selon ton jugement. »

- **Document 3 : Marsile Ficin** (milieu du XVe siècle)

L'homme mesure la terre et le ciel, scrute les profondeurs... Et le ciel ne lui paraît pas trop haut, ni le centre de la terre trop profond. Il aurait presque le même génie que l'auteur de ces ciels (Dieu), et en une certaine façon, il pourrait lui-même les créer ! L'homme ne veut point de supérieur ou d'égal.

▲ Bibliographie

Livres

Maury J.-P., *Galilée, le messager des étoiles*, Paris, Gallimard, coll. « Découvertes », 1986.

Dossier « Les grandes découvertes », *in À monde ouvert*, cycle 3/niveau 2, Hachette Éducation, pp. 86-87.

« La révolution humaniste », *in Textes et documents pour la classe*, n° 730, CNDP, 1997.

Sites Internet

Centre mondial d'études humanistes, un dictionnaire raisonné des principaux concepts de l'humanisme :
http://humanism.org/french/voca.html

Site du CNES, initiation aux sciences de l'univers :
http://www.cnes.fr/sci_univers/

Site « neuf planètes », visite multimédia du système solaire. Les aspects scientifiques, historiques et mythologiques sont abordés. Certains liens sont en anglais !
http://www.cam.org/~sam/billavf/nineplanets/nineplanets.html

LA RÉFORME PROTESTANTE

18

PAS BESOIN DE MAÎTRE POUR COMPRENDRE LA BIBLE !

Concepts centraux

Altérité, tolérance, continuité et rupture.

Objectifs notionnels

Protestantisme, édit de tolérance.

DURÉE	ORGANISATION	MISSION
5 min	Présentation du contexte du travail.	
30 min	La classe est partagée en deux groupes : – un groupe « Catholiques » ; – un groupe « Protestants ». Chaque groupe examine ses textes et doit, sous la forme qu'il le souhaite, en rendre compte aux autres groupes.	*Vous êtes divisés en deux grandes parties : catholiques et protestants.* *Vous allez lire vos documents et présenter qui vous êtes sous la forme que vous souhaitez : dessin, texte, mime ou jeux de rôle.*
5 min	Annonce de l'événement du massacre de la Saint-Barthélemy avec quelques détails par l'enseignant.	*Voir cette annonce dans la partie « indications sur l'animation ».*
20 min	Les groupes repartent au travail avec d'autres documents mais le groupe « Protestants » a en main l'édit de Nantes et le groupe « Catholiques » a en mains des extraits du concile de Trente. Lecture rapide aux autres groupes des conclusions que chaque groupe tire de sa lecture.	*Quelles sont les suites données aux critiques des protestants ? Par le roi de France ? Par le pape ?*

5 min	Magistral de l'enseignant sur la rupture que représente le protestantisme au XVIe siècle, sur le sort de Henri IV ainsi que sur le sort de l'édit de Nantes qui sera révoqué par Louis XIV. Distribution d'une fiche de synthèse.	Voir « le point sur la question ».

▲ Les représentations des élèves

Comme nous l'avons déjà vu à propos des premiers chrétiens, les élèves ont peu de représentations quant aux problèmes religieux. Dans le cas précis, s'il n'y a pas dans la classe d'élèves protestants avertis, la phase classique d'émergence des représentations de la classe, centrée sur le protestantisme et ce qu'il a apporté, est inutile.

Cependant, les élèves éduqués ou non dans le christianisme, font une confusion entre *chrétienté* et *catholicisme*. Autrement dit, pour la majorité des élèves, la seule façon d'être chrétien, c'est d'être catholique. Cela s'explique par l'hégémonie religieuse et culturelle du catholicisme en France, mais aussi par le silence qui est fait sur les errements passés de l'Église catholique ainsi que sur les schismes qui ont été nombreux dans le christianisme.

Pour cette majorité donc, tout se passe comme si le catholicisme n'était pas une des formes possibles, parmi d'autres, du christianisme mais plutôt comme s'il était dans la continuité de ce dernier, les autres formes n'étant que des formes schismatiques. Protestantisme, orthodoxie, et *a fortiori* arianisme, donatisme et monophysisme sont au mieux ignorés ou, au pire, toujours frappés d'hérésie.

Les représentations des élèves ne révèlent pas simplement un manque d'information et de culture religieuses. Elles montrent aussi que les concepts d'altérité, de tolérance, de rupture historique sont absents et ont donc besoin d'être travaillés au cours de cette situation-problème.

Enfin, les élèves ont d'énormes difficultés à saisir que des divergences religieuses puissent déboucher sur des guerres civiles, que ce soit au XVIe siècle ou au XXe siècle. Le monde occidental ne vit pas depuis si longtemps dans une séparation de l'Église et de l'État, pourtant elle paraît aller de soi. De la même façon, la société dans laquelle on conçoit que les problèmes religieux ou spirituels sont une affaire privée est toute récente mais forte. C'est d'ailleurs de cette conception qui apparaît très progressiste que les sectes se réclament pour revendiquer la liberté de leurs agissements.

▲ Le point sur la question

Au XVIe siècle, tout le monde était croyant. Le pape dépensait des quantités d'argent recueilli dans les églises pour embellir Rome : beaucoup d'évêques vivaient comme de riches seigneurs. De nombreux chrétiens étaient scandalisés par la richesse ostentatoire du Vatican et du haut clergé. Ils voulaient réformer l'Église et revenir à une tradition plus austère. On les appela les « Réformés » et, plus tard, les « protestants ».

Martin Luther, en Allemagne, et Jean Calvin, en France, s'opposèrent au pape et furent rejetés par l'Église. Mais de nombreux fidèles les suivirent, et recherchèrent la parole de Dieu dans des lieux de cultes dépouillés, sans autel, ni statues, ni vitraux : les temples.

Mais la véritable rupture apportée par le protestantisme ne consiste pas dans cette critique des excès d'une partie du clergé. Elle est contenue dans le livre de Calvin : *Institution de la religion chrétienne*, 1561. En fait, il y fait quatre paris, insupportables pour l'Église, car ils mettaient en cause les raisons même de son existence :

a. La Bible est intelligible, c'est-à-dire que quelqu'un d'intelligent peut en trouver le sens. Pas besoin d'être versé en théologie, ou d'être prêtre pour cela.

b. Or le peuple, d'une manière générale, est suffisamment intelligent pour la lire.

c. Donc on peut se passer de magister, de ce prêtre qui commente un texte qu'on n'a jamais sous les yeux et qui en fait sa propre interprétation. Le chef de famille jouera souvent ce rôle-là.

d. La Réforme est pratiquement contemporaine de la généralisation de l'imprimerie dont on peut se servir pour diffuser la Bible en langue vulgaire. Il est vrai que la petite quantité de bibles rédigées en latin ne permettait en aucune façon que chacun puisse lire par soi-même les Écritures.

On comprend mieux alors que le pape ait demandé aux rois de punir ceux qui ne pouvaient être vécus que comme des hérétiques. En France, le roi François Ier les pourchassa dès 1534 et des protestants furent brûlés. Malgré tout, la nouvelle religion va s'étendre. En France, catholiques et protestants ne cessent de se combattre. De 1562 à 1598, huit guerres de Religion dévastent le pays.

À Paris, le 24 août 1572, le jour de la Saint-Barthélemy, trois mille protestants furent massacrés. Encore une fois, les différends religieux étaient de nature politique, d'abord parce que le roi tient une partie de sa légitimité de Dieu (en fait de l'Église), ensuite parce qu'il est impensable à l'époque que les sujets du roi puissent avoir une autre religion que celle de leur souverain, enfin pour des raisons de succession.

Le roi Henri III n'ayant pas d'héritier, la couronne devait revenir au prince Henri de Navarre, chef des protestants, ce qui était intolérable pour les catholiques, unis dans une « Sainte Ligue ». Une fois encore, ces différends se transformèrent en une véritable guerre civile qui prit fin grâce à l'édit de Nantes, édit de tolérance (remarquons qu'étymologiquement tolérer, c'est souffrir). Devenu roi sous le nom de Henri IV, Henri de Navarre abandonne le protestantisme, et, en 1598, accorde la liberté religieuse aux protestants. Henri IV apportait ainsi la paix religieuse à la France. Mais l'édit de Nantes devait être révoqué en 1685 par l'édit de Fontainebleau.

La critique des protestants ne sera pas sans effet sur l'Église catholique. La création d'ordres mendiants, les décisions du concile de Trente seront les manifestations de la volonté de mettre fin aux abus dénoncés.

▲ Indications sur l'animation

Les formes de travail proposées ici sont désormais connues des élèves. Ils ont pris l'habitude de travailler en groupe et de lire un document dans le but de remplir une mission.

Comme dans la situation-problème consacrée aux châteaux forts, nous avons choisi d'annoncer un événement historique, le massacre de la Saint-Barthélemy afin de dramatiser la situation. Cet événement a certainement été un des paroxysmes des guerres de Religion. Leur caractère de guerre civile éclate véritablement à cette occasion puisque c'est la population de Paris qui reçoit le signal de la chasse aux protestants qui fit 3 000 morts à Paris dans la nuit du 24 au 25 août 1572. Le massacre continua en province jusqu'en octobre et l'on estime le nombre de victimes à 13 000.

Si l'édit de Nantes fut proclamé en 1598, soit vingt-six ans après, on ne peut ignorer que Henri IV n'eut probablement la vie sauve que grâce à une conversion forcée et à une détention à la cour jusqu'en 1576. Les deux événements se répondent à distance, et si la Saint-Barthélemy est restée le symbole de l'intolérance religieuse, l'édit de Nantes est celui de la tolérance.

L'annonce du massacre de la Saint-Barthélemy

L'examen avec les élèves de la peinture de François Dubois (*À monde ouvert*, cycle 3/niveau 2, Hachette Éducation, 1996, p. 63) ainsi que la lecture de la lettre de Catherine de Médicis au roi d'Espagne peuvent donner la mesure de l'horreur de l'événement. De plus, les éléments que nous indiquons dans le paragraphe précédent peuvent aider à parachever cette présentation.

▲ Documents de travail

Documents des groupes « Protestants »

• **Document 1 : condamnation des abus de l'Église** (Érasme, 1509)

De nombreux évêques ne sont jamais allés dans leur ville, n'ont jamais vu leur église. Je les appelle des mercenaires étrangers, parce qu'ils ne recherchent pas le salut des fidèles, mais seulement l'accroissement de leurs revenus... Quant aux cardinaux, ils ont le cœur si fier, les paroles si arrogantes, les gestes si insolents que, si un imagier voulait représenter l'orgueil, il ne pourrait pas mieux faire qu'en mettant devant les yeux l'image d'un cardinal.

• **Document 2 : la Réforme, thèses de Martin Luther** (1517)

Ceux qui pensent que des lettres d'indulgence leur permettront de gagner leur salut seront éternellement damnés.

Celui qui voit un pauvre et qui, sans se soucier de lui, donne de l'argent simplement pour obtenir le pardon de ses fautes s'attire l'indignation de Dieu.

Pourquoi le pape, dont la fortune est aujourd'hui plus grosse que celle des plus gros richards, ne construit-il pas cette basilique Saint-Pierre avec son argent plutôt qu'avec celui des pauvres fidèles ?

Documents des groupes « Catholiques »

• **Document 1 : lois fondamentales du royaume de France**

Au XVI*e siècle, il n'est pas tolérable pour un souverain que ses sujets pratiquent une autre religion que la sienne.*

• **Document 2 : conseils donnés aux souverains par Ignace de Loyola dans une lettre**

Dès qu'on aura la preuve que quelqu'un est hérétique ou sera fortement suspect, il n'aura droit à aucun honneur ni à aucune richesse : on devrait au contraire les lui enlever. Si l'on faisait quelques exemples en en condamnant quelques-uns à la mort ou à l'exil avec confiscation de leurs biens, cela montrerait qu'on prend au sérieux les affaires religieuses, et ce remède serait efficace.

Documents pour tous les groupes

• **Document 1 : l'édit de Nantes** (1598)

Nous permettrons aux protestants de vivre et demeurer dans toutes les villes et lieux de notre royaume sans être vexés, brutalisés, ni obligés de faire des choses contre leur conscience. L'exercice de la religion pourra se faire publiquement. Nous défendons à tous nos sujets d'enlever par la force, contre le gré de leurs parents, les enfants de religion protestante pour les faire baptiser dans l'Église catholique.

• **Document 2 : quelques décisions du concile de Trente** (1545-1563)

Dans les choses de la foi et des mœurs, personne ne se fiera à son propre jugement.

Le Saint Concile ordonne que l'usage des indulgences, très salutaire au peuple chrétien, soit conservé. Toutefois, à l'égard des abus qui s'y sont glissés, le Saint Concile ordonne que soient complètement abolis tous les déplorables trafics d'argent.

• **Document 3 : Rome après la Réforme catholique**

On ne voit plus les cardinaux masqués, ou à cheval ou en voiture, se promenant dans Rome avec des dames, ainsi que c'était l'habitude.

Partout ont cessé les festins, les chasses et tant de faste apparent d'autant plus que les laïcs, parents des papes, ne vivent plus à la Cour, ainsi que cela se faisait.

D'après un ambassadeur vénitien, 1566-1572.

▲ Bibliographie

Livres

Gaussen D. et Henry P., *Henri IV et la Navarre*, Paris, Mango, coll. « Regard d'aujourd'hui », 1998.

Godicheau F., *De Henri IV à Louis XVI, 4 rois et demi*, Paris, Gallimard, coll. « Les Docudéments », 1997.

Joffredo L., « Les guerres de Religion : un royaume, deux Églises », *in Textes et documents pour la classe*, n° 750, CNDP, 1998.

Marquet C., *Les Protestants*, Toulouse, Milan, coll. « Les Essentiels », 1998.

Prigent D., Tichey, Thoisy, *Un roi, une foi, une loi*, Paris, Épigones, coll. « Documentaires ».

Nous n'avons sélectionné aucun **site Internet**. Les enseignants pourront éventuellement consulter les sites du journal *Le Monde* (www.lemonde.fr/dossiers/edit/index.html) et de la ville de Nantes (www.mairie-nantes.fr).

LOUIS XIV : ROI-SOLEIL

19

L'ABSOLUTISME, LA FIN DES GRANDS VASSAUX ?

Concepts centraux

Pouvoir, État.

Objectifs notionnels

Absolutisme, vie à la cour.

DURÉE	ORGANISATION	MISSION
La vie de cour imposée aux grands personnages du royaume est une des stratégies majeures de Louis XIV pour imposer son pouvoir. L'objectif est de prendre conscience que l'absolutisme comme forme d'appropriation personnelle du pouvoir s'est servi de Versailles. Versailles n'est pas seulement l'expression de l'absolutisme mais également son outil.		
10 min	Deux reproductions de Versailles sont fournies aux groupes avec pour mission de percevoir les changements et surtout de faire des hypothèses sur ce qui s'est passé entre ces deux étapes de l'édification de Versailles.	*Vous avez devant vous deux tableaux représentant le château de Versailles. Ils ont été peints à près de cinquante ans de distance. Essayez de voir les différences qui existent entre ces tableaux à propos du château et faites des hypothèses sur ce qui s'est passé entre les deux époques.*
15 min	Relevé des hypothèses par l'enseignant au moment des rapports des groupes.	*Chaque groupe expose maintenant les différences qu'il a relevées et ses hypothèses.*
25 min	Les textes de personnages ayant fréquenté la cour de Louis XIV sont fournis aux groupes qui doivent essayer de trouver confirmation de leurs hypothèses ou en élaborer d'autres.	*Afin de valider ou d'invalider les hypothèses notées au tableau, chaque groupe va retourner au travail avec des documents écrits par des personnages qui ont fréquenté la cour de Louis XIV, à Versailles.*

10 min	Rapport des groupes.	*Chaque groupe fait son rapport. Que pouvons-nous dire de la vie qui était menée à Versailles ?*
5 min	Magistral en situation de l'enseignant.	

▲ Les représentations des élèves

Les représentations des élèves à propos de Louis XIV sont assez homogènes et sans surprises quand ils en ont entendu parler. Elles sont sans surprises parce qu'elles correspondent à l'image de « grand roi », de « Roi-Soleil », voire d'un roi absolu, même si cette notion n'est pas claire pour les élèves. Le château de Versailles est aussi associé à Louis XIV.

Bien évidemment, quand les élèves évoquent Versailles, c'est pour parler de son aspect ostentatoire, bien normal après tout pour un roi aussi puissant et dont la longévité au pouvoir a été exceptionnelle. Derrière le luxe, ils ne perçoivent pas la vie quotidienne qui s'y déroulait, beaucoup moins brillante parfois et certainement plus mesquine. Comment pourraient-ils appréhender, grâce aux informations qu'ils ont pu recueillir ici ou là, que Versailles a été un des instruments, peut-être parmi d'autres, du pouvoir de Louis XIV ?

Enfin, si la dénomination de « Roi-Soleil » est connue de quelques élèves du cycle 3, elle a un contenu plus plaisant que péjoratif, grâce à l'image du soleil et à la thématique qu'elle véhicule. Certains élèves sont parfois déçus de se rendre compte que Louis XIV n'était pas aussi sympathique, ou plutôt qu'il était plus contradictoire que ne le laissait croire la métaphore.

▲ Le point sur la question

On a voulu voir dans le règne de Louis XIV une rupture par rapport à celui de son père, Louis XIII, dans la mesure où il avait décidé de se passer de Premier ministre. L'annonce fut brutale, au lendemain de la mort de Mazarin. Mais le pouvoir de Louis XIV n'était que renforcé par rapport à celui de ses prédécesseurs, et il restait dans la logique de l'effort de centralisation amorcé depuis des siècles.

L'absolutisme de droit divin consacre le principe selon lequel le roi est le suzerain de tous les autres seigneurs, l'arbitre au-dessus des rivalités entre les ordres et le garant de l'intérêt général. Autant de conceptions que l'on peut retrouver parfois dans les principes de la cinquième République et dans la conception du rôle du président qu'elle véhicule.

De fait, le roi est bien obligé de déléguer. Et c'est peut-être le renouvellement total du personnel politique, la désignation de bourgeois estimés compétents par le roi en place, la mise à l'écart des grands seigneurs qui provoquèrent le plus de remous. Le souvenir de la Fronde, au temps de sa jeunesse, l'aurait inspiré dans sa décision de limiter les pouvoirs des parlements.

L'absolutisme, qu'il ne s'agit en aucune façon de légitimer, pourrait être analysé comme la continuité d'une lutte contre les particularismes et les forces centrifuges de nature à affaiblir le pouvoir royal. Car Louis XIV présente ces deux facettes : centralisation excessive du pouvoir et modernisation de l'État. Ce qui ne saurait faire oublier la révocation de l'édit de Nantes, pas plus que la guerre des camisards ou les lettres de cachet. Le sort funeste de personnages comme Fouquet, protecteur de La Fontaine, souvent critique à l'endroit de la vie de cour, avait servi d'exemple, et avait édifié l'aristocratie sur les limites qu'elle devait donner à son indépendance et sur la confusion qu'elle avait coutume de faire entre ses poches et celles de l'État.

On pourrait encore nuancer le tableau en juxtaposant l'œuvre de réforme entreprise par les grands ministres avec la misère des Français du XVIIe siècle.

▲ Indications sur l'animation

L'animation de la séquence repose essentiellement sur l'observation et la comparaison de deux peintures représentant le château de Versailles à quelques années d'intervalle. Il est nécessaire que les élèves se rendent compte que le château change de taille, et que cet agrandissement est spectaculaire. Il est capital qu'ils fassent des hypothèses nombreuses et ingénieuses sur les raisons de ces modifications. Peu importe, en revanche, qu'ils produisent la bonne hypothèse qui lie taille et architecture du château avec le projet et la nature du pouvoir politique.

L'important, c'est qu'ils aient questionné à la fois les documents et les ressources dont ils disposent pour procéder à ce genre de rapprochement. Le reste du travail ne présente rien de particulier. Les textes sont fournis pour enrichir, confirmer ou infirmer les hypothèses des élèves à propos des reproductions du château de Versailles. Certains sont porteurs de la fascination que la vie de cour opérait et d'autres expriment la prise de conscience de certains contemporains de l'opération politique que menait Louis XIV et de la nature absolue du pouvoir qui s'installe.

Resterait à savoir si Louis XIV était vraiment un roi plus absolu que ses prédécesseurs ? La réponse n'est pas si simple, surtout si l'on considère que ces prédécesseurs authentiques se nommaient Mazarin et Richelieu !

▲ Documents de travail

Reproduction du haut : Pierre Patel, en 1668, peint le pavillon de chasse de Louis XIII.
Reproduction du bas : Pierre-Denis Martin, en 1722, peint le château de Versailles dans une étape qui n'est pas encore définitive.

Document 1 : Ézéchiel Spanheim, envoyé de l'électeur de Brandebourg à la cour de France en 1690

La cour de France est tellement soumise à son roi qu'on ne peut voir ailleurs autant d'empressement à lui faire sa cour avec une régularité exacte. Ce qu'on n'avait pas vu sous les règnes précédents. De sorte que tous les courtisans mettent une application particulière à voir le roi et à être vus dans toutes les occasions, comme à son lever, ou quand il sort du Conseil et va à l'église, ou quand il prend ses repas.

Document 2 : marquise de Sévigné, lettre du 12 février 1683

Je reviens de Versailles. J'ai vu ces beaux appartements ; j'en suis charmée. Tout est grand, tout est magnifique, et la musique et la danse atteignent la perfection. Mais ce qui me plaît plus que tout, c'est de vivre quatre heures entières avec le roi ; c'est assez pour contenter tout un royaume qui aime passionnément à voir son maître.

Document 3 : duc de Saint-Simon, *Mémoires*

Il était sensible à la présence continuelle des gens. Il regardait à droite et à gauche à son lever, à son coucher, à ses repas, en passant dans les appartements, dans ses jardins de Versailles, où seulement les courtisans avaient la liberté de le suivre ; il voyait et remarquait tout le monde, aucun ne lui échappait.

Il distinguait très bien les absences des passagers qui venaient plus ou moins souvent à la cour ; il s'intéressait aux causes de ces absences.

C'était une disgrâce sûre pour qui ne venait jamais à la cour. Quand ils demandaient quelque chose pour eux : « Je ne le connais point », *répondait-il fièrement. Pour ceux qui venaient rarement, il répondait :* « C'est un homme que je ne vois jamais » *; et ces mots étaient définitifs.*

Document 4 : Jean de La Bruyère, *Caractères*

La cour ne rend pas content ; elle empêche qu'on ne le soit ailleurs.

Un noble, s'il vit chez lui dans sa province, il vit libre, mais sans appui ; s'il vit à la cour, il est protégé, mais il est esclave ; cela se compense.

Document 5 : Jean de La Fontaine, *Les Obsèques de la lionne*

Je définis la cour un pays où les gens,
Tristes, gais, prêts à tout, à tout indifférents,
Sont ce qu'il plaît au Prince, ou s'ils ne peuvent l'être,
Tâchent au moins de le paraître,
Peuple caméléon, peuple singe du maître.

▲ Bibliographie

Collectif, *Les Jeux de Versailles*, RMN, coll. « Récré-Musées », 1999.

Coppens B. et Albert J.-P., *À Versailles avec Louis XIV*, Paris, Nathan, coll. « Le monde en poche », 1991.

Cornette J., « *Versailles et Louis XIV : le miroir de l'absolutisme* », *in Textes et documents pour la classe*, n° 687, CNDP, 1995.

Gaussen D., *Louis XIV et Versailles*, Mango, coll. « Regards d'aujourd'hui », 1994.

Puig O. et Biard Ph., *Versailles, un château pour la gloire*, Casterman-RMN.

Saule B., *La Journée d'un roi à Versailles*, RMN, 1986.

Site officiel du château de Versailles :
http://www.chateauversailles.com/

LA RÉVOLUTION DE 1789

20

L'INVENTION DE L'ASSEMBLÉE NATIONALE

Concepts centraux

Égalité politique, citoyenneté, droits de l'homme.

Objectifs notionnels

Cahiers de doléances, États généraux, Assemblée nationale constituante et Déclaration des droits de l'homme et du citoyen.

DURÉE	ORGANISATION	MISSION
Séquence 1 **Cette première séquence a pour but :** **– que les élèves prennent connaissance des ordres sociaux à la veille de la Révolution, au travers des cahiers de doléances ;** **– que les élèves préparent une confrontation entre ces trois ordres, confrontation dont la majorité des élèves n'auront que le droit d'être spectateurs ;** **– d'utiliser l'indignation des élèves pour qu'ils entrevoient la venue d'autres épisodes révolutionnaires.**		
45 min	La classe est partagée en groupes : – quatre membres du clergé ; – quatre membres de la noblesse ; – dix-sept membres du Tiers État dont douze sont paysans. Chaque groupe reçoit des documents relatifs à son groupe. Lecture de ces documents et préparation pour les groupes qui siégeront aux États généraux de deux revendications majeures qu'ils doivent argumenter. Lecture orale des cahiers de doléances devant toute la classe et exposition des dessins préparés par les paysans.	*Lisez les documents, ils vous serviront pour jouer votre personnage tout à l'heure. Vous serez convoqués par le roi Louis XVI ainsi que les autres groupes, et vous devrez présenter deux doléances au roi ou à son représentant sous la forme que vous préférez (dessin ou lecture d'un texte). Une argumentation est nécessaire.* *Les paysans lisent leurs doléances à tous les groupes et présentent les dessins qui illustrent leurs propos.*

15 min	Annonce par l'enseignant de la convocation des États généraux. Trois lieux ont été préparés. L'enseignant exclut les paysans à qui il confie un travail quelconque (coloriage de fruits et légumes).	(L'enseignant peut lire une version simplifiée de la convocation des États généraux de Louis XVI.) *Les paysans retournent au travail car ils n'ont rien à faire en ces lieux !*
Séquence 2 **Cette séquence a pour but de faire percevoir la rupture politique que représente la transformation des États généraux en Assemblée nationale.**		
45 min	Réunion des États généraux. Les représentants lisent leur doléance et/ou présentent leurs dessins. Puis deux votes successifs : – vote par ordre ; – vote par tête.	*Messieurs, lisez vos doléances, aucune discussion ne pourra avoir lieu.* *Procédons au vote par ordre.* *Procédons maintenant au vote par tête.* *Comparons ensemble les résultats.*
5 min	Courte discussion pour savoir ce que chacun des ordres préfère comme mode de scrutin. Proclamation de l'Assemblée nationale et de l'abandon des privilèges (lecture d'extraits du serment du Jeu de paume).	
5 min	Lecture d'extraits de la Déclaration des droits de l'homme et du citoyen.	

▲ Les représentations des élèves

Les représentations des élèves concernant la Révolution française sont très influencées par deux phénomènes.

Tout d'abord le terme de *révolution* porte systématiquement une connotation violente. Révolution, révolte, guerre civile sont autant de notions qu'ils confondent. La conséquence en est que la révolution ne semble remarquable qu'au regard de la violence qui s'est exercée pendant cette période. Bien évidemment, la Révolution, pour les élèves, c'est avant tout la prise de la Bastille et le Quatorze Juillet. Rappelons que la prise de la Bastille n'est pas un fait stratégique d'une grande importance, ce qui n'est pas le cas de sa signification symbolique puisque cette prison représentait le libre arbitre, l'injustice.

Si l'on demande aux élèves à quel mot ils associent le plus volontiers le mot « révolution », ils vous répondront *Révolution française* ou bien encore *1789*, presque jamais *révolution néolithique* (sauf s'ils ont travaillé précisément cet événement) et presque aussi rarement *révolution industrielle*. Le concept de révolution n'est pas perçu au sens d'une transformation tellement importante que l'après ne ressemble plus à l'avant, au sens d'un bond qualitatif qui transforme un système social et politique en un autre système.

Si bien que le premier acte politique qui consiste en ce que les États généraux se muent en Assemblée nationale est complètement ignoré des élèves et sous-estimé de la plupart des adultes. Et ce premier acte politique sera suivi par d'autres au cours de cet été de 1789.

▲ Le point sur la question

Une société d'ordres

La noblesse compte à peu près 400 000 membres, le clergé 115 000 et le Tiers État représente environ 25,5 millions d'individus. Ces proportions permettent de mieux comprendre pourquoi, outre des raisons stratégiques évidentes, le Tiers voulait imposer un vote par tête et non par ordre. Ce dernier était fort injuste mais logique ; il était l'illustration du rapport des forces politiques au sein de l'Ancien Régime.

Les cahiers de doléances

Les trois ordres remplissent des cahiers de doléances dont il reste environ 60 000 exemplaires en France. Mais les doléances du peuple ne sont pas directement écrites par lui. D'une part, c'est un « coq du village » qui doit tenir la plume ; d'autre part, alors que les doléances des deux autres ordres parvenaient directement en l'état au roi, les cahiers des paysans étaient synthétisés dans un cahier de bailliage ou de sénéchaussée. Les spécialistes considèrent que, malgré ces filtres, les cahiers offrent des informations assez fiables sur la situation des paysans de cette époque.

États généraux

Ils se réunissent à Versailles le 5 mai 1789. On sait assez peu, en général, que la question du mode de scrutin est tout de suite épineuse et qu'elle paralyse le déroulement des États. L'Assemblée se trouve bloquée pendant six semaines ! Le 17 juin, le Tiers se déclare Assemblée nationale. Grâce aux fractures qui existaient dans les deux autres ordres, et particulièrement dans celui du clergé, cette assemblée du Tiers s'enrichit d'une fraction de nobles et surtout de la grande majorité des représentants du clergé dès le 19. Tout est alors en place pour d'autres actes révolutionnaires, car comment concilier la coexistence d'un pouvoir royal absolu en théorie avec une Assemblée nationale ? La question du pouvoir que nous examinons dans la prochaine situation ne cessera de rebondir tout au long de la Révolution.

▲ Indications sur l'animation

L'animation de cette séquence peut être crainte par l'enseignant qui la penserait trop lourde. Il va sans dire que si l'on veut fouiller dans le détail chaque événement, chaque ordre ou chaque concept en jeu dans ce travail, plusieurs heures n'y suffiraient pas.

L'idée centrale est de provoquer un certain nombre de chocs chez les élèves : l'exclusion des paysans, l'absence de discussion entre les députés qui appartiennent à des ordres différents, la différence entre les résultats des votes selon qu'ils sont effectués par ordre ou par tête... Ces chocs concernent moins les événements historiques eux-mêmes que les concepts clefs de démocratie, de citoyenneté et d'égalité politique.

La complexité des événements est telle qu'il faut renoncer à suivre même les guides pédagogiques qui accompagnent les manuels et se centrer sur l'analyse de la situation que l'on a soi-même créée en classe.

Séquence 1

Au cours de la première séquence, il est important de trouver une répartition juste des élèves au sein du Tiers État. En effet, s'il est important que les paysans soient nombreux puisqu'ils représentaient la grande majorité des Français de cette époque-là, il faut malgré tout que les représentants du Tiers, autrement dit les bourgeois, soient suffisamment nombreux pour que, lors du vote par tête, même sans l'appui du clergé, ils l'emportent. Plus le nombre des paysans restés hors du jeu sera important, plus le phénomène de frustration et le sentiment d'injustice seront grands.

Séquence 2

La seconde séquence doit être menée tambour battant, de la même façon que les événements historiques se sont précipités. L'audace des élus du Tiers État a parfois de quoi surprendre. Les paysans peuvent aider au moment de la comptabilisation des voix selon les deux modes de scrutin. Bien évidemment, ils participent à la discussion et tâchent de mesurer si leurs revendications seront prises en considération par les représentants du Tiers État.

La notion fondamentale de constitution devra être rapidement exposée aux élèves au cours de la discussion. La tâche de l'enseignant sera évidemment facilitée s'il tient régulièrement un conseil de classe ou si un vrai conseil d'école existe dans son établissement.

Enfin, pour conclure, l'enchaînement des événements, leur succession rapide ainsi que leur signification peuvent être présentés sous la forme d'une frise chronologique. En tout cas, elle doit être maîtrisée par l'enseignant et peut être proposée comme un des éléments du résumé à la classe.

- *5 mai :* ouverture des États généraux, à Versailles.
- *10 juin :* le Tiers État (648 députés et suppléants, dont les trois quarts ont fait leur droit) décide de procéder seul à la vérification des mandats de tous les députés.
- *13-14 juin :* quelques membres du clergé rejoignent le Tiers.
- *17 juin :* le Tiers prend le nom d'Assemblée nationale et s'attribue le droit de voter l'impôt.
- *20 juin :* serment du Jeu de paume. Les députés jurent de ne pas se séparer avant d'avoir donné une constitution à la nation.
- *22 juin :* 150 membres du clergé sur 291 rejoignent l'Assemblée.
- *25 juin :* une cinquantaine de représentants de la noblesse sur 270 rejoignent l'Assemblée.
- *27 juin :* le roi ordonne aux représentants des deux ordres privilégiés de se joindre au Tiers.
- *8 juillet :* un comité de Constitution est créé.
- *9 juillet :* l'Assemblée prend le nom d'Assemblée nationale constituante.

▲ Documents de travail

Lettre de convocation des États généraux à Versailles
(à lire seulement par l'enseignant en ouverture de l'Assemblée pour théâtraliser la situation)

De par le Roi,

Notre aimé et féal.

Nous avons besoin du concours de nos fidèles sujets pour Nous aider à surmonter toutes les difficultés où Nous Nous trouvons relativement à l'état de Nos finances, et pour établir un ordre constant et invariable dans toutes les parties du gouvernement qui intéressent le bonheur de nos sujets et la prospérité de Notre royaume. Ces grands motifs Nous ont déterminé à convoquer l'Assemblée des États de toutes les provinces de notre obéissance, tant pour Nous conseiller et Nous assister dans toutes les choses qui seront mises sous nos yeux, que pour Nous faire connaître les souhaits et doléances de nos peuples, de manière que par une mutuelle confiance et par un amour réciproque entre le souverain et ses sujets, il soit apporté le plus promptement possible un remède efficace aux maux de l'État, que les abus de tous genres soient réformés et prévenus par de bons et solides moyens qui assurent la félicité publique et qui nous rendent à Nous particulièrement, le calme et la tranquillité dont Nous sommes privés depuis si longtemps. (Donné à Versailles, le 14 janvier 1789.)

L'enseignant peut en faire une traduction puis proposer une seconde lecture.

Des documents communs peuvent être remis aux trois groupes comme des caricatures concernant la hiérarchie des trois ordres qui insistent sur le fait que la richesse de la noblesse et du clergé repose sur le travail acharné de la paysannerie (*À monde ouvert*, cycle 3/niveau 1, Hachette Éducation, 1995, p. 58).

La majorité du Tiers État est exclue : les cahiers de doléances lus par les groupes de paysans

On pourra se servir des extraits des cahiers de doléances réécrits par nos soins ci-dessous ou encore se servir des extraits situés pages 82 et 83 *in À monde ouvert*, cycle 3/niveau 2, Hachette Éducation, 1996. Ils insistent moins cependant sur la misère des paysans que les extraits que nous joignons.

– *Au moment où on s'y attend le moins, arrivent trois ou quatre policiers qui fouillent, trouvent et emportent notre pauvre réserve de viande et souvent même nous traînent en prison, pendant que nos familles périssent de besoin, que nos terres sont négligées et nos bestiaux en perdition.*

Cahier de doléances de la paroisse de Gastines.

– *Sire, nous sommes accablés d'impôts de toutes sortes ; nous vous avons donné jusqu'à présent une partie de notre pain, et il va bientôt nous manquer si cela continue. Si vous voyiez les pauvres maisons que nous habitons, la pauvre nourriture que nous prenons, vous en seriez touché. Cela vous dirait mieux que nos paroles que nous n'en pouvons plus et qu'il faut nous diminuer nos impôts. Ce qui nous fait bien de la peine, c'est que ceux qui ont le plus de richesse paient le moins. Nous payons l'impôt, et le clergé et la noblesse rien de tout cela. Pourquoi donc est-ce que ce sont les riches qui paient le moins et les pauvres qui paient le plus ?*

Les paysans de Culmont.

Les ordres présents aux États généraux

• Le clergé

– *Que la religion catholique soit la seule reconnue et exercée dans tout le Royaume... Que les peines les plus sévères soient prises contre ceux qui attaqueront la religion, la personne sacrée du roi et les principes du gouvernement.*

– Le cultivateur gémit depuis longtemps sous le poids de la plus affreuse misère, c'est une série malheureuse d'impôts qui l'accablent. Pour adoucir ses misères et contribuer à son bonheur, nous renonçons de la manière la plus solennelle à tous les privilèges en argent dont nous avons bénéficié jusqu'à ce moment, et nous acceptons de payer des impôts en proportion de nos biens, comme les autres citoyens.

– De trouver des moyens sûrs et prompts :

- *pour établir dans les paroisses des bureaux de charité, en chasser ainsi l'indigence et la mendicité ;*
- *pour fonder des hôpitaux d'arrondissement où les pauvres auraient le droit de se réfugier.*

Les paysans de Vendôme.

• La noblesse

– Nous déclarons ne jamais consentir à la disparition des droits qui ont caractérisé jusqu'ici l'ordre noble et que nous tenons de nos ancêtres. Nous ordonnons à notre représentant aux États généraux de s'opposer à tout ce qui pourrait porter atteinte à la propriété de nos terres.

– Le devoir du député de la noblesse est de conserver à son ordre les droits honorifiques et les prééminences dont la noblesse française a profité jusqu'à aujourd'hui.

– La conservation des avantages (pas d'impôt à payer) et des distinctions dont la noblesse a bénéficié depuis toujours sont des avantages qui la distinguent essentiellement et qui ne pourront être attaqués ou détruits.

– La noblesse d'Amont demande donc que l'ordre dont elle fait partie continue à bénéficier de tous ses avantages.

– La noblesse n'entend en aucune manière renoncer aux droits seigneuriaux tels que justice, chasse, pêche, et tous les impôts qu'elle a le droit de recevoir des paysans.

• La bourgeoisie

– Qu'il soit établi un impôt général sur toutes les propriétés sans que personne ne puisse y échapper et un impôt industriel proportionné aux possibilités connues des marchands et artisans.

– Que le roi soit instamment supplié de vouloir bien réduire la dépense de sa Maison.

– Que la justice criminelle soit réformée afin que tout accusé puisse avoir les moyens de se justifier et que l'avocat qu'il demandera ne lui soit jamais refusé.

– Que la liberté de la presse soit accordée.

– *Que toutes personnes à l'exception des membres du clergé puissent exercer le commerce, soit en gros soit en détail.*

– *Qu'il soit réfléchi aux moyens de réduire les coutumes, poids et mesures, en une seule coutume, un seul poids et une seule mesure.*

Documents finaux

Deux schémas comparant les deux systèmes politiques d'avant et d'après la Révolution. Le second schéma doit être précisé en expliquant que pour l'instant la France est toujours une royauté mais les lois fondamentales du royaume ont laissé la place à une constitution dont le Tiers État est largement à l'initiative (*À monde ouvert*, cycle 3/niveau 2, Hachette Éducation, 1996, p. 74).

La Déclaration des droits de l'homme et du citoyen, 26 août 1789, extraits (*À monde ouvert*, cycle 3/niveau 2, Hachette Éducation, 1996, p. 74).

« Nous jurons de ne pas nous séparer et de nous rassembler partout où les circonstances l'exigeront jusqu'à ce que la constitution du royaume soit établie. »

Phrase prononcée par Bailly, député du Tiers État.

▲ Bibliographie

Livres

Beetschen J.-C., Prigent, Tichey, *Lumières et Révolutions*, Paris, Épigones, coll. « Documentaires ».

Collectif, *La Révolution française*, Paris, Casterman, coll. « Les jours de l'histoire ».

Collectif, *Les Lumières et la Révolution*, Paris, Gallimard, coll. « Encyclopédie Découverte Junior ».

Dubacq J., *J'étais enfant pendant la Révolution française*, Paris, Le Sorbier, coll. « J'étais enfant ».

Deux **sites Internet** particulièrement intéressants :
www.e.worldnet.fr/lasseron/rev89/ie/revo.htm
www.mygale.org/01/nea/nea_fr/lance.htm

Concernant les cahiers de doléances, quantité de sites existent qui ont mémorisé les cahiers de doléances de telle ou telle paroisse. Il suffit de demander à n'importe quel moteur de recherche d'afficher les sites contenant : « cahiers de doléances ».

LA RÉVOLUTION DU 10 AOÛT 1792[1]

21

QUI DOIT ÊTRE LE SOUVERAIN ? LE ROI, LE PEUPLE OU SES REPRÉSENTANTS ?

Concept central

Pouvoir (ses différentes formes : monarchie, oligarchie, démocraties représentative et directe).

Objectif notionnel

Sens du 10 août 1792 : l'invention de la République.

DURÉE	ORGANISATION	MISSION
Faire construire par les élèves ce qui était en débat le 10 août en leur faisant appréhender quatre grandes conceptions du pouvoir qui existent encore aujourd'hui. Plutôt que de travailler successivement sur ces concepts, la situation leur permet de les confronter et d'essayer de développer des arguments pour les défendre.		
5 min	Présentation de la situation. Distribution et lecture collective du manifeste du duc de Brunswick.	*Nous allons lire ensemble un document qui a été très important au moment des événements que nous allons étudier.*
30 min	La classe est répartie en quatre groupes, chacun a des documents spécifiques : – Feuillants ; – Fédérés ; – Jacobins ; – Sans-culottes.	*À l'aide des documents qui vous ont été distribués, réagissez au manifeste de Brunswick, comme si vous étiez Feuillants, Fédérés, Jacobins ou sans-culottes. Que faire ? Comment réagir ? Que penser du roi dorénavant ?*

1. Ce travail s'inspire d'une démarche menée pour la première fois par le GFEN au cours de son congrès du Mans en juillet 1988 que j'ai plusieurs fois animé avec des élèves. C'est Michel Baraër qui en a eu l'idée et qui en a conçu toute l'architecture. Sa version de la démarche a été écrite dans le *Dialogue*, n° 65, pp. 5-8.

	Les élèves doivent préparer une assemblée avec les autres groupes pour dire par quels actes ils vont répondre au manifeste. En perspective, la problématique du pouvoir.	*Choisissez un représentant pour exposer votre point de vue.*
30 min	Assemblée générale. Les délégations se confrontent. L'enseignant essaie de réguler les débats.	*Chaque représentant expose son point de vue. Si votre représentant ne vous paraît pas satisfaisant, vous pouvez le remplacer.*
10 min	Chaque groupe se réunit pour rédiger une affiche qui réponde à la question : « Qui est le souverain ? ».	*Repartez en groupe et essayez le plus clairement possible d'expliquer qui est d'après vous le véritable souverain ?*
10 min	Présentation des affiches lues par l'enseignant. Magistral sur : 1. le 10 août 1792 (la prise des Tuileries) ; 2. la proclamation de la République (20 septembre 1792) et la mort de Louis XVI (21 janvier 1793).	

▲ Les représentations des élèves

À propos du 10 août 1792, les représentations des élèves sont inexistantes, et c'est bien compréhensible. En revanche, si l'on décide de lire l'événement comme un moment de rupture au plan de la nature du pouvoir politique, il en est tout autrement. Quelques jours plus tard, la République sera proclamée, une armée constituée de patriotes tiendra tête aux armées étrangères qui voulaient empêcher le pouvoir royal de chanceler. Si bien que la question du pouvoir, de sa nature est centrale, et divise les Français.

Cette fois-ci, les représentations des élèves ne sont plus vierges. En effet, à propos du pouvoir, les enfants sont porteurs de toutes les représentations qui peuvent exister dans le monde des adultes. Ils sont coutumiers et friands d'un pouvoir centralisé qui fasse autorité et qui les rassure. Ils peuvent avoir des délégués au conseil d'école ou au conseil de classe ou conseil coopératif si l'enseignant en a mis un en place, où tous les problèmes relatifs au pouvoir se posent : se libérer de l'enseignant, tenir son rôle de représentant, faire face aux revendications de certains qui trouvent que les représentants (président et secrétaire et trésorier) sont

« nuls »..., sans compter ceux qui pensent que ça ne sert à rien, que c'est bien mieux quand le maître décide et qu'on n'est pas là pour ça !

Tout cela pour dire que cette problématique qui peut paraître à certains loin des élèves – le pouvoir – est en fait toute proche, d'autant plus proche s'ils ont pu se frotter à des expériences coopératives à l'école ou en colonies de vacances.

▲ Le point sur la question

La problématique du pouvoir

Elle est centrale pour comprendre cet événement du 10 août 1792. Signalons en passant qu'en 1989 le comité chargé du bicentenaire de la Révolution n'a finalement pas retenu le 10 août à son programme. On peut penser que c'est parce qu'on avait peur qu'il ne fasse pas l'unanimité, comme la prise de la Bastille. Car, si l'on y réfléchit bien, le 10 août, c'est le peuple de Paris qui entre directement en scène. Ce peuple qui est allé chercher la famille royale à Versailles, ce peuple qui prend le château des Tuileries, un peuple qui pourrait devenir difficile à contrôler, parce que tous les citoyens ne sont pas d'accord sur la nature de la Révolution.

Des conceptions de la souveraineté s'opposent avec, en toile de fond, dès le lendemain de la prise des Tuileries, le problème de savoir ce que l'on va faire du roi. La mort du roi ne sera votée qu'à une voix de majorité !

Les forces en présence

Chacun des groupes proposés défend une conception particulière du pouvoir :

- **Feuillants**

Club révolutionnaire fréquenté par des partisans de la monarchie constitutionnelle qui siégeait à Paris, dans l'ancien couvent des Feuillants. Ils étaient hostiles à la déchéance du roi qui avait accepté la Constitution de 1791 à laquelle ils étaient très favorables. La Fayette est certainement un des membres les plus célèbres avec Barnave. Ils sont divisés sur la question de l'opportunité de la guerre : La Fayette et ses amis la souhaitaient car ils espéraient prendre le pouvoir dans un contexte troublé. Ceux qui s'y opposaient craignaient qu'elle augmente les difficultés intérieures accentuant ainsi la volonté révolutionnaire d'une partie du peuple.

- **Fédérés**

Sous la Révolution, des associations de citoyens en armes se créent avec pour mission de lutter contre les ennemis de la liberté. La prise de la Bastille, en 1789, encourage la municipalité de Paris qui crée une milice bourgeoise, la garde parisienne. En 1790, un décret tente de réglementer ces associations en les fédérant dans une seule garde nationale, et de limiter l'adhésion aux seuls citoyens actifs. Le 14 juillet, fête de la Fédération, immortalise l'union du peuple avec la nation, une nation en armes au travers de sa garde nationale. Peu après, les citoyens passifs obtiennent le droit d'y adhérer. L'armée est vidée des émigrés si bien que les volontaires de la garde nationale deviennent presque des militaires à part entière, chargés si besoin est d'aller se battre contre un ennemi extérieur. La garde nationale est particulièrement active lors de la prise des Tuileries. Il faut dire que stationnée quelque temps à la proximité de Paris, les Fédérés avaient été influencés par les clubs. Cependant, leur composition très hétérogène, notamment chez les chefs, les avait conduits à tirer sur le peuple parisien contre les pétitionnaires qui demandaient la destitution du roi.

- **Jacobins**

Société politique qui s'installa peu après sa fondation à Paris, dans l'ancien couvent des Jacobins. D'abord modéré, le club prit une allure plus révolutionnaire avec Robespierre à partir de 1792. Il préfigure les partis politiques modernes avec près de 1200 sociétés affiliées dans le reste de la France qui lui conféraient une influence que n'auraient pas suffi à expliquer ses 3000 membres parisiens. Favorables à la déchéance du roi et à la République, comme les Feuillants, c'est la question de la guerre qui divise les Jacobins. La guerre était souhaitée par ceux qui y voyaient l'occasion d'une chute plus rapide de la monarchie et d'une prise du pouvoir. Elle était redoutée par ceux qui craignaient qu'elle ne fasse passer la Révolution au second plan.

- **Sans-culottes**

Les sans-culottes étaient des militants révolutionnaires qui appartenaient aux couches les plus populaires et qui portaient le pantalon de bure à rayures, sous la Convention. Essentiellement parisiens, ils étaient avant tout des travailleurs manuels, fiers de leur savoir-faire. Les sans-culottes fréquentaient les assemblées de section – qui existaient dans chaque quartier et qui étaient, en principe, réservées aux seuls citoyens actifs (qui payaient le cens) – et les clubs. Parmi ces clubs, celui des Cordeliers (devenu club de l'Évêché) sera un des lieux où les sans-culottes influenceront le cours des événements. Depuis 1789, nombre d'entre eux étaient armés et ils prépareront l'insurrection du 10 août 1792.

Le déroulement succinct des événements

Rappelons que la diffusion, le 25 juillet, du manifeste du duc de Brunswick avait mis le feu aux esprits ! Pour les Parisiens, il indiquait clairement que le roi Louis XVI était un traître. Du coup, on pouvait légitimement penser que la fameuse fuite de Varennes en était bien une. Or depuis cette nuit de juin 1791, certains républicains demandaient la déchéance du roi.

Mais l'Assemblée législative avait mis hors de cause la personne royale si bien que les républicains avaient voulu déposer une pétition favorable à la déchéance. Et voilà que l'Assemblée des représentants du peuple avait fait tirer sur le peuple au Champ-de-Mars. C'est La Fayette, chef de file des Feuillants, qui commandait la garde nationale !

Le 11 juillet 1792, l'Assemblée avait déclaré « *la patrie en danger* », et une levée en masse avait amené, à proximité de Paris, des patriotes convaincus – les Fédérés – qui se mêlaient aux sans-culottes et qui étaient très influencés par les idées des Jacobins. Leur stationnement aux alentours de Paris était cependant inquiétant car certains redoutaient qu'ils ne soient utilisés pour museler l'opposition républicaine.

L'inquiétude et la tension étaient telles qu'un directoire secret, échappant aux grands chefs jacobins, s'était préparé au pire. 47 sections sans-culottes sur 48 demandèrent à l'Assemblée la déchéance du roi, le 3 et le 6 août ! Ce fut le début de la première commune insurrectionnelle de Paris : Louis XVI se réfugia à l'Assemblée, les gardes suisses tirèrent sur la foule et se firent massacrer. L'Assemblée décréta la déchéance du roi et convoqua une Convention afin de donner au pays de nouvelles institutions.

Le 10 août 1792 marque la fin de la monarchie et le début de la première République. Beaucoup de Français s'imaginent que cela s'est déroulé le 14 juillet 1789 ! Au-delà des débats sur la meilleure forme de gouvernement possible, c'est bien toute la question de l'articulation entre les représentants et les mandants, de la confiance que l'on peut accorder soit aux représentants, soit aux mandants qui se trouve posée, aggravée ici par le fait que les électeurs n'étaient qu'une élite, puisqu'ils devaient payer une contribution directe valant trois journées pleines de travail et être garde national et donc payer un équipement.

▲ Indications sur l'animation

Une certaine mise en scène de l'espace, avec une musique appropriée (par exemple « *Chante la révolution* » de Marc Ogeret, *La Carmagnole*, etc.), est absolument nécessaire pour mettre dans l'ambiance de cette époque où des millions de sujets du roi prennent plus ou moins bien conscience que leur destin personnel peut engager l'avenir collectif. Bref, ces sujets se transforment peu à peu en citoyens ! Le recours à un signe distinctif en papier (cocarde, fleur de lys...) épinglé sur la poitrine peut contribuer à ce que les élèves identifient leurs interlocuteurs.

Lorsque les élèves ne sont pas satisfaits du jeu de leur représentant, ils peuvent se déplacer et poser une main sur son épaule, ce qui signifie qu'ils désirent prendre sa place. Bien entendu, l'enseignant doit tenter de réguler le plus longtemps possible et la prise de parole et les substitutions de représentants. Mais il arrive un seuil au-delà duquel c'est impossible, voire inutile. C'est la foire d'empoigne, comme l'aurait été la réunion d'un club politique de l'époque ou une assemblée de la future Convention.

L'important est que la question centrale des formes que pouvait prendre le pouvoir ait été posée. Il est capital que les élèves aient pu se rendre compte qu'ils étaient les porteurs d'une conception qui n'était pas partagée par les autres représentants. Bien sûr, il faut le retour au calme pour que l'enseignant puisse rappeler et expliquer qui était présent à cette réunion et qui défendait quoi.

Ce qui suppose qu'au moment de la préparation les élèves aient eu le temps de repérer qui ils étaient, quelle conception du pouvoir ils étaient susceptibles de défendre et pour quelles raisons. Cela suppose aussi que l'enseignant leur ait rapidement signalé quelles conceptions ils allaient devoir combattre. Il ne doit pas se taire sous le prétexte que la recherche devrait être libre, ni faire à chaque groupe un magistral sous le prétexte que des informations capitales leur feraient défaut. Ni l'un ni l'autre ! Il doit écouter et apporter les informations dont il est le détenteur quand il se rend compte que le groupe pourrait s'engager dans une impasse, ou encore quand le groupe demande ces informations.

▲ Documents de travail

Phase 1 : un document commun à tous les groupes, le manifeste du duc de Brunswick

Le duc de Brunswick, commandant des armées coalisées, le 25 juillet 1792.

La ville de Paris et tous ses habitants seront tenus de se soumettre sur-le-champ au roi Louis XVI. L'Empereur et le roi de Prusse rendent personnellement responsables de tous les événements, sur leur tête, pour être jugés militairement, sans espoir de pardon, tous les membres de l'Assemblée nationale et de la garde nationale de Paris. Si le château des Tuileries est pris, s'il est fait la moindre violence au roi, à la reine et à la famille royale, l'Empereur et le roi de Prusse se vengeront de manière exemplaire.

Phase 2 : quatre groupes de travail représentant quatre conceptions de la souveraineté

• **Document 1 : groupe des Feuillants** (adresse des citoyens actifs de Rouen, lue le 29 juin 1792 à l'Assemblée)

Les vrais ennemis du pays sont ceux qui reconnaissent en France quarante-quatre mille souverains ; qui parlent de la République dans un État constitué monarchique ; qui demandent l'appel au peuple dans un gouvernement formé des représentants du peuple où l'appel au peuple, interdit par la Constitution, ne serait pas autre chose que la proclamation de la guerre civile.

Les vrais traîtres sont ceux qui, par leurs actions, par leurs écrits, par leurs discours s'efforcent d'affaiblir le respect et la confiance qu'on doit au roi et aux autorités.

- **Document 2 : groupe des Fédérés** (Desbouillons, lettre à la présidence de l'Assemblée nationale, le 4 août 1792)

Cette fameuse question divise les membres patriotes de l'Assemblée. On est incertain sur la manière de remplacer le pouvoir. Les uns veulent une régence, les autres un comité d'exécution. Les premiers prétendent que si l'on ne les écoute pas, on détruira la Constitution (dont le roi est garant) et on s'attirera des ennemis sans nombre, parmi le peuple et l'armée. Les autres disent que si on nomme un régent on va diviser la France en deux parties, parce que M. d'Orléans est considéré par une partie de la nation comme un intrigant, et qu'il n'est pas non plus possible de confier la régence à M. Conty dont les opinions contre-révolutionnaires sont connues de tout le monde. Devant ces hésitations, on ne sait pas trop à quoi s'en tenir et quel est le bon parti à prendre.

Les Jacobins et les sans-culottes sont d'avis que nous restions à Paris parce que nous sommes très nécessaires ici où il semble que de grands événements se préparent.

- **Document 3 : groupe des Jacobins** (Montesquieu, *De l'esprit des lois*)

Le grand avantage des représentants, c'est qu'ils sont capables de discuter les affaires. Le peuple n'en est pas du tout capable, ce qui forme un des grands inconvénients de la démocratie. Il y avait un grand défaut dans la plupart des anciennes républiques : c'est que le peuple avait droit d'y prendre des décisions réelles, chose dont il est entièrement incapable. Il ne doit gouverner que pour choisir ses représentants.

- **Document 4 : groupe des sans-culottes** (Rousseau, *Du contrat social*)

La souveraineté ne peut être représentée ; elle consiste essentiellement dans la volonté générale, et la volonté ne se représente point : elle est la même, ou elle est autre ; il n'y a point de milieu. Les députés du peuple ne sont donc ni ne peuvent être ses représentants, ils ne sont que ses exécutants ; ils ne peuvent rien décider définitivement. Toute loi que le peuple en personne n'a pas acceptée est nulle ; ce n'est point une loi.

▲ Bibliographie

Pour ce qui concerne les élèves, la **bibliographie** ainsi que les **sites Internet** indiqués pour 1789, dans la précédente situation-problème, peuvent être repris pour la situation présente.

Cédérom

Un cédérom, consacré au XVIIIe siècle, est assez intéressant sur le plan de la culture (penseurs, savants, peintres...) de ce siècle ; il est assez ardu pour les élèves mais très intéressant pour l'enseignant désireux de se remémorer le contexte philosophique et culturel de ces événements : *Le XVIIIe siècle*, EMME interactive.

CINQUIÈME PARTIE

LE XIXe SIÈCLE

PISTES DE LECTURE

Du premier Empire à la troisième République. La société française au XIXe siècle.

Les programmes sont assez coutumiers d'un silence sur les épisodes révolutionnaires de ce siècle. Il est vrai que le siècle apparaît comme découpé par ce que certains considèrent comme des poussées de fièvre révolutionnaire. Nous voudrions à ce propos apporter deux remarques. La première, c'est que les révolutionnaires d'alors virent dans tous ces événements une grande continuité puisqu'ils continuèrent à utiliser le calendrier révolutionnaire. Bon nombre d'entre eux furent formés par le vieux Philippe Buonarroti, ancien compagnon de Babeuf et de la conspiration des Égaux. La seconde remarque, c'est que ces épisodes nous semblent indissociables de la révolution industrielle qui fut une transformation totale de la société française, à condition que, dans son analyse, on ne la limite pas au machinisme et qu'on en voit toutes les implications et corrélations économiques (capitalisme bancaire, financier et commercial), sociales (syndicats et sociétés d'entraide), politiques (colonialisme), etc.

NAPOLÉON BONAPARTE

22

DEUX LÉGENDES CONTRADICTOIRES ?

Concepts centraux

Vérité, objectivité, émancipation.

Objectifs notionnels

Les deux légendes de Napoléon Bonaparte, Napoléon et l'Europe.

DURÉE	ORGANISATION	MISSION
Séquence 1 **Se rendre compte que Napoléon a deux facettes, l'une noire, l'autre dorée. La vérité est certes difficile à cerner, mais pourquoi devoir choisir entre ces deux facettes ?**		
10 min	Émergence des représentations des élèves.	*D'après vous, qui était Napoléon Bonaparte ? Qu'a-t-il accompli ?*
30 min	La classe est partagée en trois parties et autant de groupes que nécessaire. Un premier document est fourni à tous les groupes. Puis quand il a été lu, un document différent est donné à chaque partie de la classe, trois parties qui correspondent à la France, à l'Allemagne et à l'Espagne. Les élèves doivent rendre compte des deux documents qu'a chaque groupe par les moyens habituels.	*Vous allez dans vos groupes. Vous avez deux documents. Le premier, tous les groupes l'ont. Le second document est différent selon les groupes. Vous lisez les documents puis vous rendrez compte de ce que vous aurez lu par le moyen habituel : mime, jeu de rôle, dessin ou texte.*
20 min	Les différents groupes font leur rapport et lisent aux autres groupes les documents sur lesquels ils ont travaillé.	*Chaque groupe fait son rapport. Quand chaque groupe a fini, il lit son second document aux autres groupes.*

	Une discussion s'engage sur les raisons de la haine que Napoléon a pu susciter chez les peuples étrangers.	*Comment se fait-il que les peuples que Napoléon voulait voir libres l'aient autant détesté ?*
10 min	L'enseignant synthétise les éléments de la discussion au tableau et présente un exposé magistral pour expliquer les deux légendes qui collent à Napoléon.	

▲ Les représentations des élèves

Napoléon Bonaparte évoque de moins en moins de choses aux élèves au fur et à mesure que les années passent. Ce recul dans la mémoire des élèves est certainement la manifestation d'un recul identique dans la mémoire collective. C'est aussi le signe d'un embarras de plus en plus grand de l'enseignement de l'histoire à l'école et au collège où l'on considère que la période est complexe, ce qui justifie soit que l'on s'appesantisse moins qu'auparavant, soit qu'on traite d'un seul bloc le bilan de la Révolution et de l'Empire. C'est aussi le signe que le personnage est perçu comme de plus en plus contradictoire, voire énigmatique.

Une enquête menée il y a dix années auprès d'adultes montrait que Napoléon était avant tout l'homme des guerres et que, en conséquence, il était un des personnages de l'histoire de France qui avait le moins contribué à la construction de l'Europe. Il me semble que nous tenons là une des raisons du recul de Napoléon dans la mémoire collective. Au fur et à mesure que l'Europe devient inéluctable dans les esprits des gens, que l'Union européenne prend une dimension réelle, l'image négative du Napoléon conquérant prend le dessus. Il est alors surtout perçu comme ayant eu des ambitions démesurées à l'extérieur de l'Empire. Son œuvre intérieure partageait les gens interrogés lors de ce sondage. Ils étaient le même nombre à considérer que Napoléon avait été le continuateur ou le fossoyeur des idéaux de la Révolution.

Quel rapport avec les élèves ? Quelles occasions ont-ils pu avoir d'entendre parler de Napoléon Bonaparte quand ils sont en CM1 ou en CM2, sinon dans leur famille ? Celle-ci peut faire partie soit des près de 30 % des personnes interrogées qui ne se sont pas prononcées, soit des gens qui ont un avis tranché sur la question : sauveur de la Révolution ou assassin de ses idéaux. Nous verrons dans « le point sur la question » l'importance de réfléchir dialectiquement à cet aspect du personnage, et qu'il n'y a aucune raison de mettre quiconque en demeure de choisir l'une de ces deux légendes.

▲ Le point sur la question

Les historiens se sont eux-mêmes longtemps opposés sur cette question et continuent parfois à se laisser entraîner dans la polémique.

Napoléon est présenté par certains d'entre eux comme l'homme du coup d'État du 18 brumaire, l'homme qui va installer en France un régime fort, autoritaire et conservateur, excessivement centralisé, et policier. Il faudra tout le XIXe siècle pour que ce type de pouvoir s'assouplisse en France. En fait, pour ces historiens, même si Napoléon conserve l'acquis juridique et social de la Révolution, il est à l'origine d'une dictature. Au contraire, certains le présentent comme le sauveur de la Révolution. Sans les critiques exposées précédemment, ces historiens privilégient le fait qu'il ait confirmé la destruction de la féodalité et la vente des biens nationaux, favorisant ainsi l'enrichissement de la bourgeoisie et de certains paysans aisés. Pour ces historiens, l'Empire n'est qu'un décorum, la réalité du régime politique serait bien celle de la République.

Évidemment, chacun peut faire appel aux engagements politiques d'autres historiens pour justifier son point de vue. Ainsi, à l'extrême droite, il n'y a pas de doute : l'Empire et la Révolution forment un tout. Mais un tout rejeté en bloc par l'extrême droite peut-il venir au secours des historiens qui défendent la légende du sauveur de la Révolution ? Les historiens communistes, quant à eux, ont surtout vu dans Napoléon le dictateur et le boucher, mais pouvaient-ils justifier une dictature qui tentait de sauver la révolution libérale alors que celle de Robespierre avait été trahie ?

Il me semble qu'il faut refuser de choisir un camp et faire l'effort d'accepter que l'œuvre de Napoléon a été contradictoire, qu'il a pu à la fois défendre certains acquis révolutionnaires et en écarter d'autres, qu'il a pu être à la fois le défenseur de l'indépendance des peuples européens et leur conquérant honni. Peut-être a-t-il ignoré ce que la quasi-totalité des hommes continuent à ignorer : que la fin ne saurait justifier les moyens et qu'au contraire la fin ne vaut que par les moyens, la fin étant dans les moyens mêmes.

C'est sur ces deux registres contradictoires que nous avons décidé de centrer la situation-problème, contradiction entre les principes énoncés par Napoléon et son refus de voir que les effets produits par les moyens ne pouvaient qu'invalider le projet.

▲ Indications sur l'animation

Cette situation-problème présente peu de difficultés. Il faut bien faire attention que chaque groupe prenne le temps de lire le premier document qui correspond aux recommandations que Napoléon fait à son frère, Jérôme. En réalité, face aux difficultés rencontrées, il lui rappelle les grands principes qu'il doit suivre : être un roi constitutionnel et mettre en place le code Napoléon.

Le premier rapport des groupes va insister sur le rejet des Espagnols et des Allemands. On aurait pu choisir d'autres peuples et des textes italiens par exemple. L'important est d'essayer de faire prendre conscience aux élèves du décalage qui existe entre les principes et les actions des armées et de l'administration impériale. De plus, il convient d'essayer d'expliquer que le nationalisme est un moyen efficace pour que quelques-uns soulèvent un plus grand nombre de personnes qui supportent mal que des armées étrangères viennent faire leur bonheur malgré elles.

▲ Documents de travail

Document pour tous les groupes

• **Lettre de Napoléon à son frère, Jérôme, roi de Westphalie** (15 novembre 1807)

Ce que désirent avec impatience les peuples d'Allemagne, c'est que les personnes qui ne sont pas nobles et qui ont du talent aient un égal droit à votre justice et aux emplois. Il faut que vos peuples profitent d'une liberté, d'une égalité, d'un bien-être inconnus aux peuples de la Germanie. Quel peuple voudra retourner sous un gouvernement injuste quand il aura goûté à votre gouvernement sage et libéral ? Les peuples d'Allemagne, ceux de France, d'Italie et d'Espagne désirent l'égalité et veulent des idées de liberté. Voilà bien des années que les privilèges de quelques-uns étaient contraires à l'opinion générale. Ce qui est très important, c'est que vous ne remettiez pas à plus tard l'établissement du code Napoléon.

Groupe « Espagne »

Question : Dites-moi, mon enfant, qui êtes-vous ?

Réponse : Espagnol.

Q. : Que veut dire Espagnol ?

R. : Homme de bien.

Q. : Quel est l'ennemi de notre bonheur ?

R. : L'empereur des Français.

Q. : Quel est cet homme ?

R. : Un nouveau roi infiniment méchant et ambitieux, à l'origine de tous nos malheurs.

Q. : Combien a-t-il de natures ?

R. : Deux : l'une diabolique, l'autre inhumaine.

Q. : D'où vient Napoléon ?

R. : De l'enfer et du péché.

Q. : Est-ce pécher que de tuer des Français ?

R. : Non, c'est au contraire faire du bien à la patrie, si, par ce moyen, on la délivre des insultes, du vol et des tromperies.

Catéchisme civil abrégé des obligations de tout Espagnol (1808).

Groupe « Allemagne »

Jusqu'à quand supporterez-vous la domination de l'étranger ? Jusqu'à quand un conquérant vous fera-t-il plier le cou ? Le courage des Allemands est-il donc éteint ? Trouvez-vous agréable le bruit de nos chaînes ?... Debout, Allemands ! Secouez cette honte et cette mort ! Il est encore temps.

Manifeste de Schlegel (1809).

Groupe « France »

La force nécessaire à un peuple, pour tenir tous les autres dans son pouvoir, est aujourd'hui un privilège qui ne peut durer. La nation qui voudrait établir un tel empire se placerait dans une situation dangereuse. Elle deviendrait l'objet d'une horreur universelle. Toutes les opinions, tous les vœux, toutes les haines, éclateraient contre elle...

Lorsque le monde aurait retrouvé sa raison, repris courage, vers quels lieux de la terre l'agresseur pourrait-il trouver des défenseurs ? Quelles excuses trouverait-il ?

Benjamin Constant (1814).

▲ Bibliographie

Livres

Coppens B., *L'Empire de Napoléon*, Casterman, coll. « Repères », 1999.

Dellisse L., *Le Testament de Napoléon*, Casterman, coll. « Travelling », 1994.

Dequeker-Fergon J.-M., *Napoléon, l'Empire c'est moi*, Gallimard Jeunesse, coll. « Les Docudéments », 1997.

Gaussen D., *Napoléon et son temps*, Mango, coll. « Regard d'aujourd'hui ».

Sites Internet

Le site officiel de la fondation Napoléon :
http://www.napoleon.org/home_fr.html

Le site personnel fort intéressant d'un passionné :
http://perso.club-internet.fr/ameliefr/index-france.html

LA RÉVOLUTION INDUSTRIELLE[1]

23

LA RÉVOLUTION DE QUOI, AU FAIT ?

Concepts centraux

Capitalisme, classe sociale.

Objectifs notionnels

Exode rural, machinisme et mécanisation, société par actions, capitalisme bancaire, luttes sociales.

DURÉE	ORGANISATION	MISSION
Séquence 1 **Cette première phase permet à chaque groupe de prendre connaissance des principaux protagonistes de la situation-problème.**		
10 min	Émergence des représentations des élèves à propos de la révolution industrielle. Lecture rapide des écrits des élèves.	*Dites en deux ou trois phrases ce qu'est d'après vous la révolution industrielle.*
30 min	La classe est divisée en quatre groupes : – les paysans de l'Orne ; – les tondeurs de Vienne ; – la famille Motte-Bossut ; – la famille Dietrich. La consigne est classique : rendre compte de son texte par un moyen laissé au choix des élèves (mime, dessin, texte, jeu de rôle).	*Vous allez lire votre texte et chaque groupe le présentera au reste de la classe. Vous avez le choix des moyens : écrire un texte, faire un dessin, un mime ou un jeu de rôle.*

1. Je l'ai dit maintes fois mais je veux le répéter encore : ce travail est directement inspiré de celui de Michel Huber paru dans *L'Histoire indiscipline nouvelle,* aux éditions Syros, en 1984, mais épuisé. C'est la première « démarche » que j'ai vécue, et elle a laissé des traces indélébiles. J'en remercie Michel.

20 min	Socialisation du travail des groupes. Pas de discussion.	*Présentez votre texte. Pas de discussion ni de commentaires.*
Séquence 2 **Chaque groupe se trouve confronté soit à une crise (exode rural, luttes...), soit à une opportunité qui demande d'inventer (sociétés par actions, capitalisme bancaire, financier...).**		
20 min	La situation initiale est bouleversée par la crise pour les deux premiers groupes, par des choix économiques pour les deux autres. Chaque groupe prépare sa décision.	*Retournez dans vos groupes, lisez le nouveau document que je vous distribue. Remplissez la consigne qui est indiquée.*
20 min	Chaque groupe présente à la classe son document et la décision qui a été prise par le groupe.	*Présentez à la classe votre décision, puis lisez à haute voix le document au reste de la classe, deux fois si nécessaire.*
20 min	Les groupes 1 et 2 sont réunis et doivent faire face à la pauvreté. Les groupes 3 et 4 doivent faire d'autres choix économiques. Chaque groupe se prépare.	*Retournez en groupe et lisez le document. Vous devez prendre des décisions ou des mesures que vous exposerez ensuite au reste de la classe.*
Séquence 3 **Chaque groupe prend la mesure du contenu politique des transformations engendrées par le processus de révolution industrielle. Chaque groupe désigne un député qui défend son groupe.**		
15 min	Chaque groupe présente son état et ses décisions éventuelles.	*Présentez vos décisions et lisez à voix haute le document sur lequel vous avez travaillé.*
30 min	L'enseignant distribue à chaque groupe un document écrit à son propos par un député de l'autre groupe. Chaque groupe doit préparer une réponse.	*Vous allez avoir sous les yeux un document écrit par un homme politique de l'autre groupe, un député. Vous devez écrire à votre tour un texte pour réagir.*
15 min	Lecture des textes des députés. Commentaires de l'enseignant. Rappel de quelques faits. Même question qu'au début à propos de la révolution industrielle.	*Vous lisez votre texte.* *Des réactions, des remarques ou des questions ?* *Prenez une feuille et pendant cinq à dix minutes, répondez de nouveau à la question : qu'est-ce que c'est pour vous la révolution industrielle ?*

▲ Les représentations des élèves

Les représentations des élèves à propos de la révolution industrielle sont presque inexistantes. Quand on leur demande ce dont il peut s'agir, ils ne peuvent répondre qu'en essayant d'associer des hypothèses relatives aux deux termes qui désignent le phénomène : « révolution » et « industriel ».

Pour ce qui concerne le concept de *révolution*, nous avons déjà signalé, dans les situations précédentes consacrées à la révolution néolithique et à la Révolution française, l'association qui était faite avec la violence et la brutalité qui devraient être essentiellement de nature sociale et politique ! La révolution industrielle s'amorce au XVIIIe siècle, court tout au long du XIXe siècle et déborde sur notre siècle. On voit donc que le concept de temps, dans ses attributs de durée et de rythme, est également en cause ici.

La notion d'*industrie*, sur laquelle les élèves s'appuient pour essayer de donner un sens à ce terme, ne contribue pas à les éclairer sur le phénomène, car elle tend à le limiter à son aspect technologique. S'il est vrai que le développement de la machine à vapeur favorise l'industrialisation, il ne faut pas oublier que celle-ci en retour, parce qu'elle a créé de nouvelles exigences, développe la technologie, la rationalisation du travail... Si bien que les rares élèves qui ont entendu parler de révolution industrielle l'associent à la seule machine à vapeur qu'ils puissent imaginer : la locomotive à vapeur. Le concept de causalité est concerné car il est difficile d'imaginer qu'un système différent se met en place et s'alimente de lui-même, sous l'impulsion des hommes et des contraintes qu'ils s'inventent.

Mais ce n'est pas tout, le terme d'industrie empêche les élèves de voir d'autres aspects : développement des classes sociales, affrontement de celles-ci, développement des capitalismes bancaire et financier, émergence des exigences politiques de la classe ouvrière... C'est seulement lorsque toutes les facettes de ce phénomène ont été abordées qu'il mérite vraiment son appellation de *révolution*.

Si les représentations des élèves ne sont pas assurées, il faut dire que tout est en place, en général, dans les différents manuels du cycle 3 pour favoriser l'apparition ou le renforcement de telles représentations. Il suffit pour s'en convaincre d'examiner les titres des leçons et les documents qui sont présentés. Quant aux autres aspects de la révolution industrielle, ils sont étudiés séparément, par exemple en tant qu'événements politiques. L'économique, le politique et la question sociale sont trois pans d'un même phénomène présentés dans les manuels, comme désarticulés.

▲ Le point sur la question

Le terme de révolution industrielle cache donc plusieurs phénomènes. Plusieurs étapes dans ce processus conduisent même certains auteurs à parler de trois révolutions. Plusieurs aspects du phénomène ne permettent pas de le limiter au seul domaine industriel ou de la technologie de production.

La première révolution industrielle a démarré en Grande-Bretagne au cours du XVIIIe siècle. La France suivit un peu plus tard, au XIXe siècle, avec un rythme jugé moins intense si bien que d'autres auteurs parlent de changement puissant et continu et non de révolution pour la France !

Quels sont ces changements ? Dans un premier temps, c'est la nature de la production qui est concernée : les biens manufacturés prennent le pas sur des produits primaires et la quantité produite augmente. La machine se sert de la vapeur produite grâce au charbon. La proximité des matières premières, de l'eau, du charbon détermine alors la localisation des industries.

Mais la révolution industrielle ne serait rien si les patrons n'étaient pas intervenus dans l'organisation du travail que l'on essaie de rationaliser. La première mesure consiste à concentrer la production dans un lieu presque inconnu jusqu'alors : l'entreprise. Le résultat est la concentration des ouvriers dans des lieux précis de production, et donc la concentration dans des villes d'une société d'ouvriers dont une majorité sont d'anciens paysans venus à la ville à la suite d'un exode rural. Les tâches se parcellisent et se spécialisent à tel point qu'à certains postes les hommes peuvent être remplacés par des machines.

Cet exode rural se fait à plusieurs échelles – celle des régions, celle des pays et même à l'échelle internationale – et génère des migrations multiples. La concentration dans des villes industrielles favorise l'émergence d'une classe ouvrière qui s'affronte à la classe bourgeoise dans la mesure où ses conditions de vie se dégradent par rapport à la situation économique que les ouvriers connaissaient quand ils étaient paysans. Ces conditions ne s'amélioreront qu'à la suite de luttes sociales d'ampleur réalisées tout au long du XIXe siècle et après (1906). Le XIXe siècle est celui de la fondation des premiers vrais syndicats.

Cette industrialisation massive et lourde nécessite d'importants capitaux. La richesse foncière se convertit rapidement dans l'investissement dans les secteurs de la production : machines, mines... Le capital se spécialise, les capitalistes s'associent pour faire face à des investissements de plus en plus lourds. La production devient massive et les capitalistes commencent à devoir chercher ou créer des marchés pour écouler une marchandise parfois pléthorique. Le développement du colonialisme – qui consiste dans un premier temps à devoir équiper les armées coloniales, puis dans un second temps à créer des marchés locaux – est une des solutions pour relancer encore la production. En Inde, particulièrement, il a fallu ruiner la production artisanale locale de textiles pour imposer les productions anglaises.

La concentration du capital devient colossale, le capitalisme n'est plus fait de la propriété des outils de production mais il devient bancaire et financier, car dans la course à la production qui s'amorce le besoin en capitaux est de plus en plus exigeant.

La multiplicité de ces modifications et leurs conséquences transforment de fond en comble les sociétés européennes (surtout la Grande-Bretagne, l'Allemagne, la France et l'Italie du Nord). D'une certaine façon, on peut considérer que les sociétés précédentes avaient été engendrées par la révolution néolithique et que la révolution industrielle y met fin. Sommes-nous aujourd'hui dans une autre étape ? Dans une étape où la production industrielle serait reléguée au second plan au bénéfice de la production de services ? À n'en pas douter, une mutation de cet ordre s'opère sous nos yeux.

Bien évidemment, aborder ces questions n'est possible que dans la mesure où l'on fait jouer différentes échelles du temps. Mais ces changements dans la durée, ces va-et-vient sont des outils indispensables à l'historien pour mettre de l'ordre dans ses interprétations.

▲ Indications sur l'animation

Si le travail que nous présentons paraît lourd (trois séquences), c'est parce que nous avons voulu traiter d'un phénomène qui, d'une part, se déroule sur près de deux siècles, et qui, d'autre part, concerne des aspects aussi divers que la technologie, l'économique, le politique, le social. Nous nous sommes déjà en partie expliqué dans l'analyse des quelques représentations d'élèves que nous avons pu saisir.

Il ne s'agit en aucune façon que les élèves rentrent dans tous les détails de tous les aspects de la révolution industrielle. Éventuellement, ils pourront y revenir au cycle central du collège. Nous estimons malgré tout indispensable qu'ils prennent la mesure de l'ampleur des transformations sociales, économiques de la société française au XIXe siècle. Les temps de travail doivent être limités sous peine de se noyer dans l'étude de documents, exercice qui n'est pas de mise ici. Ce sont particulièrement les temps de présentation des travaux de groupe qui devront être contrôlés au risque de passer plusieurs heures à traiter la révolution industrielle.

	Groupe 1	Groupe 2	Groupe 3	Groupe 4
Phase 1	Paysans de l'Orne.	Tondeurs de Vienne.	Famille Motte-Bossut.	Famille Dietrich.
Phase 2	Crise : exode rural.	Crise : la machine.	Achat de machines.	Achats de mines.
Phase 3	Budget d'un ouvrier.		Colonies.	Chemin de fer.
Phase 4	Analyse de Chateaubriand. Rédaction d'une réponse.		La révolte des Canuts. Rédaction d'une réponse.	

▲ Documents de travail

Phase 1

• Groupe 1 : les paysans de l'Orne

Mission : vous êtes des paysans de l'Orne. Présentez votre personnage sous des formes diverses : texte, dessin, mime, jeu de rôle...

Les habitations sont en général malsaines, humides, sans autre ouverture que la porte basse. Les habitants se nourrissent de pain ; au déjeuner, le pain et le beurre ; au dîner, la soupe et les légumes, souvent des châtaignes ; la plupart boivent de l'eau ; les plus aisés consomment du poiré et du lard ; aux grandes fêtes seulement, le bœuf paraît sur les tables. Ils tissent eux-mêmes leurs toiles pour l'été, et leurs lainages pour l'hiver. Le mobilier est très sommaire ; ils couchent tous dans la même chambre.

• Groupe 2 : les tondeurs de Vienne

Mission : vous êtes les tondeurs[1] de Vienne. Présentez-vous sous des formes diverses : texte, dessin, jeu de rôle, mime...

Vienne compte, en 1818, 6 000 à 7 000 ouvriers du textile. Tous étaient autrefois dispersés en un grand nombre de petits ateliers. Au début du XIXe siècle, des usines plus importantes, utilisant la vapeur, commencent à regrouper cardeurs, foulons, filateurs, tisserands. Seuls les tondeurs échappent à ce mouvement et restent dispersés dans de minuscules ateliers qui sont la propriété de petits maîtres tondeurs.

• Groupe 3 : la famille Motte-Bossut

Mission : vous êtes Motte-Bossut et certains membres de sa famille, que vous imaginez. Présentez votre personnage sous des formes diverses : texte, dessin, mime, jeu de rôle...

Louis Motte-Bossut (1817-1883), né à Roubaix dans une famille de négociants et fabricants de laine installée dans la région. Il épouse, en 1841, Adèle Bossut, fille du maire de Roubaix. Après un voyage d'études en Angleterre, il lance en 1842 une filature énorme de 18 000 broches[2]. Elle est détruite par un incendie en 1845. Il reconstruit. Vers 1860, il possède, dispersées dans de nombreuses usines, environ 100 000 broches.

• Groupe 4 : la famille Dietrich

Mission : vous êtes Dietrich et certains membres de sa famille, que vous imaginez. Présentez votre personnage sous des formes diverses : texte, dessin, mime, jeu de rôle...

1. Contrairement à ce que pourraient croire les élèves, les tondeurs ne sont pas les bergers qui se livrent à la tonte des moutons mais des ouvriers qui, à l'aide de grands ciseaux, ébarbent le tissu.
2. Tige métallique qui reçoit une bobine dans un métier à tisser.

Dietrich, futur maire de Strasbourg, fils d'une famille de gros propriétaires forestiers, est le roi du fer à la fin du XVIIIe siècle. Il possède des usines à :

– Niederbronn (un haut-fourneau[1], quatre feux de forge) ;

– Jaegerthal (un haut-fourneau, cinq feux de forge, cinq feux d'affinement, deux gros marteaux) ;

– Reichshoffen (un haut-fourneau, une fonderie) ;

– Rothau (un haut-fourneau, une forge, une fonderie) ;

Les seuls établissements de Niederbronn emploient 800 ouvriers.

Phase 2

• Groupe 1 : les paysans de l'Orne

Une série de mauvaises récoltes dans les campagnes de l'Orne provoque une disette qui frappe les petits paysans. Les gros propriétaires terriens en profitent pour acheter à bas prix les terres des petits propriétaires.

Mission : que faites-vous ? Rédigez un texte affichable expliquant votre attitude.

• Groupe 2 : les tondeurs de Vienne

On travaille en ce moment à la construction d'une mécanique nommée la « grande tondeuse ». Elle offre le moyen de tondre, lustrer et brosser mille aunes de drap par douze heures, étant conduite par quatre hommes seulement. En conséquence, elle va priver de travail un très grand nombre d'ouvriers tondeurs.

Mission : une « grande tondeuse » va être introduite à Vienne. Que faites-vous ? Exposez votre décision dans un texte affichable.

• Groupe 3 : la famille Motte-Bossut

Vous disposez, ainsi que des amis, les Cohin, de 50 000 francs d'argent disponible. De nouvelles machines à vapeur viennent d'apparaître. En abaissant les prix de revient, elles permettent une hausse notable des bénéfices.

Elles coûtent :

– un métier à tisser mécanique : 25 000 francs ;

– une machine à filer : 23 000 francs ;

– une tondeuse mécanique : 20 000 francs.

Mission : que faites-vous ? Exposez votre décision dans un texte affichable.

1. Appareil à cuve, chauffé au charbon, dans lequel les minerais de fer fondent pour se transformer en fonte.

- **Groupe 4 : la famille Dietrich**

M. (ou Mme) Grandet dispose de 30 000 francs. M. (ou Mme) Antoine Schneider de 100 500 francs. M. (ou Mme) Dietrich de 100 000 francs.

Des gisements de charbon viennent d'être découverts dans le centre de la France. Une mine achetée un million de francs peut rapporter jusqu'à 288 000 francs par an.

Mission : que faites-vous ? Exposez votre décision dans un texte affichable.

Phase 3

- **Groupe 1 : les anciens paysans et les tondeurs**

Mission : imaginez, par une bande dessinée, à partir des documents ci-joints, votre condition de vie d'ouvriers.

Document 1 : photographie de la rue Caulaincourt à Paris, vers 1865-1870 (*in À monde ouvert*, cycle 3, Hachette Éducation, p. 111.)

Document 2 : le travail dans les mines

Dans les mines travaillent des enfants de quatre ans, la majorité toutefois a plus de huit ans. Ils sont employés à transporter les matériaux. Le transport du charbon et du fer est un travail très dur et, dans certaines galeries, les passages sont si étroits que les travailleurs sont obligés d'aller à quatre pattes.

La durée du travail est habituellement de onze à douze heures, elle va jusqu'à quatorze heures, et très fréquemment on fait une double journée, si bien que l'ensemble des travailleurs reste sous terre, en activité vingt-quatre heures, assez souvent même trente-six heures de suite.

F. Engels, *Le travail dans les mines anglaises en 1848.*

Document 3 : budget d'un ouvrier de Lille

Je suis ouvrier et je gagne 2 F par jour.

Ma femme est dentellière et gagne 10 à 15 centimes par jour. J'ai 4 enfants.

On mange 24 kilos de pain bis par semaine,
à 22,50 centimes le kilo *5,40*

La viande est trop chère ; nous ne mangeons des débris
que 3 fois par semaine, à 25 centimes *0,75*

Il n'y a que moi qui mange du beurre, à raison
de 250 g par semaine *0,50*

Ma femme et mes enfants mangent de la mélasse
ou des fruits avec le pain *0,80*

Nous consommons des haricots et des pommes de terre pour 1,00

Du charbon, cette consommation est un peu forte car il faut faire sécher le linge au feu 1,35

Savon et éclairage 1,10

Du lait, une demi-pinte par jour 0,35

Le loyer d'une cave à trois mètres au-dessous du sol 1,50

Total pour la semaine 12,75

Nous recevons, au bureau de secours, 3 kilogrammes de pain tous les 15 jours. Malgré notre travail nous vivons en mendiant, et la loi le défend.

- **Groupe 2 : la famille Motte-Bossut**

La construction des chemins de fer offre de grandes possibilités à votre industrie (fourniture de rails, de machines) mais la concurrence est devenue dure. Vous ne pourrez enlever des marchés qu'à condition d'abaisser vos prix de revient.

Mission : quelles décisions prenez-vous ? Informez-en le grand groupe par un jeu de rôle présentant la réunion du conseil d'administration de votre entreprise.

- **Groupe 3 : la famille Dietrich**

La France se lance dans la colonisation. Ceci ouvre de belles perspectives à votre industrie (vêtements des troupes coloniales, vêtements pour les indigènes...). Cependant, la concurrence est devenue dure. Pour enlever certains marchés, il faut réduire vos prix de revient.

Mission : que comptez-vous faire ? Informez-en la classe par un jeu de rôle présentant la réunion du conseil d'administration de votre entreprise.

Phase 4

- **Groupe 1 : les ouvriers**

Mission : prenez connaissance de cet article de journal. Présentez votre réaction dans le discours d'un député issu de votre milieu social.

Il est inadmissible que ces messieurs du gouvernement aient admiré le désordre mis par les ouvriers à Lyon. Au train où nous allons, bientôt les fermiers demanderont à leur propriétaire pourquoi il se promène, tandis qu'eux labourent. Pourquoi ils n'ont qu'une blouse de toile, tandis qu'ils portent une redingote de laine. Bientôt les ouvriers demanderont le samedi de libre et à leur maître de partager les profits de la semaine.

A. de Chateaubriand, 15 décembre 1831.

- **Groupe 2 : les bourgeois**

Mission : prenez connaissance de cet article de journal. Présentez votre réaction dans le discours d'un député issu de votre milieu social.

La révolte des Canuts (ouvriers du textile, à Lyon)

Les fabricants voulaient baisser le prix des salaires. Les ouvriers avaient été réduits à la misère ; ils ne pouvaient plus procurer le nécessaire à leurs familles. C'est de cette époque que date la création de la Société de mutuellistes. Le Comité de mutuellistes établit un minimum du salaire. La majorité des fabricants refusa d'appliquer le tarif.

Le 21 novembre 1831, l'armée avait occupé les points principaux de la ville et des détachements venaient jusqu'aux portes de la Croix-Rousse (quartier ouvrier de Lyon) provoquer les ouvriers en les insultant.

Pendant trois grandes journées, Lyon fut un immense champ de bataille ; les ouvriers avaient inscrit sur leur banderole : « Vivre en travaillant ou mourir en combattant ».

J. Benoît, *Les Confessions d'un prolétaire.*

Dans la dernière phase, l'enseignant peut appuyer certaines de ses interventions par des documents relatifs au travail des enfants, aux luttes ouvrières et au progrès social *in À monde ouvert*, cycle 3/niveau 2, Hachette Éducation, pp. 112-113.

▲ Bibliographie

Livres

Collectif, *À travers la révolution industrielle*, Delagrave, coll. « Jeunesse littérature », 1998.

Collectif, *La Révolution industrielle* (approfondissement collège), coll. « Histoire vivante », Gamma.

Site Internet

Gallica, serveur Images et textes du XIXe siècle :
http://gallica.bnf.fr/presente/Economie.html

FÉVRIER-JUIN 1848

24

LES FEMMES EXCLUES DU SUFFRAGE UNIVERSEL !

Concepts centraux

Citoyenneté, pouvoir, égalité politique.

Objectifs notionnels

Suffrage universel, Constitution.

DURÉE	ORGANISATION	MISSION
Séquence 1 **Le suffrage universel est le résultat de luttes, il n'est pas un don des dieux ! Les femmes : des exclues en France, pendant plus longtemps qu'ailleurs !**		
10 min	Émergence des représentations des élèves afférentes à la notion de suffrage universel.	*Dites en quelques mots ce que vous savez du droit de vote.*
20 min	Les élèves de la classe sont partagés en groupes de quatre ou cinq élèves. Chaque groupe travaille sur de courts extraits de trois Constitutions afin de choisir celle qui lui conviendrait le mieux s'ils étaient des adultes.	*Lisez les extraits qui vous ont été distribués. Si vous étiez un citoyen, donc un adulte, quelle Constitution préféreriez-vous ? Pourquoi ?*
20 min	Les groupes présentent leurs choix et les raisons de ce choix. Quand un choix semble se dessiner à l'échelle de la classe, l'enseignant arrête toute discussion et convoque le corps électoral et empêche les filles de participer.	*Présentez le choix de votre groupe et justifiez-le !* *Bien, maintenant les électeurs vont venir se présenter devant moi. Les filles, vous pouvez rester assises, vous n'avez pas le droit de voter !*

15 min	Discussion rapide. Présentation des régimes politiques en question. Distribution de la Constitution de la IVe République (1946) et comparaison avec d'autres pays.	Voir « documents de travail ».
15 min	Retour sur les événements de 1848. Il s'agit que les élèves se rendent compte que si la révolution de 1848 peut paraître imparfaite à nos yeux, elle n'en représentait pas moins une rupture radicale (texte de Guizot). Questions aux élèves en guise de conclusion et de résumé. Lecture d'un passage des *Misérables*.	Voir « le point sur la question ». *Qu'est-ce que le suffrage universel ?* *Que s'est-il passé en 1848 ?*

▲ Les représentations des élèves

Les élèves s'imaginent toujours que les droits sont un don des dieux, quelque chose de normal, de naturel qui n'a nécessité aucune bataille. Ils pensent également que les lois qui régissent la société sont éternelles, valables depuis toujours. La conception moderne de la citoyenneté est quelque chose de tout à fait récent, et donc le produit d'un long processus.

L'appartenance des femmes au corps électoral n'a pas été chose évidente. Malgré le rôle que les femmes ont pu jouer durant les deux conflits mondiaux, la France a pris un retard considérable en la matière, à l'époque. Des pays, parfois inattendus, comme la Turquie et le Pakistan, ont été parmi les premiers à accorder le suffrage aux femmes et donc à se doter avant tous les autres d'un authentique suffrage universel au moins quant au principe. Depuis, les événements ont montré que ces décisions étaient essentiellement volontaristes et ne correspondaient pas à un choix des sociétés concernées. La Turquie et le Pakistan ont eu des femmes Premiers ministres alors que la France n'a franchi ce cap qu'une fois (Édith Cresson).

Parfois, quelques élèves peuvent être porteurs de la conviction que la France, en tant que « patrie » de la Révolution, serait un modèle en matière de démocratie, au contraire des monarchies qui ne pourraient être des démocraties. Le tableau que nous avons joint dans la partie consacrée au « point sur la question » montre qu'il n'en est rien, en tout cas pour les femmes. Chaque société a certainement ses contradictions ou ses lourdeurs. On doit relativiser un regard méprisant qui se fait jour à l'endroit des pays musulmans dont on sait qu'ils ne sont pas des modèles en matière des droits politiques des femmes. Remarquons tout au moins que certains pays ont précédé la France sur ce chemin, même si les droits de la femme ont depuis stagné ou régressé.

▲ Le point sur la question

Le suffrage universel masculin a en fait été instauré en France dès 1793 mais il n'a pas été mis en application. Très vite, la Constitution de 1795 l'a remplacé par le suffrage censitaire. Ce principe prévalait sous la monarchie de Juillet. Un mouvement d'opinion réclamait non pas l'institution du suffrage universel, mais l'abaissement du cens qui aurait permis d'élargir le corps électoral. Mais Louis Philippe ne mit jamais en œuvre cette réforme électorale qui était au centre de tous les débats politiques.

Les journées révolutionnaires de février furent un phénomène essentiellement parisien qui amena au pouvoir un gouvernement provisoire de onze membres (Ledru-Rollin, Arago, Lamartine, Crémieux, Dupont de l'Eure...), résultat de négociations qui firent que, somme toute, ce gouvernement était représentatif de l'ancienne Chambre des députés. La crise économique était assez sévère dans les campagnes avec des craintes de pénurie de céréales.

Le gouvernement provisoire tenta d'intervenir directement dans l'économie en créant les Ateliers nationaux, véritable ancêtre des entreprises dites étatiques. L'expérience tourna court (du 6 mars au 28 juin 1848) pour des raisons économiques, et parce que la bourgeoisie libérale y était hostile. N'était-ce pas là la préfiguration du communisme ? Le 26 juin, les 117 000 ouvriers des Ateliers parisiens furent débarqués et durent choisir entre l'engagement dans l'armée ou le travail sur des chantiers en province. Ce fut le début des journées révolutionnaires de juin où les républicains massacrèrent les ouvriers : on enregistra 5 000 morts, dont peut-être 1 500 exécutions sommaires, 17 000 emprisonnements, 15 000 « déportations » en Algérie.

C'est dans ce contexte troublé que Louis Napoléon Bonaparte allait être élu président de la République le 10 décembre 1848 avant de devenir le fossoyeur de ce régime grâce à sa quatrième tentative de coup d'État, réussie celle-là, le 2 décembre 1851. Le même homme qui aurait dû être le garant de la Constitution de novembre 1848 mit en place la Constitution du second Empire en 1852. Cependant, il ne devait pas porter atteinte au suffrage universel, pour l'essentiel.

Le suffrage universel dans le monde

Pays	Masculin	Féminin
France	1848	1946
Norvège	1898	1913
Finlande	1906	1906
Pays-Bas	1917	1919
Grande-Bretagne	1918	1928
Allemagne	1919	1919
Belgique	1919	1949
Suède	1921	1921
Turquie	1922	1934
Pakistan		1937

Pays	Féminin	Masculin
Finlande	1906	1906
Norvège	1913	1898
Pays-Bas	1919	1917
Allemagne	1919	1919
Suède	1921	1921
Grande-Bretagne	1928	1918
Turquie	1934	1922
Pakistan	1937	1919
France	1946	1848
Belgique	1949	1919

La place de la France est assez paradoxale. Placée en premier rang des dix pays que nous avons retenus pour le suffrage universel masculin, elle se place à l'avant-dernier rang pour le suffrage universel complet !

La France innove non seulement dans le principe mais aussi dans l'organisation pratique de la consultation et dans la mise en place d'un certain nombre de garanties. Le lieu de vote choisi fut le chef-lieu afin d'éviter les pressions sur les paysans ; les outils que nous connaissons aujourd'hui furent inventés alors : bulletins, listes électorales, urnes... Comme la moitié des électeurs ne savait pas écrire, des bulletins furent imprimés, etc.

Cependant, les trois quarts des élus l'avaient déjà été, le suffrage universel confirma dans l'ensemble les personnalités éligibles selon l'ancienne loi électorale définie dans la Constitution de 1830. Certains craignaient que le droit de vote accordé au peuple soit pour lui l'occasion de renverser l'ancien monde, il n'en fut rien.

Nous joignons à ce point un tableau récapitulant les différentes Constitutions de la France (voir page suivante). Seize Constitutions entre 1791 et 1958, soit une tous les dix ou onze ans ! Cela donne une idée des modifications politiques de cette période. Soulignons encore que les femmes attendront un siècle avant d'avoir le droit de vote alors qu'elles eurent une participation entière à la vie économique et politique durant les conflits mondiaux ! Ce tableau peut également faciliter des recherches complémentaires dans le fouillis constitutionnel français ; aussi avons-nous conservé le calendrier révolutionnaire.

Les Constitutions de la France

Constitution de 1791.	3 et 4 septembre 1791
Constitution de l'An I. Ire République.	24 juin 1793
Constitution de l'An III. Directoire.	5 fructidor An III / 22 août 1795
Constitution de l'An VIII. Consulat.	22 frimaire An VIII / 13 décembre 1799
Constitution de l'An X. Consulat à vie.	14 thermidor An X / 8 août 1802
Constitution de l'An XII. Empire.	28 floréal An XII / 18 mai 1804
Charte de 1814. Ire Restauration.	4 juin 1814
Acte additionnel aux Constitutions de l'Empire. Cent-Jours.	23 avril 1815
Charte de 1830. Restauration.	14 août 1830
Constitution de 1848. IIe République.	4 novembre 1848
Constitution de 1852. Second Empire.	14 janvier 1852
Constitution de 1875. IIIe République.	3 lois des 24, 25 février et 16 juillet 1875
Loi constitutionnelle de 1940. État français.	10 juillet 1940
Loi constitutionnelle du 2 novembre 1945. Gouvernement provisoire.	2 novembre 1945
Constitution de1946. IVe République.	27 octobre 1946
Constitution de 1958. Ve République.	4 octobre 1958

▲ Indications sur l'animation

Bien évidemment, on ne peut en aucune façon rentrer dans les détails des événements de 1848, et encore moins tenter d'expliquer pourquoi le gouvernement provisoire de « gauche » réprima aussi durement les révoltés de juin.

Remarquons que le concept de pouvoir est central. En effet, au lendemain de la prise des Tuileries, le 10 août 1792, la Constitution de 1793 confirmait la République par une Constitution qui instituait le suffrage universel masculin, mais cette décision fut sans suite. Elle était pourtant cohérente avec le rôle central que le peuple avait joué dans la chute de la monarchie, dans la défense de la patrie : il devait être le souverain !

En 1848, la suppression ou non du suffrage censitaire, sa réforme ou encore la mise en place du suffrage universel posent à nouveau la question de l'identité du souverain.

Il est important que l'enseignant imagine une raison sérieuse pour convoquer les électeurs-élèves. Cela peut être un prétexte politique, déclarer la guerre par exemple, ou bien une raison tirée de la vie de la classe. L'essentiel étant que la colère et l'indignation des filles qui ne seront pas convoquées soient grandes ! Nous pouvons en général compter sur les garçons pour se faire à cette occasion les porteurs de quelques poncifs sexistes qui ne laissent pas les filles indifférentes.

Le choix des élèves se porte évidemment sur la Constitution de 1793 ou sur celle de 1848. Peu importe ! L'enseignant doit faire remarquer que les dispositions de 1793 n'ont tenu que l'espace de deux ans. Pourquoi au bout de deux ans est-on revenu sur le suffrage universel ? La réponse exacte importe peu, ce qui compte c'est que les élèves aient en tête la fragilité de cette disposition. La Constitution de 1848 est souvent préférée car elle est plus proche de nous. Les élèves pensent qu'elle ressemble plus à la Constitution qui nous régit, même s'ils ne savent rien sur cette dernière.

Enfin, il est important qu'après la colère des filles on examine en classe deux points apparemment contradictoires. La France n'a pas été à l'avant-garde des droits politiques des femmes ; la Constitution de 1848 ne saurait être un modèle en la matière, mais, en même temps, elle rompt définitivement avec le suffrage censitaire, elle est un pas significatif vers l'égalité politique. Les élèves peuvent même faire des hypothèses sur la coïncidence de dates entre la fin de la Seconde Guerre mondiale et l'instauration d'un vrai suffrage universel en France.

▲ Documents de travail

Pour tous les groupes

- **Les différentes Constitutions de la France avant 1848** (extraits)

Document 1 : Constitution de 1793

Tout homme né et domicilié en France, âgé de vingt et un ans ;

Tout étranger âgé de vingt et un ans qui est domicilié en France depuis une année – Y vit de son travail – Ou acquiert une propriété – Ou épouse une Française – Ou adopte un enfant – Ou nourrit un vieillard ;

Tout étranger enfin, qui sera jugé par le corps législatif avoir bien mérité de l'humanité.

Est admis à l'exercice des droits de citoyen français.

Document 2 : Constitution de 1795

Tout homme né et résidant en France, qui, âgé de vingt et un an, s'est fait inscrire sur le registre civique de son canton, qui a demeuré depuis pendant une année sur le territoire de la République, et qui paie une contribution (un impôt) directe, foncière ou personnelle, est citoyen français.

Document 3 : Constitution de 1848

L'élection a pour base la population.

Le suffrage est direct et universel. Le scrutin est secret.

Sont électeurs, sans condition de cens (de revenu ou d'impôt), tous les Français âgés de vingt et un ans, et jouissant de leurs droits civils et politiques.

Sont éligibles, sans condition de domicile, tous les électeurs âgés de vingt-cinq ans.

- **La Constitution de la IVe République** (27 octobre 1946)

La souveraineté nationale appartient au peuple français.

Aucune section du peuple ni aucun individu ne peut s'en attribuer l'exercice.

Le peuple l'exerce, en matière constitutionnelle, par le vote de ses représentants et par le référendum.

En toutes autres matières, il l'exerce par ses députés à l'Assemblée nationale, élus au suffrage universel, égal, direct et secret.

Sont électeurs, dans les conditions déterminées par la loi, tous les nationaux et ressortissants français majeurs des deux sexes, jouissant de leurs droits civils et politiques.

- **Discours de Guizot à la Chambre des députés** (15 février 1842)

Enrichissez-vous par le travail et par l'épargne.

Seul celui qui possède est vraiment libre et peut représenter les autres! L'électeur à 300 francs représente parfaitement l'électeur à 200 francs, à 100 francs. Il ne l'exclut pas; il le représente, il le protège, il le couvre, il ressent, il défend les mêmes intérêts. Je suis pour mon compte ennemi juré du suffrage universel.

Document complémentaire : Victor Hugo, *Les Misérables*

Une lecture de ce passage centré sur Gavroche et sa chanson devenue fameuse peut permettre aux élèves de découvrir la profonde sensibilité de Victor Hugo et de cette œuvre qu'il a écrite en exil après le coup d'État de Bonaparte le 2 décembre 1851. *Les Misérables* seront publiés en 1853 et expriment sa douleur après la répression sanglante par le gouvernement provisoire républicain de l'insurrection de juin 1848.

▲ Bibliographie

Livres pour l'enseignant

Offerle M., *Un homme, une voix ? Histoire du suffrage universel*, Gallimard, coll. « Découvertes », 1993.

Pernin M., *Les Citoyens sur les chemins de la démocratie*, Gallimard jeunesse, coll. « Hors série », 1999.

Les Constitutions de la France depuis 1789 (présentation par Jacques Godechot), Flammarion, coll. « GF », n° 228.

Sites Internet

Les textes constitutionnels de référence, avec le préambule de la Constitution de 1946, la Constitution de 1958 et les modifications ultérieures :
http://www.france.diplomatie.fr/france/instit/constit/constitution.html

La Constitution du 4 octobre 1958 :
http://www.premier-ministre.gouv.fr/HIST/HCONST.HTM

Site de l'Assemblée nationale avec visite virtuelle du Palais-Bourbon. Des informations sont apportées sur les tâches de l'Assemblée nationale actuelle :
http://www.assemblee-nat.fr/

Au musée d'Orsay, l'exposition « 1848, la République et l'Art vivant » :
http://www.musee-orsay.fr.

Un site de l'académie de Nantes fort intéressant :
http://www.ac-nancy-metz.fr/enseign/hist-geo/lp/Pratique/weingaertner/act_1848/constit.htm

Le site du *Monde diplomatique* où l'on peut consulter un article d'Alain Garrigou, « Le suffrage universel, une "invention" française » :
http://www.monde-diplomatique.fr/1998/04/GARRIGOU/10288.html

LA COMMUNE (1871)

25

À QUAND ENFIN LA RÉPUBLIQUE DE LA JUSTICE ET DU TRAVAIL ?
(J.-B. Clément)

Concepts centraux

Point de vue, classe sociale.

Objectifs notionnels

Mouvement communal, luttes ouvrières, révolution industrielle.

DURÉE	ORGANISATION	MISSION
Prendre la mesure des luttes sociales, de l'écart entre les regards d'une classe sociale sur l'autre, et réciproquement.		
10 min	Le contexte guerrier de la France est rapidement suggéré par l'enseignant.	Voir « le point sur la question ».
30 min	La classe est partagée en deux parties et autant de groupes que nécessaire : – une partie travaille sur des documents communards ; – une partie travaille sur des documents versaillais. Chaque groupe est chargé de présenter les personnages dont il est question dans les textes, c'est-à-dire les communards. Les moyens appropriés peuvent être le mime ou le dessin.	*Lisez les textes et présentez les personnages dont il est question soit par un mime, soit par un dessin que vous commenterez devant la classe.*

20 min	Chaque groupe fait son rapport. L'enseignant se sert des rapports des groupes pour tirer au clair le projet des communards et les raisons pour lesquelles il suscite une telle haine chez les Versaillais.	*Pourquoi un tel projet ? Contre qui est-il dirigé ? Pourquoi avoir décrit des personnes comme cela a été fait dans vos textes ? Qui peut donc avoir écrit un tel texte ?*
10 min	L'enseignant présente les conséquences immédiates de la répression de la Commune, l'exil et le parti pris de Victor Hugo et quelques portraits de communards.	Voir « le point sur la question » et les « documents complémentaires » dans la partie consacrée aux documents.
10 min	L'enseignant peut faire écouter plusieurs chants communards, par exemple *Le Temps des cerises*. Quelques textes de chansons ou de poèmes peuvent être copiés sur les cahiers des élèves en guise de résumé de la leçon.	*Voici quelques chansons du temps de la Commune ou qui nous en parlent.*

▲ Les représentations des élèves

Les élèves n'ont aucune représentation concernant la Commune. On peut cependant différencier l'entrée en matière selon qu'on habite ou pas dans une des villes dans lesquelles le mouvement communard a existé. Dans ce cas, on peut proposer aux élèves la photographie d'un monument consacré à la mémoire des Fédérés. Il faudra signaler aux élèves que des monuments religieux, comme le Sacré-Cœur à Montmartre ou Notre-Dame-de-Fourvière à Lyon, ont été édifiés afin que les péchés des Insurgés soient expiés. Quant à ceux des auteurs des répressions sanglantes, on peut supposer que l'Église d'alors n'a pas cru qu'ils pouvaient être rangés dans la même catégorie.

Dans le cas où la ville n'a pas été concernée par le mouvement communard, l'enseignant démarrera directement par une présentation magistrale succincte de la situation historique au moment où débutent les insurrections en question.

▲ Le point sur la question

En 1870, la France est en guerre contre la Prusse. En septembre, Napoléon III se rend aux Prussiens car il est encerclé dans Sedan. Le

4 septembre, à Paris, la déchéance de l'empereur est proclamée. Les auteurs de cette révolution tranquille décident d'instaurer la IIIe République. Un gouvernement provisoire s'installe à l'Hôtel de Ville qui prépare les élections législatives.

Mais des militants de l'Association internationale des travailleurs constituent des clubs de vigilance. Au début, leur volonté est plutôt de soutenir le gouvernement provisoire contre les forces qui voudraient empêcher le retour de la République. L'occupation d'une partie de la France, le défilé des Prussiens à Paris, la suppression de la solde des gardes nationaux (qui sont des ouvriers mobilisés) troublent les esprits.

L'événement qui va mettre le feu aux poudres est la décision de Thiers de désarmer Paris afin que le gouvernement provisoire respecte ses engagements pris au moment de l'armistice. La garde nationale et la foule empêchent ce désarmement. L'armée fraternise avec la garde nationale. Deux généraux sont fusillés. Le gouvernement provisoire s'enfuit à Versailles (d'où la dénomination de Versaillais accordée aux adversaires de la Commune). Le 26 mars, les Parisiens élisent un conseil communal qui prendra le nom de Commune.

Au-delà des divergences des communards, un certain nombre de mesures les réunissent : moratoire sur les loyers, report des dettes, liberté d'association des ouvriers, séparation de l'Église et de l'État, nationalisation des entreprises des propriétaires en fuite. Ces mesures ne seront que partiellement appliquées car, très vite, l'urgence est de faire face à plus de 100 000 soldats versaillais dirigés par Mac-Mahon. La Commune dispose de 20 000 à 30 000 hommes et femmes. Une terreur s'installe contre ceux restés à Paris et qui pourraient être des alliés des Versaillais.

Les Versaillais rentrent dans Paris le 21 mai et, durant une semaine, la chasse aux communards s'organise. Le bilan est très lourd : 20 000 à 30 000 communards contre 1 264 morts du côté versaillais ou supposé.

Une chronologie des soulèvements populaires permet de se rendre compte que le mouvement de la Commune ne se limite pas à Paris. Cependant, la Commune de Paris ne sera pas secourue par les communes de province qui connurent, elles aussi, une répression sévère. De plus, il ne faut jamais oublier que la France était en guerre et qu'une partie de son territoire était occupée par l'armée prussienne.

Voici les seules villes où l'insurrection est devenue quelque temps maîtresse de la situation :

Lyon	22-25 mars 1871
Marseille	23 mars-4 avril 1871
Toulouse	23-27 mars 1871
Narbonne	24-31 mars 1871
Saint-Étienne	24-28 mars 1871
Le Creusot	26-27 mars 1871
Limoges (où l'émeute a duré moins d'un jour)	4 avril 1871
Thiers et combats à Lyon	30 avril 1871

Beaucoup d'analyses de ce mouvement ouvrier coexistent : mouvement patriotique puis social, mouvement de résistance à l'« hausmannisation » de Paris. Quoi qu'il en soit, la Commune a profondément marqué la mémoire ouvrière. Seul encore une fois, Victor Hugo s'est battu contre les représailles infligées aux communards.

▲ Indications sur l'animation

Le principe sur lequel repose cette situation-problème est devenu classique pour le lecteur. Il s'agit de croiser deux regards non seulement sur le même objet mais sur l'autre, l'autre regardant le même objet – cet autre diabolisé, qui appartient à l'autre classe sociale, celle dont on pense que tous les efforts concourent précisément à nous ruiner.

Nous voudrions ici faire remarquer que peu importe que la lutte des classes soit ou ne soit pas une réalité scientifique, c'est-à-dire un concept doté d'une capacité d'éclaircissement des événements du passé. Ce qui compte finalement, c'est que les protagonistes de l'histoire soient apparemment convaincus qu'ils appartiennent à des classes sociales qui ont des intérêts antagoniques. Si cette représentation est vraiment la leur et motive leurs actions, elle tient lieu de réalité.

L'important au cours de l'animation, c'est que les élèves se rendent compte qu'ils disposent en fait de ces deux regards à travers les textes : chaque classe considère que l'autre est à la fois la source de ses malheurs et la source de tous les dangers à venir. Cela étant posé, est-ce que cela les renvoie dos à dos ? S'il n'y a pas à choisir l'une contre l'autre, faut-il autant les déresponsabiliser l'une et l'autre des luttes qui se mènent ?

Les élèves peuvent déjà se rendre compte qu'ils ont leurs préférences, et que celles-ci peuvent s'argumenter et correspondent souvent à des positions que nous avons dans ce monde-ci, c'est-à-dire dans le présent.

▲ Documents de travail

Textes anti-communards

• **Document 1 : les communards d'après M. Du Camp, *Les Convulsions de Paris*** (1881)

Ce n'étaient que des malfaiteurs, qui se sont servis de prétextes parce qu'ils n'avaient pas de bonnes raisons à donner ; les assassins ont dit qu'ils frappaient les ennemis du peuple, et ils ont tué les plus honnêtes gens du pays ; les voleurs ont dit qu'ils reprenaient le bien de la nation, et ils ont pillé les caisses publiques ; les incendiaires ont dit qu'ils élevaient des obstacles contre l'armée monarchique, et ils ont mis le feu partout ; seuls les ivrognes ont été de bonne foi : ils ont dit qu'ils avaient soif, et ils ont défoncé les tonneaux.

• **Document 2 : les communards d'après Théophile Gautier, *Tableaux du siège*** (1872)

Il y a sous toutes les grandes villes des fosses aux lions, des cavernes fermées d'épais barreaux où l'on parque les bêtes fauves, les bêtes puantes, les bêtes venimeuses, que la civilisation n'a pu apprivoiser, ceux qui aiment le sang, ceux que l'incendie amuse comme un feu d'artifice, ceux que le vol réjouit ; population immonde, inconnue au jour, et qui grouille dans les profondeurs souterraines. Un jour, il advient qu'un garde distrait oublie ses clefs aux portes de la ménagerie, et les animaux féroces se répandent par la ville épouvantée avec des hurlements sauvages. Des cages ouvertes s'élancent les hyènes de 1793 et les gorilles de la Commune.

Textes pro-communards

• **Document 1 : le programme communard** (mars 1871)

Dans le conflit douloureux et terrible qui menace Paris, dans les horreurs du siège des Prussiens et du bombardement, les communards demandent la reconnaissance et la consolidation de la République, seule forme de gouvernement qui garantisse les droits du peuple.

Les droits que proclame la Commune sont la garantie absolue de la liberté individuelle, de la liberté de conscience et de la liberté de travail, l'intervention permanente des citoyens dans les affaires communales par la libre manifestation de leurs idées.

La révolution communale, commencée le 18 mars, c'est la fin du vieux monde de l'exploitation, des privilèges auxquels le peuple doit son servage.

• **Document 2 : Louis Barron, *Sous le drapeau rouge*** (1889)

Une vieille femme, une ouvrière, déclare : « Moi, voilà quarante ans que je suis laveuse, et que je travaille toute la sainte semaine, sans avoir souvent de quoi mettre, manger et payer mon loyer. La nourriture est si chère ! Et il y en a bien d'autres, comme moi, je le sais bien.

Pourquoi donc que les uns se reposent du jour de l'An à la Saint-Sylvestre, pendant que nous sommes au travail ? Est-ce juste ? Il me semble que si j'étais le gouvernement, je m'arrangerais pour que les travailleurs puissent se reposer à leur tour. Je leur ferais construire des maisons de campagne où ils iraient se délasser et s'amuser un brin. Si le peuple avait des vacances, comme les riches, il ne se plaindrait pas tant. Voilà ce que j'avais à vous dire, citoyens. »

Documents complémentaires

• **Document 1 : Victor Hugo,** « Pas de représailles », *L'Année terrible* (avril 1871)

Ceux que j'ai terrassés, je ne les brise pas.

Qu'entre mes ennemis et moi tout s'équilibre ;

Si je les vois liés, je ne me sens pas libre ;

À demander pardon j'userais mes genoux

Si je versais sur eux ce qu'ils jetaient sur nous.

• **Document 2 : le souvenir de la Commune** (J.-B. Clément, *Le Temps des cerises,* chanson dédiée en 1885 à une ambulancière de la Commune, chantée par Marc Ogeret)

Quand nous en serons au temps des cerises

Et gai rossignol et merle moqueur

Seront tous en fête.

[...]

• **Document 3 : portraits de communards**

Toute une série de portraits peuvent être élaborés par les élèves au cours de recherches rapides à la BCD :

Louise Michel, Jules Vallès, Courbet, Jean-Baptiste Clément, Eugène Pottier, Dombrovski...

▲ Bibliographie

Livres

Georgel, *Courbet*, Gallimard, coll. « Découvertes », 1995.

Prigent D., Chion, Tichey, *Une belle époque 1871-1914*, Épigones.

Solet B., *Bastien, gamin de Paris*, Syros, coll. « Souris histoire », 1997.

Zimmermann D., Pujade Renaud C., *La Commune n'est pas morte*, La Farandole, coll. « LF Romans », 1991.

Disques

Ferrat Jean, *Jean Ferrat 1971/1972, vol. 5, La Commune*, PG, 1992.

Ferré Léo, *Avec le temps...* (Intégrale Barclay), *L'affiche rouge*, réf. 8412602, PG, 1989.

Ogeret Marc, *Florilège de la chanson, Le Temps des cerises, Elle n'est pas morte, L'Internationale*, réf. 74321220382, BMG.

L'AFFAIRE DREYFUS

26

LA HAINE ANTISÉMITE À VISAGE DÉCOUVERT !

Concept central

Altérité.

Objectif notionnel

Antisémitisme.

DURÉE	ORGANISATION	MISSION
10 min	L'enseignant renseigne rapidement les élèves sur les amonts de l'affaire Dreyfus.	Voir « le point sur la question ».
20 min	La classe est répartie en deux parties avec autant de groupes que nécessaire. Une même consigne : situer Dreyfus d'après l'auteur.	*Qui est Dreyfus d'après l'auteur du texte que vous avez lu ? Dressez un portrait de cet homme.*
20 min	Les groupes rapportent, l'enseignant fait classer les portraits de Dreyfus : il y a les portraits favorables et ceux qui lui sont défavorables.	*Classez les différents rapports faits par les groupes. Qu'en pensez-vous ?*
20 min	L'enseignant distribue aux groupes différents documents. Les élèves les lisent. L'enseignant s'appuie sur ces documents pour intervenir magistralement.	*Lisez ces documents. Qu'en pensez-vous ?*

▲ Les représentations des élèves

Les élèves n'ont pas de représentation à propos du capitaine Dreyfus. En revanche, l'injustice et le racisme, le fait que l'étranger soit parfois rapidement présumé coupable, tous ces phénomènes évoquent des comportements précis pour eux.

Le racisme reste cependant quelque chose de vague, limité aux Arabes ou aux Noirs ; l'antisémitisme n'évoque rien pour eux. Ils ont même des difficultés à saisir comment le fait d'être juif peut déchaîner la haine. L'affaire Dreyfus offre cet avantage de travailler sur des aspects inusités, pour des élèves, du racisme. L'injustice dont est victime Dreyfus est tout à fait perceptible par les élèves, ainsi que l'engrenage de dénégations et de faux témoignages dans lesquels l'état-major français s'est enfermé.

La mobilisation des dreyfusards, son importance et son opiniâtreté, et plus encore sa nature et sa raison d'être, apparaissent quant à elles démesurées à des élèves qui côtoient quotidiennement des agressions. Celles-ci ne sont pas fortement racistes, au sens étroit du terme : elles concernent la différence, l'étrangeté qui va être repérée chez l'autre et transformée en outil de harcèlement en Amérique du Nord, tandis qu'en Europe on minimise ce type de comportement.

C'est sur ces derniers points, semble-t-il, que l'exploitation de la situation-problème doit insister. Pourquoi l'injustice faite à un seul mobilise autant d'énergies ? Et, symétriquement, autant de haine ? Derrière la personne de Dreyfus, quels sont les enjeux ? Qu'est-ce que l'antisémitisme ?

▲ Le point sur la question

Quelques éléments chronologiques :

• *Décembre 1894 :* un officier juif, Alfred Dreyfus, est condamné par le conseil de guerre à la déportation perpétuelle. Il aurait livré des documents à l'Allemagne.

• En mars 1896, le nouveau commandant des services de renseignements, Picquart, découvre que le vrai coupable est Esterhazy.

• Picquart est déplacé.

• L'état-major invente des faux. L'affaire éclate.

• Esterhazy est acquitté. Zola inculpé, Picquart est arrêté.

• Les falsifications sont découvertes.

• *Août 1898 :* le colonel Henry, auteur des faux, se suicide. La Cour de cassation révise le procès.

• Mais un second conseil de guerre condamne Dreyfus à nouveau.

• En septembre 1899, Dreyfus est gracié (la coalition des gauches est arrivée au pouvoir). Mais le débat qui portait sur les principes bafoués et les institutions perverties est enterré.

• Dreyfus n'est réhabilité qu'en 1906, douze ans après son arrestation.

Faut-il voir dans l'affaire Dreyfus un moment de progrès déterminant de la démocratie ? Ce n'est pas si sûr, car même si Dreyfus finit par être réhabilité, c'est plus pour calmer l'opinion publique que pour en tirer les conséquences qui s'imposent au plan du fonctionnement des diverses institutions. L'armée sera mieux contrôlée par le Parlement qui la considérait comme contrôlée par la droite antirépublicaine. En définitive, c'est peut-être plus cela qui motiva la révision du procès que la lutte contre l'injustice et l'antisémitisme.

▲ Indications sur l'animation

Le principe de la situation-problème repose sur la confrontation de deux points de vue radicalement opposés. Dreyfusards et antidreyfusards s'affrontent à travers des campagnes de presse de grande ampleur. Les élèves sont partagés en deux parties ayant chacune un extrait de presse de chacun des camps en présence.

Il s'agit de dresser un « portrait » à l'aide du document et de confronter les deux visions de Dreyfus. La confrontation de ces deux portraits doit surprendre les élèves et les amener à s'interroger sur la réalité de ce personnage ainsi que sur la validité des témoignages qui leur auront été fournis par l'enseignant. On peut au cours de la confrontation classer les informations et s'apercevoir que certaines sont d'ordre judiciaire et d'autres d'ordre raciste. Autrement dit, l'affaire Dreyfus s'articule autour de plusieurs plans à la fois : celui de savoir si l'homme était ou non coupable, celui d'enjeux qui le dépassent. Il s'agit en fait d'arguments xénophobes et antisémites des antidreyfusards, celui de savoir si oui ou non la France était une démocratie, ou du moins ce sont les termes que nous utiliserions aujourd'hui pour réfléchir à ce problème.

Seul le travail d'exploitation au moment de la confrontation puis la lecture des documents complémentaires (avec les attaques contre Zola, accusé d'être d'origine italienne, donc antifrançais, et les répliques de Jules Renard par exemple) peuvent faire percevoir tous ces aspects de l'affaire Dreyfus. Même si la lettre de Zola « J'accuse » n'est pas dans les manuels de l'école, il paraît important que les élèves aient vu cette première page de journal et qu'ils sachent qu'elle lui a coûté une condamnation à un an de prison.

L'animation demande donc que l'enseignant ne se lance pas dans une démonstration de l'innocence de Dreyfus, mais qu'il pointe, avec les élèves, les enjeux de cette affaire qui a laissé dans la mémoire collective une marque inaltérée pour l'instant.

▲ Documents de travail

Document antidreyfusard

(d'après *L'Intransigeant*, 12 décembre 1897)

Dreyfus était ennuyé par la campagne contre les Juifs montée par plusieurs journaux. Très ambitieux, il se disait que, Juif, il ne pourrait jamais atteindre les plus hauts grades de l'armée. Et il pensait qu'il serait préférable pour lui d'aller habiter l'Alsace (allemande à cette époque) et d'adopter la nationalité allemande. C'est alors qu'il songea à quitter l'armée. Auparavant, il écrivit directement à l'empereur d'Allemagne afin de lui faire part de ses sympathies pour l'Allemagne et lui permettre d'entrer avec son grade dans l'armée allemande. Guillaume II fit savoir au capitaine Dreyfus qu'il était préférable qu'il servît le pays allemand comme espion au sein de l'armée française, et qu'il serait considéré à l'État-Major allemand comme un officier en mission en France. Dreyfus accepta ces conditions. Et la trahison commença.

Document dreyfusard

(d'après Émile Zola, *L'Aurore*, 13 janvier 1898)

*J'accuse le général Billot d'avoir eu entre les mains les preuves certaines de l'innocence de Dreyfus et de les avoir cachées, de s'être rendu coupable de ce crime pour sauver l'État-Major de l'armée qui était compromis. J'accuse les bureaux de la Guerre d'avoir mené dans la presse, particulièrement dans l'*Éclair *et dans l'*Écho de Paris, *une campagne abominable, pour égarer l'opinion et couvrir leur faute. J'accuse enfin le conseil de guerre d'avoir violé le droit, en condamnant un accusé sur une pièce restée secrète. Et l'acte que j'accomplis ici n'est qu'un moyen révolutionnaire pour hâter l'explosion de la vérité et de la justice.*

Documents complémentaires

- **Document 1 : Dreyfus vu par Léon Daudet, *Le Figaro***
(6 janvier 1895)

Le misérable n'était pas Français. Nous l'avions tous compris par son acte, par son allure, par son visage.

- **Document 2 : Émile Zola vu par Maurice Barrès, *Le Journal de février*** (1898)

M. Zola. Il se prétend bon Français ; je ne fais pas le procès de ses intentions. Je reconnais que son dreyfusisme est le produit de sa sincérité. Mais je dis à cette sincérité : il y a une frontière entre vous et moi. Quelle frontière ? Les Alpes !

Les esprits perspicaces ont toujours senti ce qu'il y a d'étranger, voire d'antifrançais, dans le talent de Zola.

• **Document 3 : les antidreyfusards vus par Jules Renard, *Le Journal*** (1893)

Parce qu'ils ne sont pas Juifs, ils se croient beaux, intelligents et honnêtes. J'acquitte Zola. Loin d'organiser le silence autour de lui, il faut crier : « Vive Zola ! » Il faut hurler le cri de toutes nos profondeurs.

• **Un extrait de « J'accuse » de Zola, dans *L'Aurore*** (janvier 1898)

On peut facilement se procurer cet extrait dans les manuels de collège. Cette lettre est absente des manuels de l'école primaire. Nous indiquons plus bas deux sites Internet sur lesquels on peut découvrir le texte.

▲ Bibliographie

Livres

• **Ouvrage pour l'enseignant**

Rébérioux M. et Drouin M., « *L'affaire Dreyfus : la République en question* », *in Textes et documents pour la classe*, n° 676, CNDP, 1994.

• **Ouvrage pour les élèves**

Quelques passages de Solet B., *Il était un capitaine*, Hachette Jeunesse, 1989.

Sites Internet

Site officiel du centenaire de l'affaire Dreyfus et du « J'accuse » d'Émile Zola :
http://www.agorapolis.com/zola/

Texte intégral de la lettre de Zola :
http://www-biol.univ-mrs.fr/~bech/d_zola/jaccuse.html

Dossier pédagogique de la BNF :
http://www.bnf.fr/web-bnf/pedagos/dreyfus/index.htm

LE COLONIALISME

27

UNE ŒUVRE CIVILISATRICE, VRAIMENT ?

Concept central

Droit des peuples à disposer d'eux-mêmes.

Objectif notionnel

Politique de colonisation.

DURÉE	ORGANISATION	MISSION
Séquence 1 **Cette phase a pour but de faire prendre conscience aux élèves que la colonisation est porteuse d'actes contraires aux principes que défend officiellement la France.**		
5 min	Émergence des représentations sur ce qu'est la colonisation.	*Pouvez-vous dire en quelques mots ce qu'étaient les colonies de la France ?*
30 min	La classe est partagée en deux parties : – deux groupes (groupes 1 et 2) qui travaillent sur l'intérêt de l'expédition d'Alger ; – deux groupes (groupes 3 et 4) qui appartiennent à la commission d'enquête parlementaire sur les exactions françaises en Algérie.	*Allez dans vos groupes et travaillez sur les documents qui vous ont été distribués. Remplissez la consigne qui est jointe à ces documents.*
20 min	Rapports des groupes, confrontation entre les intérêts de la conquête et les principes.	*Faites votre rapport. Les autres groupes, vous écoutez.*

Séquence 2 **Un siècle s'est écoulé, quoi de neuf dans les colonies ? Cette fois-ci, ce sont des écrivains et des journalistes qui mènent l'enquête.** **La violence ne fait que retarder la décolonisation.**		
30 min	La classe est toujours partagée en deux parties : – deux groupes qui justifient la conquête comme œuvre civilisatrice ; – deux groupes qui exposent les pertes humaines que provoque la colonisation.	*Allez dans vos groupes et exposez le point de vue qui est présenté dans votre document sous la forme que vous souhaitez.*
30 min	Rapport des deux parties. Pas de discussion. Lecture par l'enseignant qui lit la déclaration d'indépendance du Vietnam et l'article de journal algérien.	*Faites votre rapport. Les autres groupes écoutent sans discuter ce que les groupes avancent comme argument.* *Écoutez les documents que je vais lire et qui vous exposent rapidement comment la colonisation s'est achevée.*
	Résumé préparé et fourni par l'enseignant. Un texte qui expose les points de vue des deux parties dans les deux séquences.	

▲ Les représentations des élèves

Les élèves n'ont pas la moindre idée de ce qu'a pu être le colonialisme. Ce n'est pas sur le fait historique qu'on peut les interpeller, mais sur les attitudes contradictoires de la France. Se présentant comme la patrie des Droits de l'homme et du citoyen depuis 1789, puis comme une ardente défenderesse du droit des peuples à disposer d'eux-mêmes, elle ne s'en tailla pas moins un immense empire colonial qui n'était dépassé que par l'Empire britannique.

Aujourd'hui plusieurs pays, dont la France, mais aussi la Suisse ou la Norvège, réexaminent leur passé et découvrent des pans qui ne sont pas glorieux. En Norvège, c'est l'eugénisme pratiqué à l'égard de personnes handicapées qu'on a stérilisées à leur insu ; en Suisse, c'est le refoulement de ceux qui arrivaient à fuir le nazisme alors que ce pays était réputé neutre. À chaque fois, cet examen du passé, la mise à jour de politiques scandaleuses, sont perçus par une partie de l'opinion comme des entreprises de déstabilisation ou de mise à mal de l'unité du pays.

Le mot est lâché : « unité », ou son opposé « désunion ». Le phénomène n'est pas nouveau, toute force centrifuge est vécue par une partie de l'opinion comme un affaiblissement de la nation. Déjà, dans l'affaire Dreyfus, cette obsession de l'unité était l'argument qui excusait tout par avance : les faux en écriture, les faux témoignages, les rétentions de pièces, etc.

Concernant le colonialisme, il n'en est pas autrement. Si tout le monde convient que la France a été une nation colonialiste, une partie importante de l'opinion refuse d'examiner d'un œil critique les dimensions contradictoires de sa politique et de ses actes. Si l'on accepte peu à peu l'idée de la nécessité de s'excuser[1] auprès des différentes communautés juives (le chancelier allemand Kohl montra l'exemple), il n'en est pas de même auprès des peuples qui furent colonisés même si, en Belgique, une commission d'enquête parlementaire a examiné la politique coloniale de ce pays au Rwanda et si une autre commission semble devoir enquêter sur le rôle de la Belgique au Zaïre, notamment dans l'assassinat de Patrice Lumumba.

Avec les élèves, il s'agit d'éclairer ces zones d'ombre et de faire cheminer l'idée que la citoyenneté a d'autres formes que le nationalisme à tous crins. Il s'agit également de prendre conscience que se taire encore revient à réitérer ces erreurs politiques, que le silence est insupportable pour les peuples des pays concernés, que l'idée même qu'un pays, le sien, serait exemplaire et irréprochable au contraire de tous les autres n'a pas de sens.

▲ Le point sur la question

Résumons les principales étapes de la politique coloniale française.

1830	Conquête de l'Algérie.
1873-1886	Fin de la conquête de l'Indochine.
1881	Protectorat sur la Tunisie.
1886	Soumission de Madagascar.
1894	Création du ministère des Colonies.
1912	Protectorat sur le Maroc.
1921-1933	Construction du chemin de fer Congo-Océan.
1930	Révolte du Yen Bay en Indochine.
1937	Conférence de Genève sur le travail forcé.
1945	Révolte et répression en Algérie et au Cameroun.
1946	Insurrection d'Hanoï.
1947	Insurrection et répression sanglante à Madagascar.
1954	Défaite de Diên Biên Phu.
1956	Indépendance de la Tunisie et du Maroc.
1960	Indépendance des pays de l'AOF et de l'AEF.
1962	Proclamation de l'indépendance de l'Algérie.

1. Le peuple acadien, aux États-Unis, tente d'obtenir des excuses de la reine de Grande-Bretagne pour le Grand dérangement, sans aucun succès pour l'heure.

L'expansion coloniale française connaîtra une accélération après la défaite contre la Prusse de 1870-1871, sous l'impulsion notamment de Jules Ferry – comme si les dirigeants français étaient à la recherche d'une grandeur nouvelle ! Il faut aussi mettre en relation cette accélération avec la nécessité pour les industries de créer des débouchés commerciaux nouveaux (voir la situation-problème consacrée à la révolution industrielle).

Cet empire n'avait d'équivalent que l'Empire britannique : il s'étendait, à la veille de la Seconde Guerre mondiale, sur 12 millions de km^2 et regroupait 70 millions de personnes sur les cinq continents.

La politique coloniale de la France a toujours différé de celle de la Grande-Bretagne. En théorie, la politique française tendait à l'assimilation alors que celle des Britanniques correspondait plus à une association. Si les partis politiques étaient partagés entre les deux politiques(1), les gouvernements français choisirent la politique de l'assimilation qui tendait à faire de tous les habitants de l'empire des Français, administrés directement par Paris appliquant la loi française. Autrement dit, le principe de base était celui de l'égalité. Dans la pratique, les choses furent différentes : même en Algérie, le Code de l'indigénat avait privé les Algériens du droit de vote et d'éligibilité. Ce manque de cohérence a sans aucun doute pesé sur les conditions de la décolonisation.

▲ Indications sur l'animation

La seule difficulté dans cette situation-problème réside dans le caractère explosif de la guerre d'Algérie à propos de laquelle l'enseignant peut rencontrer dans les familles des positions radicales, voire extrémistes.

C'est pour cette raison que nous avons soigneusement évité de parler de la guerre d'Algérie en tant que telle dans cette situation-problème. Mais tout est en place, d'abord dans la première phase avec l'expédition d'Alger et la commission parlementaire, puis avec les premières manifestations de la volonté d'indépendance, pour que les élèves fassent, un jour, si besoin était, les réinvestissements qu'ils souhaiteraient entreprendre.

À la fois pour des raisons de prudence et pour des raisons d'éthique, il serait stérile d'imposer un point de vue strictement anticolonialiste condamnant la présence coloniale en Algérie. Si les élèves ont entendu une autre vérité à la maison, il paraît illusoire et pernicieux d'imposer une vérité strictement contraire. Il est juste et efficace de donner les outils pour que soient lus les événements propres à la décolonisation sous un jour plus contradictoire.

1. Sauf les socialistes jauressiens et, plus tard, les communistes.

L'enseignant doit donc veiller à laisser jouer les contradictions dont sont porteurs à la fois les documents et les élèves en se gardant de faire valoir son point de vue. Ce sont bien les contradictions dans lesquelles la France s'engage en développant une politique coloniale qu'il s'agit de mettre en avant et non pas une critique radicale de celle-ci.

▲ Documents de travail

Séquence 1 : la commission d'enquête

• **Groupe 1 : rapport au roi de France sur Alger, par Clermont-Tonnerre, ministre de la Guerre** (Paris, 14 octobre 1827)

Il y a sur ces côtes de nombreux abris dont la possession serait d'une très grande utilité. Une grande partie de son immense surface se compose de plaines d'une très grande richesse. Il y a dans les montagnes des forêts de sapins et de chênes, pour nos constructions navales. On y exploite des mines qui sont d'une grande richesse et d'une excellente qualité. Les bords de la mer offrent des salines d'une richesse extrême...

Il peut être utile de rappeler à la France que la monarchie ne protège pas seulement le pays des invasions étrangères, mais qu'elle sait aussi conquérir des pays lointains.

Consigne : vous devez devant une commission d'enquête du Parlement défendre l'intérêt de la colonisation de l'Algérie.

• **Groupe 2 : Bugeaud, *L'Algérie*, des moyens de conserver et d'utiliser cette conquête** (1842)

L'Algérie aura longtemps besoin d'objets manufacturés que produit la France, tandis qu'elle pourra lui fournir en quantité les matières premières nécessaires à l'industrie de la France. Mais avant que le colon français puisse produire en Algérie l'huile, la soie, le tabac, le coton, le liège, avant que l'Arabe puisse nous apporter des peaux, des grains, des bestiaux, des laines et les autres produits de l'intérieur de l'Algérie, il faut que la domination soit conquise par la force.

Consigne : vous devez devant une commission d'enquête du Parlement défendre l'intérêt de la colonisation de l'Algérie.

• **Groupe 3 : extraits du rapport de la commission d'enquête parlementaire en Algérie** (1833)

Nous avons profané les temples, les tombeaux, l'intérieur des maisons, asile sacré chez les musulmans... Nous avons envoyé au supplice, sur un simple soupçon et sans procès, des gens dont la culpabilité est toujours restée plus que douteuse. Nous avons massacré des gens, égorgé sur un soupçon des populations entières qui se sont ensuite trouvées innocentes ; en un mot, nous avons débordé en barbarie les barbares que nous venions civiliser et nous nous plaignons de n'avoir pas réussi auprès d'eux.

Consigne : vous devez devant une commission d'enquête du Parlement essayer d'arrêter la colonisation de l'Algérie.

• Groupe 4 : quelques messages de Bugeaud

Le reste de votre campagne doit se passer à brûler les récoltes et les cabanes.

Nous avons brûlé de nouveau une grande partie des villages qui avaient été reconstruits.

Je vous recommande de garder soigneusement les femmes que vous prendrez. C'est par elles qu'on peut obtenir la soumission.

Les tribus qui ont été bien punies seront longtemps calmes et obéissantes.

Consigne : vous devez devant une commission d'enquête du Parlement essayer d'arrêter la colonisation de l'Algérie.

Séquence 2 : la colonisation

• Groupes 1 et 2, favorables à la colonisation

La colonisation est le plus grand fait de l'Histoire.

Paul Reynaud, ministre des Colonies, mai 1931.

L'œuvre réalisée par la France en Indochine est considérable. La France n'a pas seulement apporté à ce pays la sécurité, elle a travaillé à l'amélioration du sort de ses protégés dans tous les domaines.

Gouvernement général de l'Indochine, 1931.

Tous ceux dont la vie s'est consacrée à la colonisation ont été de bons serviteurs de la France. Cette œuvre peut être considérée, désormais, comme l'un des grands faits de l'histoire moderne.

L'Empire colonial français, 1929.

• Groupes 3 et 4, défavorables à la colonisation

Le matériel humain recruté pour la construction du chemin de fer Congo-Océan n'était plus de première qualité. Il faut accepter le sacrifice de 8000 à 10000 hommes, disait M. Antonetti, ou renoncer au chemin de fer. Le sacrifice fut plus considérable. Il ne reste plus que trois cents kilomètres de voie ferrée à construire.

Albert Londres, *Terre d'ébène*, 1929.

Dans un coin de cette forêt, entre Pointe-Noire et Brazzaville, cinquante mille Noirs ont payé de leur vie l'inutile établissement d'une petite ligne de chemin de fer qui pouvait passer ailleurs, mais qui, de cette façon, a rapporté trois milliards à des entrepreneurs que la justice veut ignorer.

Marcel Sauvage, *Les Secrets de l'Afrique noire*, 1937.

Sur un signe du « fermier », le surveillant empoigne un pauvre diable qui semble apporter une quantité insuffisante de latex. Les boules de caoutchouc sont jetées à terre tandis que leur propriétaire est vigoureusement battu. Après quoi, corde au cou, on l'envoie coucher en prison, en attendant d'être envoyé comme « volontaire » au chemin de fer Congo-Océan. Il va sans dire que le registre de la prison ne porte aucune mention de ces arrestations.

Marcel Homet, *Terre de souffrances*, 1934.

- **Documents communs à tous les groupes : l'indépendance des colonies**

Pendant plus de quatre-vingts années, les Français, abusant de leur « liberté, égalité, fraternité », ont opprimé nos compatriotes. Leurs actes vont à l'encontre des idéaux d'humanité et de justice. Pour cette raison, nous, membres du gouvernement provisoire représentant la population du Vietnam, déclarons n'avoir plus désormais aucun rapport avec la France.

Hô Chi Minh, déclaration d'indépendance
de la République du Vietnam, septembre 1945.

L'Afrique du Nord n'est rattachée à la France par aucun sentiment, si ce n'est par la haine que cent ans de colonisation ont créée dans nos cœurs. Au nom de la République française, 60 millions d'êtres humains subissent la plus ignoble servitude. Si vouloir vivre en hommes libres, c'est être anti-français, alors nous le sommes et nous le serons toujours.

Messali Hadj El Ouma, 27 septembre 1939.

- **Document complémentaire**

Pourquoi des colonies ? Extraits de discours de Jules Ferry (1880-1885)

La politique coloniale est fille de la politique industrielle. Pour les États riches, l'exportation est un facteur essentiel de la prospérité. La consommation européenne est saturée : il faut faire surgir des autres parties du globe d'autres consommateurs.

Les races supérieures ont un droit vis-à-vis des races inférieures. Il y a pour elles un droit parce qu'il y a un devoir pour elles. Elles ont le devoir de civiliser les races inférieures.

Une marine comme la nôtre ne peut se passer, sur la surface des mers, d'abris solides, de défenses, de centres de ravitaillement.

▲ Bibliographie

Livres

Blanchard P., « L'Empire colonial à son apogée : propagande et réalités », *in Textes et documents pour la classe,* n° 710, CNDP, 1996.

Collectif, *Empires et colonies*, Gallimard, coll. « Encyclopédie Découverte Junior », 1993.

Rien ou presque pour les jeunes : les guerres de décolonisation menées par les anciennes colonies ne constituent pas un thème « porteur », pas plus que la colonisation en tant que telle.

SIXIÈME PARTIE

LE XXe SIÈCLE

Pistes de lecture

La France dans les deux guerres mondiales. Les transformations de la société française. La France dans le monde et la construction de l'Europe.

Le XXe siècle, un siècle de guerres ? Certains pensent que c'est l'image qui sera retenue d'un siècle marqué par deux grands conflits mondiaux. Le XXe siècle est aussi celui de la liquidation du colonialisme dont l'avatar le plus pénible pour la France est la guerre d'Algérie. Au même moment, l'Europe, en partie coupée de ses colonies, se recentre sur elle-même et se lance dans la construction de l'Europe économique et politique.

LA GUERRE DE 1914-1918

28

9 MILLIONS DE MORTS !
6 MILLIONS DE BLESSÉS !

Concept central

Humanitude.

Objectifs notionnels

Mutineries de 1917, conditions de vie sur le front.

DURÉE	ORGANISATION	MISSION
Bourrage de crâne et mutineries : deux facettes d'une guerre qui s'expliquent par l'horreur.		
5 min	Présentation de la situation : la guerre de 1914-1918.	Magistral (voir « indications sur l'animation »).
20 min	La classe est partagée en deux. Plusieurs groupes peuvent être constitués. Les uns travaillent sur des documents relevant de ce qu'on appelle le « bourrage de crâne », les autres sur des témoignages de soldats appelant à la mutinerie ou la souhaitant. Chaque groupe doit jouer, mimer ou dessiner les témoignages qu'il a lus.	*Vous allez dans vos groupes. Vous devez rendre compte aux autres groupes des documents que vous aurez lus par le moyen que vous préférez : dessin, jeux de rôle, texte ou mime.*

20 min	Chaque groupe fait son rapport. Le choc des rapports doit apparaître. Se pose la question des raisons de cette propagande opérée dans la presse française ainsi que les raisons des mutineries réelles ou supposées.	*Vous faites votre rapport et vous lirez vos documents après avoir fini. Pourquoi ces documents sont-ils aussi différents ? Les uns disent que la victoire est évidente, les autres expriment le découragement et la révolte. Alors ?*
25 min	Chaque groupe repart au travail avec des documents pris aussi bien du côté français que du côté allemand. Ces documents concordent pour dénoncer l'horreur de la guerre. La propagande précédente comme les envies de mutinerie n'étaient que les deux facettes de la même réalité : la guerre est abominable.	*Vous retournez dans vos groupes, avec des documents différents, mais en suivant la même consigne.*
20 min	Rapport des groupes.	*Idem* que précédemment.
10 min	Magistral de l'enseignant qui peut s'appuyer sur la projection d'extraits d'actualités de l'époque.	Voir la bibliographie.

▲ Les représentations des élèves

Les élèves confondent en général les deux conflits mondiaux ; seule la Seconde Guerre mondiale a laissé des traces dans la mémoire de quelques-uns. Devant les tragédies exceptionnelles de cette fin de siècle, nous pensons particulièrement au génocide des Tutsi sur lequel les chaînes de télévision continuent à diffuser des reportages et face aux nouvelles des différents journaux télévisés, il est peut-être devenu difficile d'impressionner les élèves avec les conditions terribles qu'ont connues les soldats de la guerre de 1914-1918.

Quand on réfléchit à ces tragédies, l'idée que des hommes aient considéré ce qui allait advenir comme une fatalité ou comme une solution possible à des conflits politiques et économiques doit effrayer autant que la guerre ou le massacre. Entre la « der des der » et la guerre du Golfe, ou la guerre en Tchétchénie, nous voyons le même fil rouge : l'acceptation de la guerre à la fois prétendument porteuse de solutions et génératrice d'une cohésion nationale, voire nationaliste. Pourtant, depuis le temps, comment une telle recette peut-elle encore être opératoire ? L'explication est certainement complexe. Nous avons voulu, à propos de la guerre de 1914-1918, mettre en lumière un des facteurs de cette efficacité : « le bourrage de crâne ».

Cette intoxication a lieu, bien évidemment, des deux côtés de la ligne de combat et les hommes souffrent à l'unisson. Nous avons voulu profiter de la parution d'un excellent ouvrage réunissant des lettres de poilus (voir bibliographie) pour faire partager cette horreur aux élèves, car à parler des guerres comme des objets historiques, ne risquerait-on pas d'oublier que les poilus avaient été également surnommés « chair à canon » ?

Le même phénomène a pu être constaté avec beaucoup de soldats de la Première Guerre mondiale et les anciens déportés des camps de concentration de la Seconde Guerre mondiale : le silence. Ceux qui sont revenus n'ont guère parlé pendant longtemps car ils pensaient qu'on ne pouvait pas les comprendre ; ils avaient vécu l'indicible, franchi une frontière, celle de l'humanitude ou, si l'on préfère, perdu leur dignité d'homme et de femme. Qui peut comprendre cela s'il ne l'a pas vécu ? Les élèves doivent essayer d'aller à la rencontre de ces témoins.

▲ Le point sur la question

Nous avons décidé de centrer ce travail sur le caractère épouvantable de certaines phases de la guerre de 1914-1918 plutôt que sur les causes ou les conséquences de ce conflit qui auraient nécessité un travail en amont et en aval beaucoup trop important et compliqué.

Certes, on pourra dire que toutes les guerres sont atroces et que, depuis la guerre de 1914-1918, d'autres atrocités ont été inventées par l'homme : génocides(1), purifications ethniques.

Cependant, le conflit de 1914-1918 est vraiment celui qui fait la transition avec les guerres du siècle précédent. La totalité des forces de plusieurs pays sont engagées, la guerre ne se joue pas seulement sur le front, mais aussi à l'arrière. Le moral des troupes compte pour beaucoup, la guerre s'installe dans la durée. Il devient capital pour ceux du front de savoir ce qui se passe à l'arrière et pour ces derniers d'avoir des nouvelles du front. Le courrier circule mais la censure veille et si elle n'est pas nouvelle, elle prend de l'importance.

En Allemagne, l'arrière craque, le mouvement révolutionnaire des Spartakistes tente de déstabiliser le pouvoir. En France, rien de tel ; en revanche, des fissures se produisent à l'avant : les mutineries. Aujourd'hui, on vient seulement de réhabiliter les quelques soldats qui avaient été condamnés comme mutins, donc comme ennemis de la patrie, en considérant que leur lassitude était bien compréhensible. Le nombre même de mutineries(2)

1. Sans oublier le génocide arménien perpétré entre 1915 et 1923, ou celui du Rwanda.
2. On sait peu qu'il y eut une première mutinerie dès juin 1915 dans le 2e régiment de marche du 1er étranger (la Légion). Le racisme et l'antisémitisme des officiers ont certainement compté pour beaucoup dans cette mutinerie qui coûta la vie à 9 légionnaires juifs et russes.

est incertain (peut-être 230) et, au total, les historiens de l'armée française arrivent à attester moins d'une dizaine de soldats fusillés pour mutinerie alors que jusqu'ici les historiens considéraient qu'il y en avait eu 42.

On voit bien qu'au-delà de leur nombre exact, les mutineries ont une valeur symbolique. Elles expriment le caractère inhumain de ce que les hommes ont vécu sur le front.

▲ Indications sur l'animation

Le magistral de présentation peut être réalisé à partir des deux manuels *À monde ouvert*, cycle 3/niveau 1, Hachette Éducation, p. 82, ainsi que niveau 2, p. 118.

Le corps de la situation ne pose aucune difficulté. Elle joue sur des moments qui s'opposent même s'ils ne sont pas synchrones. Les bulletins de victoire ont surtout été publiés avant que les combats ne s'engagent véritablement alors que les mutineries datent de 1917. Cependant, il n'était pas besoin d'attendre les premiers revers militaires pour savoir que la guerre ne serait pas une partie de plaisir. La différence d'époque dans les documents peut être indiquée aux élèves au moment de l'exploitation, mais il n'est pas nécessaire de le faire remarquer au moment de leur travail.

La seconde partie de la situation tente de montrer aux élèves, d'une part, quelle fut l'horreur de la guerre, et d'autre part, que celle-ci existait dans les deux camps. L'horreur, considérée comme perte d'humanitude, ne connaît pas de frontière, pas plus que le besoin de dignité.

Le magistral final de l'enseignant a pour fonction de renouer les fils, d'apporter quelques informations supplémentaires sur les mutineries, sur le bilan humain et moral de la guerre de 1914-1918. L'enseignant peut s'appuyer sur des documents comme les actualités de l'époque.

▲ Documents de travail

Phase 1

- **Groupes 1 et 2 : bourrage de crâne dans la presse française**

Notre héros a avoué qu'il avait eu plus peur en passant son bachot que lorsqu'il s'élança à la conquête du Vieil-Armand (lieu de combats très violents dans le sud de l'Alsace).

Petit Journal, 11 juillet 1915.

Le Russe peut facilement transpercer plusieurs Hongrois à la file, autant que le bois de la lance peut en contenir, puis il jette toute la brochette ainsi enfilée.

Le Matin, 5 octobre 1914.

Leur artillerie lourde est comme eux, elle n'est que bluff. Leurs projectiles ont très peu d'efficacité et tous les éclats vous font simplement des bleus.

Le Matin, « Lettre du front », 15 septembre 1914.

Nos troupes se rient de la mitrailleuse. On n'y fait plus attention.

Petit Parisien, 11 octobre 1914.

- **Groupes 3 et 4 : les mutineries**

Nous risquons de ne pas nous comprendre si tu parles « arrière » et moi « front ». Les sacrifices de tout ordre, de toute nature, sont un lot que le poilu voudrait voir partager.

– Carte de sucre ? C'est donc qu'il y a du sucre !, dit le poilu.

– Taxes sur les entrées au cinéma ? C'est donc qu'ils vont au théâtre, les gars !

– Charbon rare, bois hors de prix ? C'est donc qu'ils se tiennent les pieds au chaud !

Lettre (saisie par la censure) d'un soldat à sa femme, 25 mars 1917.

Camarades, souvenez-vous de Craonne, Verdun, la Somme, où nos frères sont restés. Au nom de tous les camarades qui ont déjà signé pour obtenir la fin des combats à la fin de juillet, nous venons vous prier de vous joindre à nous pour obtenir ce résultat et arrêter ce massacre, cette guerre qui a pour but d'enrichir le capitaliste et de détruire la classe ouvrière. Nous tiendrons les tranchées jusqu'à cette époque, puis nous déposerons les armes.

Tract signé par des soldats de dix régiments différents, mai 1917.

Tous les soldats crient « À bas la guerre » et refusent de prendre les lignes. J'espère que tous en feront autant et que nous finirons ce massacre depuis qu'il dure. À Soissons, ils ont tué deux gendarmes.

Nous n'avons rien à gagner à la continuation de la guerre. Ça a l'air de chauffer à Paris avec les grèves. Tant mieux.

Lettre d'un soldat retenue par la censure.

C'est comme la durée de la guerre. Ce sont les capitalistes qui ne sont pas sur le front et à qui l'argent rapporte trois fois plus qu'avant la guerre qui la font continuer pour anéantir l'ouvrier.

Lettre d'un soldat à sa femme.

Phase 2 : témoignages de combattants

• Groupes allemands

Dans notre secteur, les pertes sont de nouveau comblées par des renforts. Il nous est ainsi venu un régiment récemment créé, presque rien que des jeunes gens.

Pour un ancien, il tombe de cinq à dix nouveaux. Une attaque aux gaz, qui vient par surprise, en emporte une multitude. Ils ne se sont même pas rendu compte de ce qui les attendait. Nous trouvons un abri rempli de têtes bleuies et de lèvres noires. Dans un entonnoir, ils ont enlevé trop tôt leurs masques. Ils ne savaient pas que dans le fond des tranchées, le gaz reste plus longtemps. Leur état est désespéré ; des crachements de sang qui les étranglent et des crises d'étouffement les conduisent sans aucun espoir à la mort.

E.-M. Remarque, *À l'Ouest rien de nouveau.*

16 août 1916.

Nous avons passé trois jours couchés dans les trous d'obus à voir la mort de près, à l'attendre à chaque instant. Et cela, sans la moindre goutte d'eau à boire et dans une horrible puanteur de cadavres. Un obus recouvre les cadavres de terre, un autre les exhume à nouveau.

Quand on veut se creuser un abri, on tombe tout de suite sur des morts.

Karl Fritz, caporal dans l'armée allemande.

• Groupes français : lettres de poilus

28 janvier 1915.

Hier, ou avant-hier, au rapport, on a lu des lettres de prisonniers boches. Pourquoi ? Je n'en sais rien, car elles sont les mêmes que les nôtres. La misère, le désespoir de la paix, la monstrueuse stupidité de toutes ces choses, ces malheureux sont comme nous, les Boches ! Ils sont comme nous et le malheur est pareil pour tous.

19 mai 1915.

Les camarades tombent tout autour de moi, je ne vois plus rien, mais chose curieuse, je n'ai pas peur. Je comprends que si nous lâchons pied, nous sommes perdus, et pour tirer plus juste nous montons sur le talus de la tranchée. Là nous les tuons au fur et à mesure qu'ils avancent dans le boyau où ils ne peuvent passer qu'un à un. Mais leurs bombes tombent toujours, et c'est terrible de voir les camarades hachés, je suis tout couvert de sang.

Jules Gillet, fils d'un agriculteur des Vosges, a survécu à la guerre.

1er juillet 1915.

On est arrivé à se battre dans les tranchées non avec le fusil et la baïonnette, mais avec la pelle et la pioche, jusqu'au couteau. Je vous prie donc de m'adresser dans le plus court délai un couteau solide, puissant, avec un cran d'arrêt, ainsi qu'une chaîne pour l'attacher.

Émile Sautour.

▲ Bibliographie

Livres

Barbusse H., *Le Feu. Journal d'une escouade*, Livre de Poche, 1997.

Dossier l'année 1918 : « 1914-1918. Victoire et désastre », *in L'Histoire*, n° 225, octobre 1998, pp. 34-59.

Paroles de poilus, Lettres du front 1914-1918, Librio, n° 245, 1998.

Ponthus R. et Hoffmann G., *Au temps de la Grande Guerre*, Casterman, coll. « Histoire des enfants dans l'histoire », 1998.

Winock M., *1914-1918*, Perrin, 1998.

Sites Internet

Musée virtuel consacré à la Première Guerre mondiale :
http://www.historial.org/fr/home.htm

Site consacré au « Chemin des Dames » :
http://www.aisne.com/chemin_des_dames/

Les peintres devant la Première Guerre mondiale – Couleur des larmes :
http://www.unicaen.fr/collectivite/memorial/10EVENT/fr/index2.html

Filmographie

Charlot soldat (court métrage de Charlie Chaplin, USA, 1918).

Le Chemin des Dames (Le sacrifice de la Grande Guerre), documentaire, 1997.

LE FRONT POPULAIRE (1936)

29

DES MILLIONS DE FRANÇAIS DÉCOUVRENT LA MER !

Concept central

Luttes sociales.

Objectifs notionnels

Congés payés, société des loisirs.

DURÉE	ORGANISATION	MISSION
Séquence 1 **Les élèves se rendent compte que les événements de juin 1936 sont perçus de manière très contrastée par la presse du 8 juin.**		
15 min	Émergence des représentations à propos des congés payés.	*D'après vous, depuis quand les congés payés existent-ils ? Comment les gens qui travaillent ont-ils obtenu cette mesure ? Qui paye les gens quand ils sont en vacances ?*
20 min	La classe est répartie en plusieurs groupes avec des coupures de presse provenant de journaux différents. À l'aide de ce matériau, ils doivent essayer d'imaginer ce qui a pu se passer le 7 juin 1936.	*Vous allez dans votre groupe. Vous devez lire les documents distribués pour répondre à une seule question : que s'est-il passé en juin 1936 ?*
20 min	Les groupes font leurs rapports. L'enseignant collationne les hypothèses de groupes, souligne ce qui concorde ou, au contraire, s'oppose.	*Chaque groupe fait son rapport ; je vais noter les hypothèses de chacun des groupes.*

Séquence 2 **Que s'est-il réellement passé ? Les acquis sociaux, comme il est convenu de les appeler, sont des conquêtes.**		
20 min	Les groupes retournent au travail avec, cette fois-ci, des documents différents. Il s'agit, en s'appuyant sur le document qui leur a été fourni, de corroborer certaines hypothèses et d'en avancer d'autres.	*Vous allez retourner dans vos groupes avec de nouveaux documents pour vérifier les hypothèses que vous avez faites.*
20 min	Chaque groupe fait son rapport et lit à voix haute le document qui lui avait été confié.	*Chaque groupe doit lire à la classe le document sur lequel il a travaillé et faire son rapport.*
10 min	En s'appuyant sur les quatre rapports, l'enseignant fait un exposé magistral en centrant sur le texte des accords de Matignon (extraits joints) et sur des témoignages d'ouvriers à propos des congés payés.	

▲ Les représentations des élèves

Les élèves n'ont aucune représentation à propos du Front populaire, ils ne savent même pas qu'il a existé. En revanche, il est intéressant de se centrer sur un autre objet qui est une partie intégrante du Front populaire : les avancées sociales et, parmi elles, l'obtention des congés payés.

Tout d'abord, il n'est pas clair pour tous les élèves que, durant leurs congés, leurs parents sont payés. Ensuite, cette idée étant précisée, il est intéressant d'essayer de savoir comment, de leur point de vue, ces avancées sociales se sont produites. L'idée que l'ordre social actuel ou passé puisse être le fruit de rapports de force entre les différents partenaires économiques leur est étrangère, même si cet aspect a été abordé au moment de l'étude de la révolution industrielle. Si bien qu'à propos du Front populaire, nous poserons trois questions :

– *D'après vous, depuis quand les congés payés existent-ils ?*

– *Comment les gens qui travaillent ont-ils obtenu cette mesure ?*

– *Qui paye les gens quand ils sont en vacances ?*

L'idéal, encore une fois, serait de poser, en fin de situation, les mêmes questions aux élèves afin de mesurer la pertinence du travail exécuté avec eux.

▲ Le point sur la question

Si le Front populaire a laissé une image de progrès social, il faut percevoir que dans certains domaines, il s'agissait simplement d'un rattrapage des progrès qui avaient été accomplis dans d'autres pays.

Les congés payés, par exemple, avaient été mis en place dès 1905 en Allemagne, en 1910 au Danemark et en Norvège. Plus surprenante peut-être est la mise en place des congés payés en Finlande, en Italie, en Tchécoslovaquie et en Pologne entre 1919 et 1925, et en Grèce, en Roumanie, au Chili, au Mexique, en Espagne, en Suède, au Pérou, au Brésil et au Portugal entre 1926 et 1934. La France est loin d'être à l'avant-garde dans ce domaine ! Certains pays, moins riches au plan économique, n'avaient pas tardé à mettre en place cette mesure.

Il faut dire qu'elle était en discussion en France depuis longtemps : au moment du Cartel des gauches (1924-1926), le projet de loi n'avait pas abouti comme il allait en être de même en 1928, 1931 et 1932 !

Jacques Marseille explique dans *L'Histoire* (*op. cit.*) que si la mise en place de cette mesure a été différée, il ne faut pas y voir seulement la trace d'un patronat particulièrement hostile. Car, au total, cette mesure coûtait bien moins cher que la réduction du temps de travail, encore d'actualité aujourd'hui. Même les ouvriers n'y croyaient pas et ne la mettaient pas aux premiers rangs de leurs revendications plus immédiates et plus concrètes. Que l'on puisse être payé à ne pas travailler paraissait complètement utopique à la classe ouvrière dans son ensemble !

Cette mesure, au moment du Front populaire, a finalement été impulsée par des milieux plus aisés et moins révolutionnaires qu'attendu. Par exemple, il faut savoir qu'en Alsace et en Lorraine, les deux tiers des entreprises accordent déjà des congés payés dès 1925 ! Encore faut-il ne pas être trop dans la difficulté pour rêver audacieusement !

▲ Indications sur l'animation

L'émergence des représentations se centre sur la notion de congés payés et de vacances. Cette première partie du travail est relativement déconnectée du reste de la séquence mais les réponses des élèves qui sont lues devant toute la classe seront reprises dans le magistral de l'enseignant.

La première séquence utilise deux couples de documents contradictoires, puisque le premier présente le 8 juin 1936 comme une victoire alors que le deuxième insiste sur les conséquences néfastes de juin 1936.

Évidemment, après leurs rapports de groupe, les élèves peuvent difficilement être satisfaits : il faut comprendre les aspects contradictoires de ces documents et partir à la recherche de nouvelles explications. Pour autant, il n'y a pas de raison de ne pas tenter de faire comprendre aux élèves que les acquis sociaux ne font pas l'unanimité parce qu'ils correspondent à des avantages qui sont pris au patronat qui, lui-même, correspond à une réalité complexe.

Si bien que dans la seconde séquence, les élèves vont travailler sur des documents antérieurs aux 7 et 8 juin 1936 afin de tenter de reconstituer les enjeux de ces journées de juin. Il convient donc que l'enseignant, dans son magistral, remette les faits dans leur ordre chronologique.

La situation doit permettre aux élèves de saisir à quel point la vie quotidienne des gens a pu être changée et que les gens de l'époque en ont témoigné (voir documents joints), l'ont peinte et chantée (voir bibliographie).

▲ Documents de travail

Séquence 1 : les coupures de la presse du 8 juin 1936

Journal *l'Humanité* :

La victoire est acquise.

Journal *le Peuple* :

Victoire sur la misère. Huit millions de travailleurs obtiennent satisfaction.

Journal *le Populaire* :

Victoire de la classe ouvrière.

Victoire, Victoire. Les patrons ont capitulé. Les patrons ? Quels patrons ? Tous.

Une victoire ? Un triomphe. En vingt ans d'efforts la classe ouvrière n'avait jamais obtenu, jamais espéré peut-être cela. Un triomphe pour l'action de la classe ouvrière...

Un triomphe pour le gouvernement du Front populaire pour sa rapidité, et sa clarté de décision. Un triomphe pour les syndicats. Victorieux, les ouvriers peuvent reprendre le travail. Ils soutiendront davantage encore le gouvernement du Front populaire, leur gouvernement.

Journal *le Temps* :

Le patronat ne se fait aucune illusion sur les conséquences de l'expérience qui lui a été imposée et qu'il subit. Il ne pouvait faire autrement que d'accepter l'arbitrage du gouvernement qui désormais assume toutes les responsabilités de la situation nouvelle. Celle-ci est dangereuse : le patronat, en acceptant les propositions du gouvernement, a fait les réserves les plus vives.

Journal *la Journée industrielle* :

À cause des élévations de salaires, de la semaine de 40 heures, et des congés payés, nous allons à une hausse importante des prix en France.

La route du fascisme est ouverte !

Séquence 2 : les événements

Groupe 1 : les élections d'avril-mai 1936

- *Premier tour (26 avril 1936)*

– Gauche : 45,94 % des voix.

– Droite : 35,88 % des voix.

- *Deuxième tour (3 mai 1936)*

– Total des élus du Front populaire : 370 (+ 48).

– Total de la droite : 248 (– 45 par rapport à l'ancienne Chambre).

Jeudi 28 mai 1936 à 9 h 30, les usines Renault de Billancourt se mettent en grève.

Groupe 2 : les occupations d'usines

Le mouvement de grève des ouvriers de la métallurgie peut très rapidement se calmer si, du côté des patrons, on est disposé à accepter les revendications ouvrières. Près de 100 000 ouvriers de la métallurgie ont abandonné le travail et restent dans les usines jour et nuit pour qu'aucun dégât ou qu'aucun sabotage ne se produise. Ils agissent dans un ordre parfait et ne veulent aucun désordre. Ils réclament de leurs employeurs un certain nombre de mesures qui améliorent leurs salaires et leurs conditions de travail.

Groupe 3 : l'ampleur des grèves

En grève :

Grands magasins, grandes épiceries, charbonniers, peintres en bâtiment, métallurgie, assurances, industrie du cinéma, parfumeurs, maraîchers, marbriers, fleuristes, batellerie.

Débutent les grèves suivantes :

Dans le Nord un certain nombre de mairies sont occupées, l'électricité est coupée à Dunkerque, moins d'un tiers du personnel a réintégré les usines à Roubaix et Tourcoing.

Dans le Pas-de-Calais, les grèves se développent à Arras et à Boulogne-sur-Mer où les équipages des navires de pêche font grève à leur tour.

Dans la Seine-Inférieure les tramways de Rouen sont en grève et les ouvriers menuisiers occupent la foire-exposition qui devait ouvrir le

13 juin. Les dockers et les ouvriers du bâtiment de Rouen continuent la grève.

Dans l'Est, à Nancy, Mulhouse et Belfort les grèves se multiplient. Dans le Sud-Ouest, on compte à Bordeaux quarante-deux établissements touchés avec un total de 15 000 grévistes. Les magasins de nouveauté reprennent le travail. À Toulouse les tramways, le bâtiment et la métallurgie sont toujours en grève.

À Marseille la grève s'étend aux autocars, aux taxis, et au bâtiment.

Groupe 4 : les grèves chez Renault

Un ouvrier dit :

Nous avons joué et gagné cette fois-ci. Toutes les conditions du succès étaient remplies : la surprise, les ouvriers parfaitement organisés ; l'entente, d'usine à usine, par des liaisons bien établies ; l'argent, puisque les municipalités nous ravitaillent largement ; la discipline sans violence ; enfin la tactique : occuper l'usine, nous maintenir, coûte que coûte, comme dans une ville assiégée, sauvegarder le matériel et l'outil. Montrer assez de force pour ne pas avoir à s'en servir. C'est la tactique du succès.

Documents pour appuyer le magistral

Les congés payés

Pensez, Monsieur, me dit une ouvrière qu'avec mon mari et mes enfants on va pouvoir enfin aller « chez nous » en Bretagne. Il y a si longtemps qu'on n'a pas vu les vieux.

Et chacun de parler de son voyage avec les camarades d'atelier, car beaucoup sont venus en groupe.

Vous voyez, clame un travailleur, cela c'est grâce au gouvernement du Front populaire que vous l'avez.

C'est que, me confie un autre, nous n'avons jamais eu de vacances, nous.

De beaux rêves qu'on va enfin réaliser.

Témoignages d'ouvriers lorrains sur les grèves de 1936

C'était un de mes meilleurs souvenirs : ça a été mes douze premiers jours de congés payés. Parce que jusque-là, on n'avait rien. En plus il y avait les quarante heures, mais payées quarante-huit heures... Puis sont arrivées les conventions collectives, où un patron n'avait plus le droit de payer un ouvrier selon sa mine.

On peut dire qu'on a connu une certaine prospérité après 1936. On venait de traverser la crise de 1930 avec les petits salaires, les cigarettes que l'on achetait au détail. À partir de 1937, les salaires ont sérieusement augmenté ; on a commencé à voir fleurir tous les postes de radio dans la cité, les bicyclettes. En un an il y a eu un changement terrible. (D'après S. Bonnet, *L'Homme de fer*, 1987.)

Les accords Matignon, 8 juin 1936 (extraits)

Article 2. – Les employeurs reconnaissent la liberté d'opinion, ainsi que les droits pour tous les travailleurs d'adhérer librement et d'appartenir à un syndicat professionnel.

Article 4. – Les salaires seront relevés de 15 % pour les salaires les moins élevés, de 7 % pour les salaires les plus élevés.

Article 5. – Dans chaque établissement comprenant plus de dix ouvriers, deux ou plusieurs délégués seront élus selon l'importance de l'établissement. Ces délégués pourront présenter à la direction des réclamations concernant l'application du Code du travail, les tarifs de salaires et les mesures d'hygiène et de sécurité.

▲ Bibliographie

Livres

Bordier R., *J'étais enfant en 1936*, Le temps des cerises, 1996.

Dossier « 1936 Le Front populaire, vérités et légendes », *in L'Histoire*, n° 197, mars 1996, pp. 78-87.

Tartakovsky D., *Le Front populaire*, Gallimard, coll. « Découvertes », 1996.

Sites Internet

Des tableaux de Fernand Léger, *Hommage à Louis David* :
www.postershop.co.uk/artist/leger.htm

Ou *Le bonheur* :
www.barewalls.com/cgibin/clientdetails.exe?ItemID=4402&zoom=1

Disques

Des chansons comme *Y a d'la joie* (1937) de Charles Trenet permettent de saisir l'atmosphère du Front populaire ou tout du moins la culture du Front qui s'est mise en place en peu de temps après les accords Matignon.

LA SECONDE GUERRE MONDIALE

30

DES ÉTRANGERS MORTS POUR LA FRANCE !

Concepts centraux

Liberté, Nation.

Objectifs notionnels

Résistance, terrorisme, occupation de la France.

DURÉE	ORGANISATION	MISSION
Terroristes ou résistants ? Une question de point de vue ! Comment des étrangers peuvent-ils mourir pour la France ? L'Affiche rouge était fabriquée pour jeter le trouble dans certains esprits.		
5 min	Tous les groupes ont une reproduction de l'Affiche rouge. Ils doivent fournir, en un temps assez bref, une réponse quant à la question de l'identité des individus désignés sur l'Affiche rouge.	*Vous avez quelques minutes pour trouver l'identité des individus désignés par cette affiche au-delà de leurs noms.*
15 min	Chaque groupe donne son avis.	*Chaque groupe fait maintenant son rapport.*
15 min	L'enseignant renvoie les groupes au travail, mais cette fois-ci avec le verdict du tribunal qui a condamné les résistants, ainsi que la liste des sabotages qu'ils avaient commis. Les élèves doivent toujours cerner l'identité des gens dont les photographies sont sur l'affiche.	*Afin de vous aider dans votre travail, vous allez pouvoir lire le verdict du tribunal qui a condamné ces personnes qui ont finalement été arrêtées.*

20 min	Rapport des groupes. Exposé de l'enseignant sur la Résistance. Projection éventuelle d'un documentaire.	*Les groupes font leur rapport. Maintenant, chacun compare les nouvelles hypothèses avec celles que vous aviez faites précédemment.*

▲ Les représentations des élèves

La situation-problème fonctionne sur l'ambiguïté de l'affiche : terroristes ou résistants ? Elle correspond évidemment à une opération de propagande qui ne pouvait espérer toucher les plus convaincus des citoyens français. Mais ses auteurs pouvaient espérer entretenir un sentiment d'inquiétude face aux attentats et convaincre quelques indécis que l'ordre nazi valait finalement mieux que le désordre entretenu par des résistants qui n'avaient même pas l'excuse d'être français ! L'Affiche rouge tente donc de brouiller les cartes, d'assimiler terrorisme et Résistance. Reconnaissons que, de temps en temps, et surtout avant le procès de Klaus Barbie, la recette a été parfois efficace.

Il ne faut donc pas ici poser de questions préalables afin de ne pas éveiller l'attention des élèves, et ainsi voir comment ils vont réagir face à cette fameuse affiche. Est-ce que l'ambiguïté va être opératoire ? Certains vont-ils douter ou au contraire tomber dans le panneau de la propagande nazie ?

Bien évidemment, les élèves peuvent être surpris que des Français meurent pour la France ! Cela arrive souvent car les élèves ont des conceptions étroites des concepts de nation et de nationalité. Ils imaginent mal qu'un pays d'adoption puisse être celui pour lequel on se battra. Et c'est d'autant plus difficile pour eux qu'ils perdent de vue que l'ennemi n'était pas un pays ou une nation, mais une idéologie qui ne connaissait pas de frontière. Comprendre cela remettait au second plan les problèmes d'uniforme, surtout quand la guerre qu'on pratiquait était la guerre secrète.

▲ Le point sur la question

En février 1944, les résistants du groupe Manouchian, arrêtés, sont traduits devant un tribunal. Ils seront condamnés à mort et exécutés. Tous ont été condamnés, non pas comme l'affirmaient les journaux de l'époque en tant que « bandits », mais comme francs-tireurs, c'est-à-dire reconnus comme soldats de la Résistance.

Parmi ces étrangers qui ont pris part à la lutte armée, le groupe FTP-MOI était dirigé par l'Arménien Missak Manouchian, exécuté en février 1944 par les nazis qui ont alors tenté de déconsidérer l'action de la Résistance en placardant sur les murs une affiche, l'Affiche rouge, présentant les membres de la MOI comme des agents de l'étranger.

Depuis quelques années les circonstances de l'arrestation des FTP-MOI sont controversées. Ont-ils été dénoncés par les réseaux FTP pour des raisons obscures ? Nous pensons que, comme dans le cas de l'affaire Aubrac, les circonstances de la guerre secrète qui était menée peuvent permettre toutes les allégations. À notre connaissance, rien de sûr n'est établi. Le lecteur pourra se reporter pour satisfaire sa curiosité à *L'Affaire Manouchian* de Robrieux P., éditions Fayard. Ces interrogations sont peut-être le signe que les Français s'interrogent enfin sur certains pans obscurs de leur passé.

▲ Indications sur l'animation

L'animation de cette situation est en fait exposée plus haut dans la partie consacrée aux représentations des élèves.

▲ Documents de travail

Document 1 : l'Affiche rouge

© BDIC, Paris.

On peut se procurer l'Affiche rouge dans plusieurs manuels du cycle 3. Notamment, dans les plus récents, citons : *Histoire – Une terre pour les hommes*, cycle 3, Magnard Écoles, p. 175. Ou bien encore, dans un format plus grand, *Textes et documents pour la classe*, n° 750 *(op. cit.)*.

L'Affiche rouge peut aussi être téléchargée sur un site Internet consacré à l'Arménie :
http://www.chez.com/cyrilh/armenie.htm#Manouchian

Document 2 : le colonel allemand, président de la cour martiale du Tribunal auprès du commandant du grand Paris (21 février 1944)

Le procès qui s'est déroulé ici n'est malheureusement pas une exception. Au cours des débats, on a pu se faire une idée de ce qui est entrepris contre l'Allemagne et aussi contre les Français luttant dans l'armée européenne. De quels milieux sont issus ces terroristes ? Dans la plupart des cas, ce sont des juifs ou des communistes. Le procès actuel a montré l'activité d'étrangers et de juifs abusant de l'hospitalité française pour créer le désordre dans le pays qui les a recueillis. Cette « armée de libération » est illégale et doit être combattue, en conséquence, je demande une seule peine : la mort !

La mort pour :

Grzywack : Juif polonais, deux attentats.

Elek : Juif hongrois, deux déraillements de train.

Wajsbrot : Juif polonais, deux attentats.

Witchitz : Juif polonais, quinze attentats.

Fingerweig : Juif polonais, deux attentats.

Boczov : Juif hongrois, vingt attentats.

Fontanot : Communiste italien, douze attentats.

Alfonso : Espagnol rouge, sept attentats.

Rayman : Juif polonais, douze attentats.

Manouchian : Arménien, chef de bande, soixante attentats (150 morts et 400 blessés).

Documents complémentaires

• ***Le Chant des partisans,*** paroles de Maurice Druon et Joseph Kessel, musique de Anna Marly

[...] *Ohé saboteur*
Attention à ton fardeau
Dynamite !

C'est nous qui brisons
Les barreaux des prisons
Pour nos frères !

La haine à nos trousses
Et la faim qui nous pousse
La misère...

Il y a des pays
Où les gens au creux du lit
Font des rêves

Ici, nous, vois-tu,
Nous on marche et nous on tue
Nous on crève

Ici, chacun sait
Ce qu'il veut, ce qu'il fait
Quand il passe...

Ami, si tu tombes
Un ami sort de l'ombre
À ta place.

Demain, du sang noir
Séchera au grand soleil
Sur les routes

Sifflez compagnons...
Dans la nuit la liberté
Nous écoute...

- **Groupe « Manouchian »**

[...] *Vous aviez vos portraits sur les murs de nos villes*
Noirs de barbe et de nuit hirsutes menaçants
L'affiche qui semblait une tache de sang
Parce qu'à prononcer vos noms sont difficiles
Y cherchait un effet de peur sur les passants.

Nul ne semblait vous voir Français de préférence
Les gens allaient sans yeux pour vous le jour durant
Mais à l'heure du couvre-feu des doigts errants
Avaient écrit sous vos photos MORTS POUR LA FRANCE
Et les mornes matins en étaient différents.

[...] *Ils étaient vingt et trois quand les fusils fleurirent*
Vingt et trois qui donnaient leur cœur avant le temps
Vingt et trois étrangers et nos frères pourtant
Vingt et trois amoureux de vivre à en mourir
Vingt et trois qui criaient la France en s'abattant.

Louis Aragon, *L'affiche rouge in Le Roman inachevé*,
Paris, Gallimard, 1968.

▲ Bibliographie

Livres

BT 1051, *La France qui lutte : la Résistance*, PEMF, 1993.

La Seconde Guerre mondiale à travers l'affiche. Douze diapositives + livret d'accompagnement, coll. « Diathèque, CNDP », réf. 002 72343.

Sur les murs de la France occupée, coll. « Diathèque, CNDP », réf. 002 20317.

Leroux B., « La Résistance : ces Français du refus », *in Textes et documents pour la classe*, n° 750, CNDP, 1998.

D'autres numéros des *Textes et documents pour la classe* sont consacrés à la guerre elle-même, pour ceux qui ne souhaiteraient pas se limiter à la Résistance.

Disques

Ogeret Marc, *Marc Ogeret chante Aragon, l'Affiche rouge*, réf. 600104, BMG, 1974.

Reggiani Serge, *Compilation. Les loups sont entrés dans Paris*, réf. 5175592, PG, 1992.

Sites Internet

Exposition virtuelle d'archives de guerre hébergée par l'INA :
http://www.ina.fr/Archives/Guerre/index.fr.html

Site du mémorial de Caen, à l'usage des enseignants comme des élèves :
http://www.unicaen.fr/collectivite/memorial/

Exposé d'élèves de collège avec des liens vers des documents intéressants :
http://www.ac-limoges.fr/universite-ete/niveau2/pages-perso/crussol/RESISTAN. html

Une courte biographie de Missak Manouchian :
http://www.cie.fr/urdf/cnrd98/cnrd/manouc.htm

Cédérom

Montparnasse Multimédia, *La Résistance en France : une épopée de la liberté*, PC et MAC, 1997.

LA GUERRE D'ALGÉRIE

31

LE REFUS DE ROMPRE AVEC LE COLONIALISME !

Concepts centraux

Nation, État, colonialisme.

Objectifs notionnels

Décolonisation, indépendance.

DURÉE	ORGANISATION	MISSION
Une guerre qui repose sur un drôle de droit de propriété : l'Algérie, c'est la France, vraiment ?		
5 min	Rappel de la situation antérieure.	(Voir la situation-problème consacrée au colonialisme).
20 min	La classe est partagée en deux parties et donc en autant de groupes que nécessaire. Groupe A : document 1. Groupe B : documents 2 et 3. Chaque groupe doit lire son document et en rendre compte sous la forme souhaitée.	*Vous allez dans votre groupe lire le document qui vous a été distribué. Vous en rendrez compte par les moyens habituels.*
20 min	Chaque groupe fait son rapport sous la forme qu'il souhaite. L'enseignant demande à chaque groupe de lire le document sur lequel il a travaillé ainsi que d'identifier le groupe auquel il fait référence.	*Chaque groupe fait son rapport, les autres écoutent. Quand vous avez fini votre rapport, vous lisez le texte sur lequel vous avez travaillé.*
10 min	Une discussion s'engage pour préciser la séparation de l'Algérie et de la France, et identifier le groupe des pieds-noirs.	*D'après vous, quelles sont les différentes personnes dont il est question dans ces documents ?*

10 min	Lecture par les groupes des documents complémentaires : les accords d'Évian et l'appel au peuple algérien fait par le GPRA.	*Vous lisez ces documents complémentaires. Quelqu'un veut-il dire ce qu'il en pense ?*
	Chaque élève prend le temps de noter individuellement ce qu'il a retenu sur la guerre d'Algérie.	*Notez individuellement ce que vous avez compris de la guerre d'Algérie.*

▲ Les représentations des élèves

La guerre d'Algérie est un sujet particulièrement évocateur chez les élèves. Il est évident que les représentations qui émergent sont opposées selon les quartiers où l'on enseigne. Quand j'étais enseignant en ZEP, le sujet était difficile, car il y avait toujours un certain nombre d'élèves dont les parents étaient Algériens, ou dont le père ou l'oncle avait combattu en Algérie. Naturellement, l'émergence des représentations était un moment difficile, voire impossible. Je procédais alors par un système d'enquête auprès des parents, les élèves rapportaient ce que les adultes leur avaient dit.

Aujourd'hui, ce sont parfois les grands-parents qui étaient en Algérie soit parce qu'ils vivaient dans leur pays, soit qu'ils y combattaient. La tension est un peu moindre. Mais je préfère quand même conseiller de sauter cette étape et d'enchaîner en rappelant les éléments qui avaient été dégagés lors de la situation-problème sur le colonialisme.

Si d'aventure la situation présente dans le quartier ou dans la classe était trop conflictuelle, l'enseignant peut aisément rebâtir ces deux situations-problèmes en les centrant sur l'Indochine. À cet effet, ils pourront se servir d'un excellent site suisse qui met en ligne un certain nombre de textes à propos du colonialisme et de la décolonisation :

http://hypo.ge-dip.etat-ge.ch/www/cliotexte/index.html#1955

Enfin, il ne faut pas oublier que les événements actuels qui se déroulent en Algérie servent également aux nostalgiques de l'Algérie française à justifier *a posteriori* la colonisation et ses excès.

▲ Le point sur la question

La guerre d'Algérie n'est toujours pas reconnue comme une guerre mais comme une campagne, alors même que près de trois millions d'hommes furent mobilisés et lancés dans ce que le vocabulaire officiel appelait « opérations de police » et « maintien de l'ordre ».

Cette campagne a coûté à la France 30000 morts ainsi que 300000 blessés. Du côté algérien, le bilan est lourd : quelques centaines de milliers de morts et de disparus. Aux pertes humaines, il faut ajouter la tragédie des harkis qui continue à peser sur la société française et celle des rapatriés, les pieds-noirs.

Le 9 février, un projet de loi a été déposé par le groupe communiste de l'Assemblée nationale pour que la République française ait la même attitude face à la guerre d'indépendance de l'Algérie que celle qu'elle vient d'avoir avec le Vietnam. Près de quarante-huit ans après les accords d'Évian, la France a une attitude toujours aussi trouble avec cette affaire alors même que le président de la République et le chef du gouvernement se sont montrés favorables à une évolution analogue à celle du projet de texte dont il a été question. La société française serait-elle bloquée à ce point sur certaines tranches de son passé ?

Quand, par exemple, on s'intéresse à l'affaire Audin, militant communiste considéré encore aujourd'hui comme disparu ou évadé alors qu'il est mort torturé, on se rend compte que le temps n'est pas encore venu pour certains de faire face à des points sensibles de l'histoire. Car ils confondent encore patriotisme et identification à tel ou tel gouvernement, patriotisme et uniformité de penser.

▲ Indications sur l'animation

La situation antérieure doit être rapidement rappelée. Pour ce faire, l'enseignant peut renvoyer les élèves aux documents qu'ils ont utilisés et au résumé qu'ils ont noté à l'issue de la situation-problème qui avait été consacrée à la colonisation.

Par la suite, il faut éviter de se livrer à un quelconque manichéisme définissant des bons dans un camp et des méchants dans l'autre. Deux plans sont à distinguer. Celui des actes où souvent le FLN comme l'armée française sont à renvoyer dos à dos dans la mesure où, des deux côtés, la torture, l'attentat furent pratiqués. Un tout autre plan est celui des principes car il faut sans arrêt relier la guerre d'Algérie aux autres mouvements d'émancipation qui se déroulaient, ou qui s'étaient achevés, dans le monde. Et là, force est de reconnaître que les gouvernements français ont manqué de perspicacité. Encore faut-il insister avec les élèves sur ce que ne montre pas notre choix de documents : en France et dans le contingent engagé en Algérie, la guerre coloniale ne faisant pas l'unanimité à gauche, particulièrement chez les communistes et dans certains milieux chrétiens. On pourra trouver dans un précédent ouvrage[1] la déclaration de 120 personnalités, datée de 1960, réclamant le droit à l'insoumission. Car, en définitive, comme avec la période de Vichy

1. Alain Dalongeville et Michel Huber, *Situations-problèmes pour explorer l'histoire de France, op. cit.*, p. 140.

ou l'affaire Dreyfus, ce qui ne passe pas avec la guerre d'Algérie, plus que la « perte » de l'Algérie, c'est la perte de l'unanimisme.

▲ Documents de travail

Groupes A

• **Document 1 : revendications du FLN** (31 octobre 1954)

1. L'ouverture des négociations avec les porte-parole autorisés du peuple algérien sur les bases de la reconnaissance de la souveraineté algérienne.

2. La libération de tous les détenus politiques, et l'arrêt de toutes poursuites contre les forces combattantes.

3. La reconnaissance de la nationalité algérienne.

En contrepartie :

1. Les intérêts français seront respectés ainsi que les personnes.

2. Tous les Français désirant rester en Algérie auront le choix entre leur nationalité d'origine, et seront de ce fait considérés comme étrangers vis-à-vis des lois en vigueur, ou opteront pour la nationalité algérienne et, dans ce cas, seront considérés comme tels en droits et en devoirs.

3. Les liens entre la France et l'Algérie seront définis et feront l'objet d'un accord.

Groupes B

• **Document 2 : déclarations d'hommes politiques français à l'Assemblée nationale, après le début de l'insurrection algérienne**

La perte de l'Indochine fut une forfaiture. Abandonner l'Algérie, fruit des sacrifices et des efforts de nombreuses générations de Français, serait un crime.

P. Reynaud, Indépendants, 12 novembre 1954 à l'Assemblée nationale.

La seule négociation, c'est la guerre.
L'Algérie, c'est la France et la France ne reconnaîtra pas chez elle d'autre autorité que la sienne.

F. Mitterrand, ministre de l'Intérieur, à l'Assemblée nationale, 5 et 7 novembre 1954.

L'Algérie c'est la France. Il faut écraser la vermine.

G. Bidault, MRP, 12 novembre 1954.

- **Document 3 : discours du général de Gaulle** (4 juin 1958)

(Dès son arrivée au pouvoir, de Gaulle se rend en Algérie et prononce un discours qui rassure les partisans de l'Algérie française.)

Je vous ai compris !

Je sais ce qui s'est passé ici. Je vois ce que vous avez voulu faire. Je vois que la route que vous avez ouverte en Algérie, c'est celle de la rénovation et de la fraternité.

Eh bien ! De tout cela je prends acte au nom de la France et je déclare qu'à partir d'aujourd'hui la France considère que, dans toute l'Algérie, il n'y a qu'une seule catégorie d'habitants : il n'y a que des Français à part entière, des Français à part entière avec les mêmes droits et les mêmes devoirs.

Cela signifie qu'il faut donner les moyens de vivre à ceux qui ne les avaient pas.

Cela signifie qu'il faut reconnaître la dignité de ceux à qui on la contestait.

Documents complémentaires pour tous les groupes

- **Document 4 : les accords d'Évian** (18 mars 1962)

Les pourparlers entre le gouvernement de la République et le FLN ont abouti à la conclusion suivante :

Il sera mis fin aux opérations militaires et à la lutte armée sur l'ensemble du territoire algérien le 19 mars.

Le gouvernement français estime avec le FLN que la solution de l'indépendance de l'Algérie en coopération avec la France est celle qui correspond à cette situation [...]

Dans le scrutin d'autodétermination, qui aurait lieu dans un délai minimum de trois mois et maximum de six mois après le cessez-le-feu, les électeurs feront savoir s'ils veulent que l'Algérie soit indépendante et dans ce cas s'ils veulent que la France et l'Algérie coopèrent [...]

- **Document 5 : extraits de l'appel au peuple algérien par le président du GPRA** (19 mars 1962)

Pendant sept ans et demi d'une guerre cruelle le peuple algérien a tenu tête à l'une des plus fortes puissances coloniales du siècle : plus d'un million de soldats français ont été mobilisés à cet effet avec tout leur armement moderne : aviation, artillerie, blindés, marine.

La France est arrivée à dépenser jusqu'à trois milliards de francs par jour. Elle a tenté, avec l'aide d'une grande partie du peuplement européen en Algérie, de lutter désespérément pour le maintien de l'Algérie française.

La Révolution algérienne a forcé l'admiration de tous.

Elle a détruit le mythe de l'invincibilité des pays colonisateurs. Tout en conduisant à la libération de l'Afrique, elle a démontré qu'un peuple aussi petit soit-il, et avec des moyens réduits, peut tenir tête à une grande puissance.

• **Document 6 : réconciliation impossible ?** (Pierre Montagnon, *La Guerre d'Algérie*)

Les signataires d'Évian, les Français en particulier, peuvent-ils assurer que la paix raciale est là, que la vie communautaire juste et équitable va régner par enchantement, que les adversaires d'hier vont, fraternellement, bâtir une Algérie nouvelle ?

Les lointains attentats du 1er novembre 1954 se sont transformés en flots de sang et de haine. L'armée française a laissé derrière elle des centaines de milliers de tués. Le FLN annoncera un million, chiffre probablement peu éloigné de la réalité. Il y a eu des représailles aveugles et collectives.

Les haines ont joué à mort entre Algériens profrançais et antifrançais. Le neutralisme n'était pratiquement plus possible. L'engagement pour un camp ou pour l'autre était obligatoire.

La réponse est sans ambiguïté. Faute de protection, la communauté européenne et ses amis sont condamnés à l'exil ou à la mort. La valise ou le cercueil.

▲ Bibliographie

Livres

Alleg H., *La Question*, éditions de Minuit, coll. « Documents », 1961.

Belkadi C., Sebbar, *J'étais enfant en Algérie : juin 1962*, Le Sorbier, coll. « J'étais enfant », 1997.

Ferrandez J., *Carnets d'Orient*, 4 vol., Casterman-Studio, 1994.

Stora B., Roux A., « La guerre d'Algérie », *in Textes et documents pour la classe*, n° 692, CNDP, 1992.

Site Internet

Cliotexte, catalogue de textes utiles à l'enseignement de l'histoire : http://hypo.ge-dip.etat-ge.ch/www/cliotexte/html/algerie.independance.html

L'UNION EUROPÉENNE

32

UN CHANTIER EN CONSTRUCTION !

Concepts centraux

Coopération, Nation.

Objectif notionnel

Union européenne.

DURÉE	ORGANISATION	MISSION
Les élèves sont mis en situation de réinventer les raisons d'être d'une Union européenne.		
20 min	La classe est partagée en deux parties qui correspondent à autant de groupes : – une partie sur les conflits qui ont ravagé l'Europe au cours de ce siècle ; – une partie sur les coûts financiers et technologiques de projets comme *Ariane* et *Airbus*. Les groupes doivent imaginer des solutions pour résoudre les difficultés auxquelles ils sont confrontés.	*Comment allez-vous faire pour résoudre ces problèmes ? Quelles solutions pouvez-vous imaginer ?*
30 min	Chaque partie présente ses propres solutions. Si bien que d'un groupe à l'autre il peut y avoir des divergences.	*Chaque groupe présente sa solution puis le document sur lequel il a travaillé.*

15 min	Lorsque les deux parties ont fait leur rapport et lu leurs documents, une discussion s'engage sur les avantages et les inconvénients de l'Europe.	*Alors, que pensez-vous de ces solutions ? N'y a-t-il que des avantages à se regrouper ? Et s'il y a des inconvénients ? que fait-on ? On abandonne ?*
10 min	L'enseignant propose les documents complémentaires ou s'appuie sur eux pour le magistral. Il convient de présenter les textes du traité sur l'Union européenne de 1992, ainsi qu'une carte de l'Union.	

▲ Les représentations des élèves

Ici, pas de phase d'émergence des représentations des élèves à propos de l'Union européenne car la question aurait donné directement une solution aux élèves. Il peut donc être intéressant que bien avant cette situation-problème, quelques semaines ou quelques mois auparavant, l'enseignant ait essayé de savoir comment les élèves se représentaient l'Union européenne. Car, régulièrement, dans les familles, il peut être question de l'Europe pour fustiger les technocrates de l'Europe ou les décisions en matière de réglementation de la chasse par exemple ou les institutions quand la France est menacée en raison de son embargo sur le bœuf britannique.

Si l'enseignant a procédé à une interrogation sur les représentations des élèves, il pourra la réutiliser au moment de son magistral final pour montrer que les positions tranchées, radicalement favorables ou défavorables à l'Union européenne, sont simplistes. Quand on est convenu que l'Union européenne est une nécessité, les modalités de sa construction sont à discuter. Le problème démocratique que pose l'Europe, c'est que les modalités de sa construction ne sont pas innocentes et que les citoyens européens sont peu impliqués ou s'impliquent peu dans leur définition.

▲ Le point sur la question

Pour le point sur la question, l'enseignant pourra se reporter aux documents complémentaires. Mais il est un aspect que nous n'aborderons pas directement avec les élèves, c'est celui de la concurrence des États-Unis et du Japon. On aurait pu l'aborder à propos d'*Ariane* ou d'*Airbus*.

Un des objectifs de l'Europe est aussi de créer un espace économique comparable à celui des États-Unis et du Japon. Le tableau présenté page suivante permet de se faire une idée des forces en présence.

1998	Europe à quinze	États-Unis	Japon
Population (en millions)	373	266	126
Les chercheurs	775 000	965 000	640 000
Part de la production mondiale	19,4 %	20,5 %	7,3 %
PIB/habitant (en euros)	19 900	28 000	26 600
Taux de croissance	+2,9 %	+3,3 %	−2,5 %
Taux de chômage	10 %	4,5 %	4,2 %
Part des exportations mondiales	19,2 %	15,9 %	10,5 %
Solde commercial	+2,1 %	−3,1 %	+3,7 %

Une part importante du budget de l'Europe est consacrée principalement au développement des régions méditerranéennes. Il existe également un fonds de cohésion pour permettre à l'Espagne, au Portugal, à la Grèce et à l'Irlande de rattraper leur retard en vue du passage à l'euro. Les Irlandais, qui avaient en 1990 un pouvoir d'achat inférieur de 25 % à la moyenne communautaire, ont aujourd'hui rattrapé leur retard.

L'euro va certainement régler certains problèmes de disparité de prix. Le cas le plus exemplaire est celui du prix des automobiles qu'il est difficile de comparer directement puisque s'ajoutent des frais et des commissions qui diffèrent selon les pays et les mandataires.

Soulignons toutefois que les problèmes d'une défense et d'une politique extérieure communes sont loin d'être réglés. Reste que la constitution d'un troisième pôle économique à côté de l'Amérique et du Japon risque de laisser encore plus à l'écart les pays les plus pauvres de la planète dont les pays riches se passent de plus en plus dans leurs échanges commerciaux.

▲ Indications sur l'animation

Il faudra, à chaque fois que cela est nécessaire, préciser que certains pays dans les tableaux statistiques ou dans l'actionnariat d'Arianespace ne sont pas des pays de l'Union européenne, ni même parfois des pays européens (ex. : le Canada).

À cette fin, on pourra se servir d'une carte récente qui montre distinctement que les quinze pays suivants font partie de l'Europe : Autriche, Belgique, Danemark, Finlande, France, Allemagne, Grèce, Irlande, Italie, Luxembourg, Pays-Bas, Portugal, Espagne, Suède, Royaume-Uni. Tous les manuels ou presque proposent une telle carte avec, de plus, les pays candidats à une adhésion.

Il faudra certainement aider les élèves à lire les tableaux qui ont été établis en euros. La conversion en francs est bien évidemment possible; mais les chiffres qui sont évoqués, des milliards de francs ou des dizaines de milliards, sont tout aussi abstraits en francs ou en euros, même pour des adultes. On peut faire remarquer que l'alliance n'a pas que des raisons financières, des compétences technologiques sont par la même occasion regroupées pour la conception et la fabrication d'objets éminemment complexes.

La discussion sur les avantages et les inconvénients de l'Europe est certainement l'occasion d'entendre les élèves rapporter des propos tenus dans les familles. En zone rurale, nous avons souvent entendu les élèves critiquer la Politique agricole commune en raison des difficultés des agriculteurs. Les enfants de chasseurs se font parfois les défenseurs de l'identité locale ou régionale face à Bruxelles qui serait une machinerie antidémocratique. Les choses ne sont pas dites dans ces termes mais peu s'en faut.

Bref, l'actualité donnera certainement matière à exploitation pour ce qui concerne les difficultés. Les avantages sont toujours moins probants, car ils ne peuvent qu'être appréciés par rapport à une situation qui aurait existé si l'Europe ne se faisait pas ! Nier les uns ou les autres paraît simpliste, sinon autant de pays ne poseraient pas leur candidature.

Pour le magistral, l'enseignant pourra également se servir du guide pédagogique du manuel *À monde ouvert*, cycle 3/niveau 2, Hachette Éducation, p. 152 et suivantes.

▲ Documents de travail

Phase 1

• Document 1 : bilan des pertes humaines au cours des deux conflits mondiaux

a) Bilan des pertes humaines en 1914-1918

Pays	Tués (en millions)
Russie	1,7
France et colonies	1,4
Royaume-Uni	0,8
Commonwealth	0,2
Italie	0,6
États-Unis	0,1

Belgique	0,04
Serbie	0,3
Allemagne	2
Autriche-Hongrie	1,1
Turquie	0,6
Bulgarie	0,1
Roumanie	0,25
Autres	0,02
Total	**9,21**

b) Bilan des pertes humaines en 1939-1945

Pays	Militaires tués (en millions)	Civils tués (en millions)
Allemagne	3,25	3,81
Italie	0,33	0,09
Japon	1,7	0,36
Pologne	0,12	5,3
France	0,25	0,36
Royaume-Uni	0,1	0,04
URSS (Russie)	13,6	7,7
États-Unis	0,3	0
Total	**19,65**	**17,66**

Soit au total 37,31 millions !

Or le bilan européen est catastrophique sur les deux conflits, car si l'on compte au total 46,52 millions de morts, les Européens représentent à eux seuls 44,16 millions d'individus, soit 95 % du total !

- **Document 2 : *Ariane X*** (d'après ESA et articles du *Monde*)

*Vous êtes les représentants de trois pays européens : Allemagne, France et Italie. Satisfaits du succès d'*Ariane, *vous voulez développer une nouvelle fusée,* Ariane X.

À vous trois vous réunissez :

France : 2 800 millions d'euros

Allemagne : 1 400 millions d'euros

Italie : 1 000 millions d'euros.

Or vos prévisions laissent penser que vous aurez besoin de 6300 millions d'euros au moins pour les études, avant-projet, projet et premiers essais. Que faites-vous ?

Phase 2

• **Document 1 : budget 1998 d'Arianespace** (tiré du site ESA)

Pays	Ariane	
Budget 1998	**(en millions d'euros)**	**(%)**
France	629,6	30,1
Allemagne	530,5	25,4
Grande-Bretagne	152,7	7,5
Espagne	82,8	4
Italie	255,9	12,2
Danemark	23,8	1,1
Irlande	5,7	0,3
Finlande	14,3	0,7
Belgique	124,1	5,8
Autriche	30,3	1,4
Pays-Bas	75,3	3,6
Suisse	72,1	3,4
Suède	57,8	2,8
Norvège	21	1
Canada (sur certains projets)	13,4	0,6
Sous-total	2089,1	100
Autres sources	503,5	
Total	**2592,6**	

• **Document 2 : recréer la famille européenne, Jean Monnet** (1983)

Vous voyez enfin nos pays d'Europe qui pendant des siècles ont conduit le monde, mais qui, depuis des générations, se sont dressés les uns contre les autres au nom de leur souveraineté nationale pour finalement se détruire de leurs propres mains.

Quand on regarde un peu en arrière et que l'on voit le désastre extraordinaire que les Européens se sont causé à eux-mêmes au cours des cinquante, soixante-quinze ou cent dernières années, on est littéralement effrayé...

Si des institutions et des règles communes avaient existé, elles auraient évité à l'Europe bien des catastrophes, en permettant d'apporter des solutions à des problèmes difficiles, certes mais rendus impossibles à résoudre pacifiquement selon les méthodes traditionnelles qui consistaient à opposer des souverainetés nationales.

Documents complémentaires

- **Document 1**

Un document de la presse qui regrette que les Européens aient besoin en Europe, en Bosnie, de l'intervention de l'armée américaine. On peut aisément trouver un tel document sur Internet : http://www.lemonde.fr/

- **Document 2 : Airbus Industries**

Même si les entreprises en jeu sont souvent les mêmes, on peut, avec l'exemple d'Airbus Industries, réinvestir ce qu'on aura vu avec Arianespace.

Aérospatiale (France) : 37,9 %

Daimler Chrysler Aerospace AG (Allemagne) : 37,9 %

British Aerospace (Grande-Bretagne) : 20 %

CASA (Espagne) : 4,2 %

Coût à l'unité du futur airbus (s'il voit le jour!) : 228 millions d'euros à l'unité.

On joindra à ce document la vue éclatée d'un airbus A-310, *in À monde ouvert*, cycle 3/niveau 2, Hachette Éducation, 1996, doc. « Airbus, un succès européen », p. 139.

- **Document 3 : la citoyenneté de l'Union** (traité sur l'Union européenne)

Il est institué une citoyenneté de l'Union.

Est citoyen de l'Union toute personne ayant la nationalité d'un État membre.

Les citoyens de l'Union jouissent des droits et sont soumis aux devoirs prévus par le présent Traité.

Article 8.A.

1. Tout citoyen de l'Union a le droit de circuler et de séjourner librement sur le territoire des États membres.

Article 8.B.

1. Tout citoyen de l'Union résidant dans un État membre dont il n'est pas ressortissant a le droit de vote et d'éligibilité aux élections municipales dans l'État membre où il réside, dans les mêmes conditions que les ressortissants de cet État.

2. Tout citoyen de l'Union résidant dans un État membre dont il n'est pas ressortissant a le droit de vote et d'éligibilité aux élections au Parlement européen dans l'État membre où il réside, dans les mêmes conditions que les ressortissants de cet État.

• Document 4 : dispositions concernant une politique étrangère et de sécurité commune

Article J.

Il est institué une politique étrangère et de sécurité commune, régie par les dispositions suivantes :

Article J.1.

1. L'Union et ses États membres définissent et mettent en œuvre une politique étrangère et de sécurité commune, couvrant tous les domaines de la politique étrangère et de sécurité.

2. Les objectifs de la politique étrangère et de sécurité commune sont :

– la sauvegarde des valeurs communes, des intérêts fondamentaux et de l'indépendance de l'Union;

– le renforcement de la sécurité de l'Union et de ses États membres sous toutes ses formes;

– le maintien de la paix et le renforcement de la sécurité internationale;

– le développement et le renforcement de la démocratie ainsi que le respect des droits de l'homme et des libertés fondamentales.

• Document 5 : un grand objectif, l'unification complète du marché intérieur

L'Europe est arrivée à la croisée des chemins. Soit elle va de l'avant, avec fermeté et détermination, soit elle retourne à la médiocrité. Ou bien nous nous résolvons à parfaire l'intégration économique de l'Europe, ou bien nous abdiquons par manque de volonté politique devant l'immensité de la tâche, et nous laissons l'Europe devenir une simple zone de libre-échange.

▲ Bibliographie

Livres

Beaucoup de parutions ces derniers temps afin de rattraper le retard pris dans ce domaine mais, hélas, majoritairement centrées sur l'euro. Comme quoi celui qui a dit que l'euro c'était l'Europe dans sa poche n'avait pas tort !

Brame G., *Chez toi en Europe*, Hachette Jeunesse, coll. « Chez toi », 1997.

Brehon N.-J., *Du troc à l'euro*, Père Castor, coll. « Castor Doc », 1998.

Collectif, *Secrets de l'euro*, Gallimard Jeunesse, coll. « Secrets », 1998.

Le Goff, *L'Europe racontée aux jeunes*, éditions du Seuil, 1996.

Pirotte T., *Vaincre de l'euro*, Labor, coll. « Vaincre », 1999.

Vissot T. et Collier J.-M., *Si l'euro m'était compté (conte) !*, La Bohême, 1998.

Sites Internet

Le site de la société Aéromatra (Aérospatiale) réservé aux adultes : http://www.aeromatra.com/

Le site de Airbus Industries presque entièrement en anglais :
http://www.airbus.com/about.html

Le site de l'Agence européenne de l'espace (ESA) développé par les Italiens, exclusivement en anglais :
http://www.esrin.esa.it/

Le site Europa, l'abc de l'Union européenne – la citoyenneté, avec toutes les informations sur l'Europe, dans toutes les langues des pays membres de l'Union pour les pages principales. Une occasion pour les élèves de prendre conscience que l'apprentissage de l'anglais est essentiel car quelques pages sont rédigées dans cette langue :
http://europa.eu.int/abc-fr.htm

Filmographie

Astronomie, 1995, *Ariane, histoire d'un succès* (VHS), EPI.

Imprimé en France par I.M.E - 25110 Baume-les-Dames
Dépôt légal 22009/04/2002
Collection n°13 - Édition n°04
17/0626/6